黄河流域
草牧业生产集成技术模式

农业农村部畜牧兽医局
全 国 畜 牧 总 站 编

中国农业出版社

北 京

图书在版编目（CIP）数据

黄河流域草牧业生产集成技术模式／农业农村部畜
牧兽医局，全国畜牧总站编. —北京：中国农业出版社，
2022.12（2024.12 重印）
ISBN 978-7-109-30028-6

Ⅰ.①黄…　Ⅱ.①农…　②全…　Ⅲ.①黄河流域—牧
草—畜牧业—经济发展—研究　Ⅳ.①F326.3

中国版本图书馆 CIP 数据核字（2022）第 168436 号

中国农业出版社出版

地址：北京市朝阳区麦子店街 18 号楼
邮编：100125
责任编辑：司雪飞
责任校对：吴丽婷
印刷：北京通州皇家印刷厂
版次：2022 年 12 月第 1 版
印次：2024 年 12 月北京第 3 次印刷
发行：新华书店北京发行所
开本：700mm×1000mm　1/16
印张：17.75　插页：8
字数：270 千字
定价：68.00 元

编　写　组

主　　编：王加亭　刘忠宽　刘　彬
副主编：沈禹颖　涂雄兵　殷国梅　王国良　吴　哲　鱼小军
　　　　　唐川江　王自奎　梁庆伟　刘志英　刘文辉　王占军

编写人员：（按姓氏笔画排序）
　　　　　王　娜　王大伟　王占军　王加亭　王自奎　王国良
　　　　　尹国丽　石永红　史莹华　戎郁萍　乔　江　刘　彬
　　　　　刘文辉　刘志英　刘忠宽　刘振宇　闫　敏　孙　浩
　　　　　孙　娟　杨宪龙　杨惠敏　李竞前　肖　红　吴　哲
　　　　　沈禹颖　张　静　张冬梅　张苏日塔拉图　张泽华
　　　　　张晓霞　陈志宏　邵麟惠　鱼小军　赵之阳　赵雅姣
　　　　　柳珍英　侯　湃　侯生珍　俞斌华　姜慧新　祝庆科
　　　　　贾志锋　徐　丽　殷国梅　唐川江　涂雄兵　曹　烨
　　　　　梁庆伟　焦　婷　游永亮　谢　悦　谢　楠　薛泽冰

技术撰稿：（按姓氏笔画排序）
　　　　　丁海君　于合兴　马仁诗　马龙帅　马淑敏　王　刚
　　　　　王志有　王国会　乌英嘎　方香玲　邓　宇　玉　柱
　　　　　占文源　田　沛　刘　琳　刘亦婷　刘兴元　刘思博
　　　　　刘晓辉　刘敏国　祁　娟　杜建民　杨　航　杨国锋
　　　　　杨春桃　杨葆春　李　渊　李　源　李春杰　李彦忠
　　　　　李洪泉　李雪涛　来兴发　吴　波　汪建军　张　杰
　　　　　张文娟　张立锋　张进红　张若晨　陈　昊　陈志学
　　　　　武瑞鑫　苗福泓　郑爱荣　宝音陶格涛　　赵沛义
　　　　　赵海明　赵鸿鑫　郝林凤　段廷玉　娜日苏　班丽萍
　　　　　耿嘉良　桂林生　高　扬　高　玮　高立杰　崔立华
　　　　　梁　卓　蒋丛泽　智健飞　褚厚坤　管　聪　潘　凡
　　　　　潘翔磊　魏学凯

黄河是中华民族的母亲河和发祥地之一。黄河发源于青藏高原，一路奔腾向东，先后流经青海、四川、甘肃、宁夏、内蒙古、陕西、山西、河南、山东等9省区，在山东东营汇入大海。黄河流域横跨青藏高原、内蒙古高原、黄土高原、华北平原等四大地貌单元和我国地势三大台阶，拥有黄河天然生态廊道和三江源、祁连山、若尔盖等多个重要生态功能区域。土地面积占全国的37.2%，其中耕地7.05亿亩，草地25.85亿亩，分布有黄淮海平原、汾渭平原、河套灌区等农产品主产区，粮食和肉类产量多年来一直占全国同类产品总产量的三分之一左右，是我国具有传统优势的农牧业生产带，在国家发展大局和社会主义现代化建设全局中具有举足轻重的战略地位。

黄河一直"体弱多病"，生态本底差，水土流失严重，资源环境承载能力弱，沿黄各省区发展不平衡不充分问题尤为突出。黄河流域上中游气候干旱少雨，多年平均降水量446毫米，仅为长江流域的40%。该区域最大的问题是生态脆弱区分布广、面积大、类型多，上游的高原冰川、天然草原和三江源、祁连山，中游的黄土高原，下游的黄河三角洲等，都极易发生退化，恢复难度大。

黄河流域曾经是我国脱贫攻坚的主战场，全国14个集中连片特困地区有5个分布在这一区域。这里也是多民族聚居地区，各民族在这里繁衍生息，相互融合，创造了灿烂的中华文明。草地农业是黄河流域各地区的传统产业，也是优势产业和支柱产业，约占农牧民纯收入的50%以上。但是，该区域草地农业发展还存在诸多短板弱项，缺乏有较强竞争力的新兴产业集群。上游天然草原退化、种养结合不紧密、产业融合化程度不高，中下游草畜良种繁育体系不健全、标准化生产程度低、水资源利用效率低，下游耐盐碱饲草开发不足、土壤改良措施不完善等。因此，推进该区域草地农业高质量发展，将有助于巩固脱贫攻坚成果，全面推进乡村振兴。

国家高度重视黄河流域草地农业高质量发展。党的十八大以来，相继印发了《黄河流域生态保护和高质量发展规划纲要》《关于促进畜牧业高质量发展的意见》等重要指导文件。新修订的《中华人民共和国畜牧法》，增加了"草原畜牧业"章节，明确了完善草原生态保护补助奖励政策和转变草原畜牧业生产方式等 9 项条款。农业农村部针对饲草产业印发了第一个专项规划——《"十四五"全国饲草产业发展规划》。

"十三五"以来，国家相继实施了草原生态保护补助奖励、粮改饲、振兴奶业苜蓿发展行动、肉牛肉羊提质增效和草原畜牧业转型升级等政策措施，黄河流域草地农业集约化发展步伐加快，一二三产业深度融合，延长了产业链，提升了价值链，为区域经济社会发展和农牧民群众带来了实实在在的利益。各地立足资源禀赋，优化产业布局，创新机制大力发展草地农业，积累了丰富经验，也涌现出了一批可复制、可推广的典型技术模式。农业农村部不失时机的组织专家编写了《黄河流域草牧业生产集成技术模式》一书，该书主要从盐碱地改良、水土保持、草田轮作、田间管理、饲草加工和高效养殖等产业链条的关键环节，总结提炼了 47 项技术模式，示范带动黄河流域草地农业高质量发展。

本书坚持面向基层农技人员和广大群众，语言质朴、图文并茂、浅显易懂，适合基层技术人员和农牧民群众阅读。加速农业科技成果转化，促进产业高质量发展，把论文写在大地上是国家和产业对广大农业科技工作者的要求。而加快已有成果的科技普及，使广大农牧民掌握先进的科技成果，是实现这一要求的重要举措，该书的主编和编者们为我们做出了榜样。相信该书一定能够成为基层技术人员和农牧民群众的重要参考，在黄河流域协调推进草原保护与草地农业高质量发展中发挥重要作用；更希望从事草业、畜牧的广大科研工作者和生产者坚持生态优先、生产生态有机结合，把草地农业高质量发展的壮丽蓝图绘制到黄河流域广阔的大地上，为全面推进乡村振兴做出更大的贡献。

我祝贺该书的出版，也希望见到更多的此类优秀图书问世！

谨以此为序。

中国工程院院士、兰州大学教授

2022 年 12 月

黄河流域是连接青藏高原、黄土高原、华北平原的生态廊道，拥有三江源、祁连山等多个国家公园和国家重点生态功能区，是中华文明的发源地，也是我国农耕文明的发源地，是多民族聚居地区。草牧业是该区域的传统产业、优势产业和支柱产业，约占农牧民纯收入的50%以上，依靠草牧业实现乡村振兴是流域探索出来的一条行之有效的路子。

党中央、国务院高度重视黄河流域生态保护和高质量发展。党的十八大以来，习近平总书记多次实地考察黄河流域生态保护和经济社会发展情况，就三江源、祁连山、秦岭、贺兰山等重点区域生态保护建设做出重要指示批示。2021年，中共中央、国务院印发《黄河流域生态保护和高质量发展规划纲要》，明确要共同抓好大保护，协同推进大治理，着力加强生态保护治理、保障黄河长治久安、促进全流域高质量发展、改善人民群众生活、保护传承弘扬黄河文化，让黄河成为造福人民的幸福河。

在黄河流域开展草牧业技术集成与示范，发展现代草牧业，科学调整种植结构，优化利用方式，节约水资源，实现水清草美畜壮，科学推动"山水林田湖草综合治理、系统治理、源头治理，统筹推进各项工作，加强协同配合，推动黄河流域高质量发展"的重大举措，是实现生产、生活、生态效益"三生共赢"的有力抓手。

为助推黄河流域草牧业高质量发展，我们组织全国有关大专院校、科研院所和技术推广部门的百余位专家学者和技术推广人员，根据黄河流域上、中、下游的区位差异和资源禀赋，收集、整理了一批可复制、可推广的草牧业生产技术模式，主要有盐碱地改土培肥饲草高效种植技术模式、水土保持饲草高效种植技术模式、草田轮作种植技术模式、草产品优质低损耗绿色生产技术模式、饲草种子生产技术模式、饲草高效利用与退化刈牧草地修复技术模式等6类，共收集了47项实用技术模式（由于各地气候、土壤、水质、品种存在差异，本书列举的施肥用药方案仅供参考，具体使用方案可咨询当地农技部门。）。在此，谨对各位专家学者、技术人员及相关单位的辛勤付出表示诚挚的感谢！

由于黄河流域地域广泛，草牧业生产发展需求多样，本书收集到的草牧业技术模式尚不能完全满足各地区、各部门和广大读者的需求，加之时间紧张、能力有限，不足之处敬请读者批评指正。

编　者

2022 年 12 月

目录

第一章

盐碱地改土培肥饲草高效种植技术模式

内蒙古河套灌区轻度盐碱地
饲草高效种植技术模式

一、技术概述

河套灌区地处内蒙古的西部平原，地势平坦，排水不畅，盐碱地面积大、盐碱程度高，严重影响生态、农业和经济社会发展。紫花苜蓿是多年生豆科牧草，具有产量高、抗逆性强、覆盖时间长、适应能力强、营养价值丰富、经济价值高等优点，在河套灌区盐碱地上种植紫花苜蓿，可以改良土壤，提高土地利用率，提供优质饲草、改善生态环境。该技术通过集成品种选用、整地、播种、田间管理以及收获等环节的关键技术，针对以氯化钠为主的盐碱地特点土壤环境，提炼苜蓿种植技术、改善土壤质量、挖掘土壤潜力，促进区域生态草牧业高质量发展。

二、适用范围

该技术适用于内蒙古自治区中、西部地区地势平坦的河套灌区轻度盐碱地。

三、技术流程

技术流程如图1-1所示。

四、操作要点

(一)土壤整理

选择地势平坦、排灌良好、全盐含量为 1‰～3‰ 的地块。耕地时要精细整地，清除杂草、无明显坷垃、上松下实，以保证种子和土壤充分接触，提高出苗率，要施足底肥，适当增施磷肥。

(二)品种选择

选择适应盐碱土壤条件的高产耐盐碱品种，如中首 1 号、WL323、敖汉苜蓿等。

图 1-1 技术流程图

(三)播期

春季和秋季均可播种。早春解冻后，5 厘米地温稳定在 5℃ 左右时即可抢墒播种，春播不利于杂草防除，而秋季播种最好在雨季之后，此时土壤水分充足、温度适宜、病虫杂草危害较少，适宜幼苗生长和根系发育，是苜蓿播种的最佳时期。要注意保证幼苗在停止生长前有 40 天生长时间，即 0℃ 低温出现前 1 个月进行播种。

(四)播种

一般采用条播，行距 15～20 厘米，播种深度 0.5～1 厘米，播种量 0.75～1.25 千克/亩。

(五)田间管理

1. 浇水

播种 3 天内如无有效降雨（10 毫米以上）应立即浇水，确保出苗。

2. 除草

紫花苜蓿播种当年首要措施是清除杂草，可用 2,6-二硝基-N,N 二丙基-4-三氟基苯胺除去阔叶杂草。种植 1 年的苜蓿地可用咪唑乙烟酸除

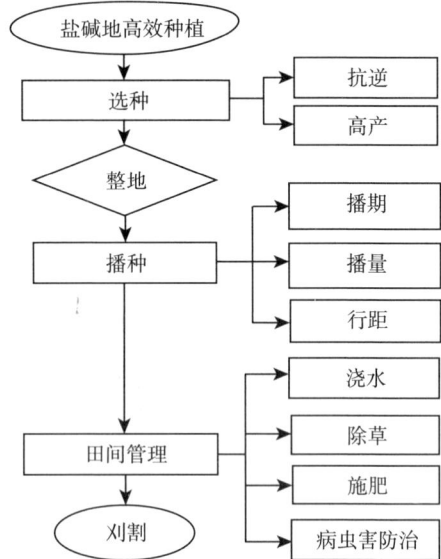

草剂防除杂草。

3. 施肥

播种前应施磷、钾复合肥或有机肥做基肥，少施氮肥。磷肥一次性施入 75 千克/亩，钾肥定期施用。返青期和第二茬收割后，每亩追施磷酸二铵 10 千克；根外追肥一般在分枝期或现蕾期进行，溶液浓度为 0.2％尿素＋0.3％磷酸二氢钾，每亩 50 千克。

4. 病虫害防治

苜蓿病害包括褐斑病、锈病、霜霉病、白粉病和根腐病等。刺吸式害虫可用吡虫啉、高效氯氰菊酯等药剂，每亩 30～50 毫升；食叶性害虫可用氨基甲酸酯、高效氯氰菊酯、虫螨腈等农药；地下害虫用辛硫磷等。用药方法参照农药使用说明书。

（六）收获

苜蓿生长至初花期收割，留茬高度 3～5 厘米，最后一茬控制在 8～10 厘米。

五、效益分析

（一）经济效益

轻度盐碱地收割苜蓿一茬，产量可以达到 300 千克/亩，按照 2.5 元/千克计算，当年可获得效益 750 元/亩，减去投入 300 元/亩，纯收益可达450 元/亩；从第二年进入生长旺期收获二到三茬，产量可达 567 千克/亩以上，产量较旱作苜蓿提高 25％以上，纯收益可达 1 117 元/亩。同时可为当地畜牧业发展提供优质饲草，提高农牧民收入。

（二）生态效益

紫花苜蓿在改善河套地区盐碱地常年连作经济作物和过量施肥造成严重的深层干燥化等生态问题上具有非常重要的作用。苜蓿地下根系分布和对养分的利用可优化河套地区土地资源，盐碱地 pH 降低 0.5～0.8、土层全盐含量降低 0.05％～0.08％，土壤有机质含量、透气孔隙均增加，有效改善了种植区域的盐碱地土壤贫瘠，解决了经济作物生产中过度耗水、土壤退化等生态问题。

(三) 社会效益

轻度盐碱地紫花苜蓿种植,推动了内蒙古河套平原由传统的粮食作物种植一元结构向粮食和饲草作物二元种植业结构转变,解决了当地畜牧业生产对优质饲草的迫切需求,利用盐碱地建植紫花苜蓿人工草地可有效解决土地盐碱化问题,挖掘土地潜力,提升地力。紫花苜蓿的经济价值和生态作用日益受到人们重视的同时,带动当地农牧民就业致富、增产增收,明显促进了当地社会的和谐发展。

六、典型案例

内蒙古巴彦淖尔市临河区营盘滩鑫兴农业合作社,在轻度盐碱化土地上种植苜蓿 1 200 亩,一年收获 3 茬,产量共计 1 200 千克,每亩可收益 1 500 元,高于当地的小麦及其他经济作物种植效益。同时,还减少养殖用 20% 以上精饲料的购买,大大提高了养殖的经济效益,有效增加了农民收入。目前,以该合作社为典型,推进当地苜蓿等优质饲草料种植和养殖紧密结合,扶持培育以龙头企业和农民合作社为主的新型农业经营主体,提升优质苜蓿产业化水平,加大河套灌区的种植业结构调整,增加苜蓿种植比例。现已建设高产优质苜蓿生产基地+奶牛(或其他草食动物)的种养结合示范场多个,每个示范场奶牛存栏 300 头以上,每头奶牛配套 4 亩饲草料地(2 亩苜蓿、2 亩青贮饲料轮作),示范种植、配套养殖设施、推广应用饲草料高效调制饲喂技术,示范带动种养结合发展(彩图 1-1、彩图 1-2)。

起草人:殷国梅、丁海君、郝林凤、刘琳

宁夏银川灌区盐碱地苜蓿
高效种植技术模式

一、技术概述

宁夏是我国优质苜蓿最适宜的生产区域，苜蓿产业正在向专业化、集约化和机械化方向转型升级。然而，受区域耕地资源匮乏、粮食安全等因素限制，灌区苜蓿种植由耕地逐步向轻度低洼盐碱地发展。因此，建立轻度盐碱地苜蓿高效种植技术模式，不仅可以提高优质苜蓿供给能力，也可以通过改良土壤、培肥地力来提高盐碱地耕地质量，有助于提高盐碱地生产力水平。

二、适用范围

该技术模式适用于宁夏及周边灌区土壤全盐含量≤3‰的盐碱地上种植苜蓿，包括自流灌溉、扬水灌溉、库井灌溉等地区具备灌溉条件的苜蓿草田。

三、技术流程

技术流程如图1-2所示。

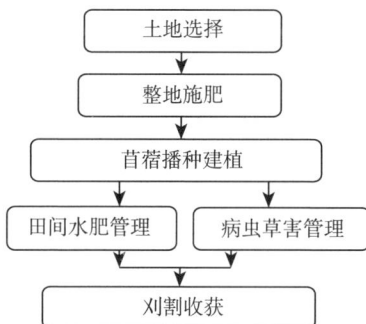

```
        土地选择
          ↓
        整地施肥
          ↓
      苜蓿播种建植
        ↓     ↓
 田间水肥管理  病虫草害管理
          ↓
        刈割收获
```

图1-2 技术流程图

四、技术模式操作要点

(一) 土地选择整理

1. 选地

选择具有灌溉条件，土层厚度≥60厘米、pH≤8.8、全盐含量≤3‰的轻度盐碱地，前茬为非豆科作物的田块。

2. 施基肥

测定0～20厘米土层土壤有机质、碱解氮、有效磷、速效钾含量及土壤pH、全盐含量。土壤有机质＜1.5％时，黏土和壤土施有机肥30～45吨/公顷，沙土施有机肥50～60吨/公顷。

3. 整地

基肥撒施后进行犁地，耕翻深度在20厘米以上，后进行耙地、激光平地。

(二) 播种

1. 品种选择

选择秋眠级3～5级并通过国家或省级审定的品种，如MF4020、巨能7号、大银河、中首3号、中首4号等品种，种子为质量符合国家二级以上且进行根瘤菌拌种的商品种。

2. 播种

盐碱地苜蓿种植在4月中旬春播至秋季8月前秋播均可，采用气旋式精量条播机播种，行距15～20厘米，播深1.5～2厘米，播量为22.5～30千克/公顷，播后及时耱地镇压。4月中旬至6月初可采取造墒播种，6月至8月可采取播后灌水种植。

(三) 田间管理

1. 养分管理

为避免土壤盐渍化加剧，在建植时仅基施有机肥，建植当年草田全苗后可结合灌溉撒施启动氮肥，土壤碱解氮＜15毫克/千克时，追施氮肥40千克/公顷。

自第二年起，苜蓿草田进行磷、钾肥早春机械播肥，年度施肥量根据目标产量和田间土壤养分化验结果按表1－1、表1－2施用。于2月下旬至3月初田间土壤解冻5～10厘米时用小麦播种机或苜蓿草田灭茬施肥一体机将磷、钾肥施入苜蓿草田。在第一茬、第二茬苜蓿刈割拉运出地后，结合灌水可分别撒施氮肥45千克/公顷和30千克/公顷。

表1－1　基于苜蓿目标产量（干草）的推荐年度施磷量

| 0～20厘米土层有效磷含量（毫克/千克） | 评价 | 目标产量（吨/公顷） | | | |
| | | 5 | 10 | 15 | 20 |
		磷肥P_2O_5推荐用量（千克/公顷）			
0～5	缺乏	60	120	170	230
5～10	基本足够	30	60	120	170
10～15	足够	0	0	60	120
＞15	较高	0	0	0	60

表1－2　基于苜蓿目标产量（干草）的推荐年度施钾量

| 0～20厘米土层速效钾含量（毫克/千克） | 评价 | 目标产量（吨/公顷） | | | |
| | | 5 | 10 | 15 | 20 |
		钾肥K_2O推荐用量（千克/公顷）			
0～5	缺乏	60	120	230	300
5～10	基本足够	0	60	120	230
10～15	足够	0	0	60	120
＞15	较高	0	0	0	60

2. 灌溉水管理

苗期20厘米以上土层土壤含水量低于田间持水量65％时须进行灌溉保苗，灌水量以漫过田间地表为适。各茬次苜蓿刈割拉运出地后及时进行灌溉以促进苜蓿再生，灌溉量为1 200～1 500立方米/公顷；同时，各茬苜蓿在生长期内30厘米以上土层土壤含水量低于田间持水量50％且距刈割期≥10天时须进行灌溉，灌溉量为900～1 200立方米/公顷。于11月上旬进行冬灌，灌溉量为 1 200～1 500 立方米/公顷。

3. 杂草防除

播期土壤处理，采用 48％地乐胺乳油 3 000～3 750 毫升/公顷兑水 600 升，喷施地表后耙糖播种。生长期田间杂草防除方法见表 1-3。

表 1-3　宁夏灌区苜蓿生长期杂草化学防治方法

杂草类型	常见杂草名称	化学防治方法
一年生阔叶杂草	茼麻、反枝苋、藜、猪毛菜、地肤、苍耳	1. 苜蓿 2～3 叶时，可用 25％苯达松水剂 2 700～3 000毫升/公顷，兑水 450 升喷雾 2. 混生有单子叶杂草时，可用 25％苯达松水剂 2 700～3 000 毫升/公顷复配 10.8％高效氟吡甲禾灵乳油 450～600 毫升/公顷，或 5％咪唑乙烟酸水剂 1 200～1 800 毫升/公顷，兑水 450 升喷雾
一年生单子叶杂草	稗草、马唐、狗尾草、牛筋草、三棱草	苜蓿 2～3 叶时，杂草出齐苗时可选用 10.8％高效氟吡甲禾灵乳油 450～600 毫升/公顷，或 15％精吡氟禾草灵乳油 750～900 毫升/公顷，或 6.9％精噁唑禾草灵 800～1 050 毫升/公顷，或 5％精喹禾灵 900～1 050 毫升/公顷，兑水 450 升喷雾
主要多年生阔叶杂草	打碗花、刺儿菜、牛繁缕	用 41％草甘膦水剂 4 500～7 500 毫升/公顷，或 74.7％草甘膦粒剂 2 250～3 000 毫升/公顷，兑水 450～900 升喷雾
主要多年生单子叶杂草	芦苇、白茅	苜蓿生长期田间芦苇可选用 41％草甘膦水剂 9 000 毫升/公顷或 74.7％草甘膦粒剂 4 500 毫升/公顷，兑水 450 升，戴胶皮手套进行人工茎叶涂抹
旋花科一年生寄生性杂草	菟丝子	1. 播种前或播后苗前，可用 48％地乐胺乳油 3 000～3 750 毫升/公顷，兑水 900 升进行土壤喷雾处理 2. 在菟丝子转株危害时，可用 48％地乐胺乳油 2 550～3 000 毫升/公顷，兑水 900 升喷雾。

4. 病虫害防治

每茬苜蓿株高达到 10 厘米时进行病虫害药剂防治。害虫主要有蓟马、蚜虫，可选用 4.5％高效氯氰菊酯乳油 300 毫升/公顷＋吡虫啉颗粒 30 克/公顷兑水 450 升喷雾；在第三、第四茬时预防苜蓿褐斑病、叶斑病，可用5％醚菌酯可湿性粉剂3 000倍液、40％氟硅唑乳油7 500倍液喷施。

（四）收获

以现蕾末期至始花期刈割最佳，最后一次刈割应在10月前完成。视生长情况，建植当年苜蓿可刈割1～2次，第二年后可刈割4次，刈割时留茬5～7厘米，最后一茬留茬7～9厘米。

五、效益分析

（一）经济效益

宁夏灌区苜蓿草田每年可收获4茬，各茬次产量分别占总产量的40％、25％、20％和15％，干草产量可达1吨/亩*以上，其中一级及以上等级干草占40％，二级及以上等级干草占90％以上，扣除地租、生产成本，经济效益可达1 300元/亩以上，显著高于当地种植粮食作物的收益，对于促进农民增收效果显著。

（二）社会效益

该技术在带动当地苜蓿产业迅速崛起、助力区域草畜协同化发展的同时，也为加快种植业模式由粮经二元结构向粮经饲三元结构的转变提供助力，灌区苜蓿种植面积由2012年的5.87万亩扩大到2020年的29.37万亩，为全区奶牛养殖提供近30万吨优质苜蓿，有效促进了草食畜牧业的健康发展，是产业富农、科技兴农的有力支撑，具有十分重要的社会效益。

六、典型案例

宁夏千叶青农业科技发展有限公司在银北典型盐碱地区平罗县通过土地流转方式建成苜蓿种植基地3 600亩，为当地奶牛养殖提供优质饲草产品。苜蓿年刈割4茬，干草产量达1.1吨/亩，按照一级及以上等级干草占

---

* 亩为非法定计量单位，1亩＝1/15公顷。——编者注

40％售价 2 450 元/吨，二级及以上等级干草占 90％售价达 2 200 元/吨计算，扣除生产成本每年为 710 元/亩和土地成本 1 000 元/亩，净利润达 820 元/亩，与传统的玉米种植相比，每年增收为 470 元/亩，经济效益显著，极大地提高了土地生产力水平和企业的经济效益（彩图 1-3、彩图 1-4）。

起草人：王占军、杜建民

晋北盆地盐碱地苜蓿高效种植技术模式

一、技术概述

大面积的盐碱地虽然是农业生产的主要限制因素之一，但也是可持续发展的巨大潜力所在。在盐碱地上种植苜蓿，不但可以增加饲草产量，缓解蛋白饲料不足，同时可大大提高盐碱地的利用率，对于农业的可持续发展与结构调整具有重要的意义。针对山西北部盆地盐碱地含盐量偏高，苜蓿种植难度大等难题，该技术模式将土壤改良、施用底肥和选用耐盐品种等相结合，以提高盐碱地苜蓿建植的成功率和产草量，扩大苜蓿种植区域。

二、适用范围

该技术模式适用于沿黄流域晋北盆地盐碱地及同类地区。

三、技术流程

该技术模式主要包括苜蓿品种选择、选地整地与土壤改良、播种、田间管理、收获等几个环节，其生产主要技术流程如图1-3所示：

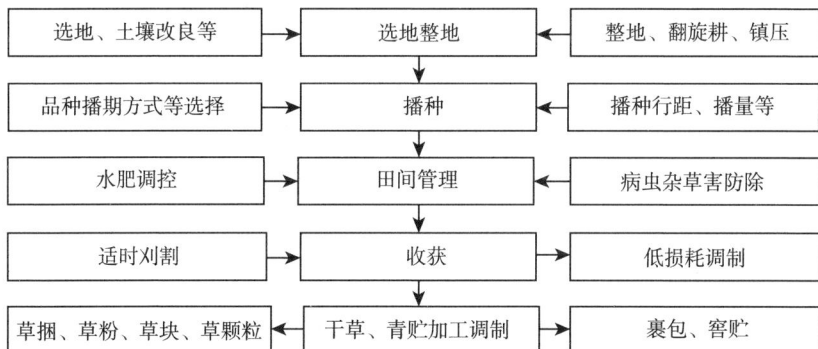

选地、土壤改良等	→	选地整地	←	整地、翻旋耕、镇压
品种播期方式等选择	→	播种	←	播种行距、播量等
水肥调控	→	田间管理	←	病虫杂草害防除
适时刈割	→	收获	←	低损耗调制
草捆、草粉、草块、草颗粒	←	干草、青贮加工调制	→	裹包、窖贮

图1-3　技术流程图

四、操作要点

(一)土壤改良

在盐碱地种植苜蓿,要因地制宜,要综合考虑盐碱地物理改良、肥料的合理施用等措施进行土壤改良。

1. 农业、水利改良措施

种植苜蓿之前,利用农业改良措施和水利改良措施对盐碱地进行初步改良。

2. 施用有机肥

减少化肥的用量,选择养分全、含量高、用量少、利用率高的全水溶性速效肥。有机肥应配合化肥混合施用。选择厩肥时,一定要腐熟后使用,以免造成烧根熏苗或引发病虫害等问题。

3. 增施生物菌肥

生物菌肥多具解磷解钾的功效,虽其养分含量少,但可将土壤中固定态的磷、钾释放供苜蓿吸收利用,可起到降解盐害、促进苜蓿生长的作用。

(二)土地整理

1. 选地

选择地势平坦、排灌良好、地下水位1.5米以下的中等地力的沙土,土壤全盐含量不超过3‰。

2. 整地

精细整地,清除杂草,以保证种子和土壤充分接触,提高出苗率。深耕25～30厘米,土壤细碎均匀、上虚下实,土层深厚平整。

3. 底肥

耕地时要施足底肥,适当增施磷肥。耕翻灭茬前应亩施2 000～3 000千克厩肥和25～50千克过磷酸钙。土壤墒情不好时,播前对土壤进行一次镇压。

(三)播种时期及品种选择

1. 播种时期

晋北盆地苜蓿春季和秋季均可播种。春季播种一般在四月中旬、秋播七月中旬到八月上旬。早春解冻后,5厘米地温稳定在5℃左右时即可抢墒播种。秋季播种最好在雨季之后，此时土壤水分充足、温度适宜、病虫杂草危害较少，适宜幼苗生长和根系发育，是苜蓿播种的最佳时期。要注意保证幼苗在停止生长前有 40 天生长时间，即 0℃ 低温出现前 1 个月进行播种。播种后出苗前，如遇雨土壤板结，要及时除板结层，以利出苗。

2. 耐盐品种的选择

选用品种秋眠级为 2～3 级、国家或省级审定的符合当地生产条件和需求的紫花苜蓿品种，如中苜 1 号、中苜 3 号、巨能、耐盐之星等耐盐碱苜蓿品种。

在首次种植苜蓿的地块，种子在播种前还应按 10∶1 的比例与根瘤菌混拌，以增强植株的固氮能力。

（四）播种方法及播种量

条播，播种行距 15～20 厘米，播种深度 1～1.5 厘米，播种量为 1.0～1.5 千克/亩。

（五）田间管理

1. 灌溉

苜蓿种子较小，其破土能力也很弱，播种后若土壤出现板结现象，应及时灌溉或镇压，提高出苗率。苜蓿幼苗期不宜过早灌溉，在株高 5 厘米以上时可适度浇水，以当天能渗到地里不见明水为宜。

2. 施肥

首次种植时施足农家肥做底肥，第二年起开始追加磷肥、钾肥。追肥一般在春季返青后、分枝期、现蕾期或是每次刈割后结合灌溉进行。追肥的方式有行间条施、撒施和叶面喷施等，采用条施或撒施有机肥、磷肥和钾肥。磷肥一次性施入，每亩 75 千克。钾肥最好定期施用。开春时和第二茬收割后，要进行追肥，以磷肥为主，每亩追施磷酸二铵 10 千克。根外追肥一般在分枝期或现蕾期进行，溶液浓度为 0.2％尿素＋0.3％磷酸二氢钾，每亩 50 千克。

3. 杂草防除

种植当年的苜蓿采用咪唑乙烟酸除草剂防除杂草。

4. 病虫害防治

苜蓿的病虫害也较为严重，主要有褐斑病、霜霉病、锈斑病、菌核病等病害和蓟马、蚜虫、盲蝽、潜叶蝇等虫害。可选择不同的药物进行防治，摘除病叶、提前刈割、喷施药剂等方法可有效防治病虫害，但需注意喷施药剂后需等药效失去后才能刈割，否则会产生药害甚至导致食用的动物中毒。

（1）刺吸式害虫　主要有蚜虫、蓟马等，这些害虫个体较小，发生量较大，常造成叶片卷曲、发白失绿，使苜蓿营养不良，降低品质。可用吡虫啉、高效氯氰菊酯等药剂。

（2）食叶性害虫　主要有棉铃虫、菜青虫，防治的关键在于掌握好喷药时机。在产卵期以及卵刚孵化时进行防治效果最好。可选用的药剂有氨基甲酸酯、高效氯氰菊酯、虫螨腈等，用量参照使用说明。

（3）地下害虫　主要有蛴螬、地老虎等，能把苜蓿咬断，造成缺苗断条。防治药剂有辛硫磷等，用量参照农药说明。

（六）收获

应在苜蓿的孕蕾末期或初花期进行收割，全部收割后百株开花率不能超过10%。苜蓿在收割前应了解近期的天气情况，应在割后5天无降雨情况下收割，同时应了解土壤含水量（不能大于30%），割晒前10～15天不能浇水，避免在苜蓿含露水时收割。

割茬高度控制为3～5厘米，最后一茬控制在8～10厘米。如秋播当年不刈割，第二年开始每年收割3～4茬草。苜蓿第二、第三茬收获时正值雨季，为了防止霉烂，尽可能选择晴好天气适时收割，或调制青贮。为了安全越冬，在霜降来临前需有30～40天的生长期，以便为越冬植株留有必要的生长时间积累营养物质和进行抗寒锻炼。

五、效益分析

（一）经济效益

晋北盆地盐碱地种植紫花苜蓿，由于提高了建植成苗率，当年可收割苜蓿两茬，从第二年进入生长旺期每年可收获三茬，平均亩产干草 600 千克以上，比使用该技术前平均每亩增收苜蓿干草 200 千克以上，以市场价每千克 2.2 元计，每亩增加收入 440 元以上，农民通过种草切切实实得到了实惠，经济效益十分明显。

（二）生态效益

种植两年后，0～30 厘米土层全盐含量降低 7%，pH 降低 0.2，土壤中的有机质含量增加了 0.2 个百分点、透气孔隙增加，有效改善种植区域的盐碱地土壤贫瘠的情况。经过多年紫花苜蓿的种植后，盐碱地土壤状况得到较大改善，减少了化肥施入，对种植其他作物提供了良好的基础，生态效益十分明显。

（三）社会效益

晋北盆地盐碱地种植紫花苜蓿为贫困户带来了可观的收入。在公司种植和专业合作社种植两种模式的典型示范带动下，通过经济效益的比较，种养户的思想转变了、观念更新了，投身苜蓿等优质饲草种植和种养结合的热情也越来越高涨，种植苜蓿在农民增收、助力脱贫攻坚中起到了重要作用，社会效益明显。

六、典型案例

2016 年，朔州市金土地农牧有限公司按照"种养结合、草牧一体"的方针，在盐碱地种植优质紫花苜蓿（中苜 3 号、WL298、WL168）3 000 亩，建植当年收割苜蓿两到三茬，亩产达到 500 千克，亩均收入达到 900 元，从第二年进入生长旺期收获三到四茬，亩产可达 800 千克以上，纯收入 1 000 元以上（彩图 1-5、彩图 1-6）。

起草人：石永红

黄河下游滩区盐碱地苜蓿
高效种植技术模式

一、技术概述

土壤盐渍化已成为制约黄河下游滩区农业发展的重要限制因素，关乎滩区生态保护和高质量发展。苜蓿属于中等耐盐碱植物，是世界上栽培面积最广的豆科牧草，具有适应能力强、防止水土流失、抗逆性强等优点。基于黄河下游滩区盐碱地的具体实际，因地制宜，系统开展黄河下游滩区盐碱地土壤改良、苜蓿品种筛选、栽培技术、水肥耦合、病虫害防治以及收获加工调制等技术研究，建立黄河下游滩区苜蓿高效种植技术模式，既可以通过扩大苜蓿种植范围来提高盐碱地利用效率，也可以通过改良土壤、培肥地力、防止水土流失来提高盐碱地生态效益。

二、适用范围

该技术模式适用于黄河下游滩区盐碱地的紫花苜蓿栽培管理，也可应用于黄河中下游滩区盐碱地及滩区农田紫花苜蓿栽培管理。

三、技术流程

技术流程如图 1-4 所示。

四、操作要点

（一）品种选择

针对黄河下游滩区盐碱地土壤理化性质

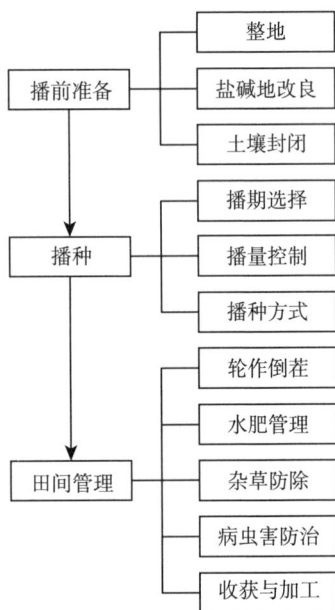

图 1-4　技术流程图

和气候特点，选用品种秋眠级为 4～6 级，国家或省级审定的符合当地生产条件和需求的紫花苜蓿品种，如 WL358HQ，WL440HQ，劲能 5010。

（二）播前整地

选择地势平坦、土层深厚、排水良好的中性和偏碱性的沙壤土、壤土、轻黏土地块。清除耕地表面的石块、塑料膜等杂物，并彻底清除作物和杂草的根系残茬。翻耕前施入基肥，基肥以优质厩肥为主，无厩肥时，可用化肥作基肥，以磷肥为主，配合施用氮、钾化肥。施用量根据土壤肥力和肥料种类而定，肥沃少施，贫瘠多施。可配合脱硫石膏、土壤改良剂等进行施用，可有效进行土壤改良。

1. 基肥以优质厩肥为主，一般施腐熟厩肥 0.5～1 吨/亩，其中鸡、猪、牛厩肥分别为 1～1.5 吨/亩、2～3 吨/亩、3～5 吨/亩。

2. 无厩肥时，可用化肥作基肥。以磷肥为主，配合施用氮、钾化肥。一般每亩施量为磷酸二铵 30～40 千克、钾肥 15～20 千克；或氮磷钾复合肥 50 千克。

（三）播种

播种时期可选择春播（3 月中下旬进行）、秋播（宜在 9 月播种，最迟不宜晚于 10 月 25 日）；播种方式采用窄行距条播，行距 13～20 厘米；裸种播种量为 1～1.3 千克/亩，拌粉状根瘤菌剂，包衣种子条播播量为 1.5～2.5 千克/亩；播种深度 1.5～3.0 厘米，黏质土播深 1.5～2.0 厘米；沙质土播深 2～3 厘米。播种后及时覆土、耙耱和镇压，覆土厚度以 2～3 厘米为宜。

（四）田间管理

1. 杂草防除

可以通过调整播种期避开杂草萌发和生长高峰期，延迟或提前播种。此外，播前在杂草种子尚未成熟时，可切碎杂草翻入深层作绿肥，杂草较多的地块，先用百草枯、吡氟氯禾灵等茎叶处理剂消灭杂草，然后深翻耕。播种后、出苗前，用咪唑乙烟酸或二甲戊灵等封闭土壤。苜蓿生长期针对冬春季节发生的播娘蒿、荠菜、北美独行菜等十字花科杂草危害，可用苜草净＋增效剂或 25％苯达松防除。针对夏秋季节发生的牛筋草、马唐、狗尾草等禾本科杂草，可用精喹禾灵等防除；苋、马齿苋、藜（灰灰菜）、婆婆纳、猪毛菜等一年生阔叶杂草，可用 25％苯达松或唑嘧磺草胺防除。

2. 病虫害防治

根据虫害发生情况，及时进行虫害防治，且刈割前 10 天内不使用药剂。播前主要防治地老虎、蝼蛄、蛴螬等地下害虫。生长期主要防治蚜虫、蓟马、甜菜夜蛾、棉铃虫、造桥虫。针对病害的发生，选择抗病品种，及时拔除田间零星病株，病害严重时，用甲基硫菌灵、百菌清、三唑酮、多菌灵等内吸性的杀菌剂每隔 7 天喷施一次。

3. 追肥

返青期，中低产田施氮磷钾复合肥或尿素 7～8 千克/亩，高水肥地追施 5～6 千克/亩；每年冬季追施氮磷钾复合肥 30 千克/亩，可不必施返青肥。第二至第五茬苜蓿，每次追施氮磷钾复合肥或尿素 5～6 千克/亩。

4. 排灌

播前如遇干旱，轻浇一次底墒水，保证出苗整齐。刈割后，结合追肥及时灌溉。干旱季节保证必要的灌溉，尤其是第二、第三茬苜蓿。春季返青期结合追肥灌返青水（3 月初），冬灌后不必浇返青水。冬至前 2～3 天进行冬灌，晚秋播种的苜蓿（10 月份）不宜采用漫灌式冬灌。夏季高温多雨，应挖好排水沟，便于排水。

5. 刈割

从现蕾期开始刈割，到开花期结束。第一至第五次刈割期分别在 4 月 10 日至 4 月底、5 月 10 日至 5 月底、6 月 10 日至 6 月底、8 月上中旬、10 月 15 至 30 日。留茬高度以 5～6 厘米为宜，每年最后一次刈割留茬高度为 6～8 厘米。

（五）技术使用注意事项

1. 轮作倒茬

连作 4～5 年的苜蓿地，有自毒现象，必须和禾本科作物如小麦、玉米等轮作 1～2 年才能再种苜蓿。

2. 种子处理

近 3 年未种过苜蓿的田块，进行根瘤菌接种或包衣接种；或取老苜蓿地表层以下湿土 3 份与苜蓿种子 2 份混合，均匀播入土壤，以达到根瘤接种的作用。

五、效益分析

（一）经济效益

通过应用该集成技术与传统的一年二熟制小麦-玉米相比，在中低产田种植紫花苜蓿每亩增收 700 元左右，平均亩产可达 1.0 吨以上，亩产增加 0.2～0.3 吨。每吨收入按 2 400 元计，每亩可多收入 480～720 元。

（二）生态效益

通过黄河下游滩区盐碱地苜蓿高效种植技术的推广与示范，可以有效促进土壤的改良和修复及增进土壤肥力，监测结果表明，滩区紫花苜蓿草地 0～40 厘米土层可溶性盐总量显著降低，脱盐率保持在 20% 左右，甚至局部地区高达 30% 以上。与传统小麦玉米连作田土壤养分进行比较分析发现，苜蓿田土壤的有机质、全氮、碱解氮和有效磷含量均显著升高，其中土壤有机质含量提高了 20% 左右，全氮含量提高了 30%～40%。草业带的建设在为黄河下游滩区建立生态屏障的同时，也实现了农业生态系统的可持续利用，具有显著的生态效益。

（三）社会效益

黄河下游滩区盐碱地苜蓿高效种植技术的集成与示范既提高了当地农民生产的积极性，也带动了当地苜蓿产业的迅速崛起与发展，对于当地农业经济的发展具有很好的引领带动作用，是产业富农、科技兴农的有力支撑。黄河下游滩区盐碱地苜蓿产业的发展，符合国家质量兴农、绿色兴农、品牌强农的一贯坚持，为全面推进实施乡村振兴战略注入了新的生机和活力，具有十分重要的社会效益、经济效益和生态效益。

六、典型案例

河南合博草业有限公司围绕黄河滩区流转土地，改造低产田，建成高产优质的牧草生产示范基地 10 000 亩，其中郑州市黄河滩区 1 800 亩，长垣市黄河滩区 8 200 亩，年产苜蓿折合干草 8 000 吨左右，为奶牛养殖企业提供优质的苜蓿青干草和裹包青贮苜蓿产品。该技术在河南合博草业有限公司的示范推广，苜蓿干草产量亩产增收 0.3 吨左右，一级草占比增加 20% 以上。按每吨苜蓿青干草销售价 2 200 元计，扣除机械设备、劳力、化肥、灌溉、除草剂等方面的投入，每亩净收益增加 697.5 元。在黄河滩区盐碱地，传统种植模式小麦和玉米一年二熟，每亩净收益约为 700 元。而通过应用该技术模式种植苜蓿，亩产净收益高达 1 735 元，与种植传统粮食作物相比，每亩净收益提高了 1 000 元左右，极大地提高了土地生产力水平和企业的经济效益。此外，测土施肥技术以及水肥耦合技术的应用确定了效果好且价格低廉的施肥配方，在保证生产效益的前提下，进一步压缩了企业的生产成本（彩图 1-7）。

起草人：孙浩、史莹华

黄河三角洲盐碱地苜蓿
高效种植技术模式

一、技术概述

该技术模式通过规范耐盐品种选择、土地整理、高效建植、田间管理、适时收获等关键环节建立黄河三角洲盐碱地苜蓿高效种植技术体系，对提升黄河三角洲盐碱地综合生产能力，推动苜蓿产业发展，培肥地力和构建黄河三角洲生态屏障具有重要意义。

二、适用范围

该技术模式适用于黄河三角洲地区及类似盐碱地区。

三、技术流程

技术流程如图 1-5 所示。

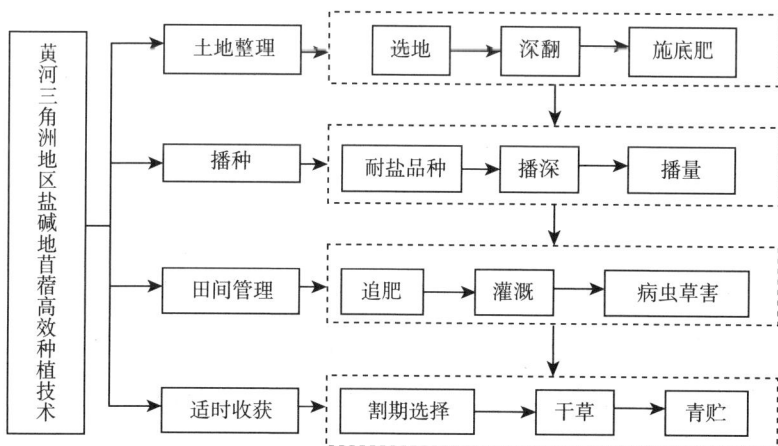

图 1-5　技术流程图

四、操作要点

(一) 土地整理

1. 地块选择

选择地势平坦、土质疏松、富含有机质、肥力中等，保水、保肥性强、土壤通气性良好、排水排碱通畅的地块。要求地下水位 1.5 米以上，土壤 pH 7.0～8.5，土壤全盐含量≤0.4%。

2. 土地平整

开展土地平整，平整后的地面误差小于 2 厘米，相邻两地块之间设排水沟。

3. 苗床准备

(1) 土壤肥力测定　测定 0～30 厘米土层土壤的有机质、碱解氮、有效磷、速效钾含量。

(2) 整地与施基肥　整地前根据土壤肥力测定结果，施入基肥，提倡施用有机肥，一般每亩施用腐熟粪肥 1 500～2 000 千克。整地要深耕细耙，耙压同步，清除杂草与作物残茬，达到地面细碎平整，下实上虚。土壤耕耙后及时镇压，做到随耕随耙随镇压，防止土壤水分大量蒸发。

(二) 苜蓿建植

1. 种子准备

选择耐盐碱苜蓿品种，推荐使用中苜 1 号、中苜 3 号、鲁苜 1 号、无棣苜蓿等品种。裸种子可进行根瘤菌接种或包衣。

2. 播种

(1) 播种期　可春播（3 月中上旬至 5 月中上旬，也可进行顶凌播种）或者秋播（宜在 9 月完成，最迟在 10 月上旬前完成）。

(2) 播种量　播种量在 1～1.5 千克/亩，春播适当加大播量。包衣种子根据包衣后种子增重量，相应调整播种量。撒播时播种量应增加 20%。

(3) 播种方式　条播行距 15～30 厘米，撒播要保证种子均匀。

(4) 播种深度　播种深度控制在 1～2 厘米。

（5）镇压　播后及时镇压可使种子与土壤接触紧密，有利于种子吸水发芽。镇压还具有提墒功能，有利于种子所处的浅表土壤保持湿润状态。

（三）田间管理

1. 施肥

根据 0～30 厘米土层养分状况确定施肥量。分枝期以施磷肥为主，秋季以施钾肥为主。施肥后土壤有效磷含量达到 10～15 毫克/千克，速效钾含量达到 100～150 毫克/千克。

2. 灌溉

苗期 0～15 厘米土壤田间持水量低于 50% 时进行灌溉，灌溉量为 47～60 立方米/亩。入冬前灌一次封冻水，在早春灌一次返青水，灌溉量为 67～80 立方米/亩。

3. 杂草防除

（1）调整播种期　避开杂草萌发和生长高峰期，延迟或提前播种，推荐秋播。

（2）播前土壤处理　播种前选用灭生性残留期短的除草剂进行杂草防除。

（3）播后土壤处理　出苗前施入适宜除草剂。

（4）苗期处理　在杂草 3～5 叶期施入专用除草剂。单子叶杂草可选用精喹禾灵、高效氟吡甲禾灵、烯草酮等药剂防除，单双子叶混生杂草，可选用苜蓿田专用除草剂苜草净、咪唑乙烟酸等进行茎叶喷雾处理。

4. 病虫害防控

褐斑病可用百菌清、甲基硫菌灵等药品防治；锈病可用内吸杀菌剂，如三唑酮和代森类等防治；蚜虫可用吡虫啉、高效氯氰菊酯或氨基甲酸酯喷洒；蓟马、盲蝽可用菊酯类如高效氯氰菊酯，或吡虫啉、啶虫脒等农药防治；夜蛾类害虫可用苏云金杆菌、阿维菌素、甲维盐等药剂防治。

（四）适时收获

1. 收割

紫花苜蓿在黄河三角洲地区一年可刈割 4～5 次，产量在第三年达到最好，可连续利用 5～6 年。

2. 收获期

以初花期收获最佳，大面积苜蓿收获可提前至现蕾期。收获期的确定还需根据天气状况、病虫草害发生情况等因素进行调整。

3. 留茬高度

一般留茬以 5 厘米为宜，最后一次收割应在霜降来临前一个月进行，留茬高度不低于 8 厘米，以利于苜蓿安全过冬。

4. 干草调制

通过翻晒、搂草等步骤，当苜蓿全株含水量降至 20% 以下时利用捡拾打捆机进行苜蓿干草打捆贮藏。

5. 青贮加工

通过翻晒、搂草等步骤，当苜蓿全株含水量降至 50%～60% 时，利用捡拾切碎机进行原料捡拾切碎，并通过裹包青贮或贮窖的方式进行保存。

五、技术使用注意事项

（一）土地要平整，注意排水防涝

土地平整要根据土质条件，因地制宜，有利于大田生产和盐碱地改良，同时最大限度开发利用土地资源。生产地块以条田为主，排灌渠分设，沟渠路桥涵等水利工程配套。

（二）施肥要重视，施足有机肥和底肥

苜蓿本身具有固氮能力，要少施氮肥。黄河三角洲土壤属滨海盐土，钾肥含量中等偏上水平，追肥时以氮磷肥为主，配施少量钾肥即可满足生长需要。追肥方式主要包括深施、撒施和叶面施肥。

（三）灌溉要均衡，注重返青水和越冬水

黄河三角洲地区苜蓿一般在春季返青（返青水）、冬季上冻封地前（越冬水）进行灌溉，一般分漫灌和喷灌两种方式。漫灌适宜地势平坦且排水条件较好的地块进行，若发生积水，需及时进行排水，以免发生涝害。地势不平坦或幼苗期苜蓿地适宜喷灌。

（四）刈割要适时，提升品质和产量

一般以 10％开花时进行收割为宜。大面积收获苜蓿，收割期可提前至现蕾期。

六、效益分析

（一）经济效益

盐碱地种植苜蓿效益可观，按照当前盐碱地苜蓿平均亩产干草 700 千克计算，使用该技术模式后按产量提高 15％计，每亩可增产 105 千克，按每吨干草 2 000 元计算，每亩新增经济效益 210 元。未来几年该技术模式进一步推广应用后，按照当前黄河三角洲地区苜蓿种植面积 10 万亩计算，每年干草新增产量 1.05 万吨，可获得经济效益 2 100 万元。随着科学技术的提高和生产标准化、机械化、规模化的实施，盐碱地苜蓿生产能力有进一步提高的潜力。

（二）生态效益

苜蓿是改良盐碱地的先锋植物，可以提高土地利用效率，起到防止水土流失、防风固土、改良土壤的作用，能够明显改善盐碱地生态环境。苜蓿抗性较强，抗旱耐盐碱、耐瘠薄特点突出，根部着生大量根瘤，具有较强的固氮作用。据估算每年苜蓿固定到土壤中的氮为 35～305 千克/公顷，不仅可以肥田，还可以减少化肥施入量，后茬作物增产达到 30％以上，对于提高土地利用率，实现盐碱地开发和改良具有重要作用。同时，盐碱地苜蓿种植能有效降低农资和生产措施的投入，减少农业面源污染，符合环境保护要求。

（三）社会效益

通过该技术示范推广，培养优秀业务骨干和农技人员，为盐碱地优质牧草生产提供有效保障。盐碱地种植苜蓿，在改良土壤和生产优质牧草的同时，还能促进后茬粮食作物增产提质，发挥土地的综合效益，促进畜产品生产和农村劳动力流动，保障食物安全。苜蓿种植充分利用盐碱地中低产田，能有效调整种植业结构，为农户带来较大的经济效益，转变传统的种植观念，实现农民增收、农业增效。

七、应用案例

山东赛尔生态经济技术开发有限公司位于山东省滨州市无棣县，自2015年以来，公司大力发展以苜蓿为主的牧草产业，在园区建立了1.2万亩优质苜蓿生产基地，种植品种为中苜1号、中苜3号。由于园区内土壤盐碱程度不一致，以平均亩产干草700千克计算，每亩产值1 400元，而传统小麦和玉米种植每亩产值约为1 200元，每亩收益提高约200元。近年来，随着苜蓿半干青贮的推广，为避免雨季干草收获难题，公司近两年转型生产裹包苜蓿青贮，青贮饲料能有效地保存青草的营养成分，适时青贮，其营养成分损失率一般不超过15%。而在制作干草的自然风干过程中，营养损失率约30%，如果风干时遇到雨淋或者发霉以及叶片脱落，营养损失则更多（彩图1-8、彩图1-9）。

起草人：王国良、张进红、吴波

甘肃河西走廊地埋滴灌苜蓿
高效生产技术模式

一、技术概述

河西走廊是黄河流域上游重要的农牧业产区，灌溉农业发达。灌溉可大幅度提高该区作物产量和栽培草地产草量、防止草地退化，但传统上主要采取漫灌方式，造成水资源的极大浪费，不利于苜蓿应用推广。因此，节约用水、提高水资源利用效率成为苜蓿生产中迫切需要解决的问题。由于苜蓿在生长特性、生产性能和水分需求以及水分田间管理上与传统谷类作物（如小麦）间存在很大差异。因此，在此区域种植苜蓿的水肥一体化管理模式上与传统谷类作物皆有所不同，在河西走廊内陆干旱区气候和土壤条件下，研究提出苜蓿草地地埋滴灌下的控水调亏灌溉技术，可为内陆干旱灌溉区苜蓿草地灌溉管理提供指导和借鉴，以促进苜蓿草地的可持续利用和大面积推广应用。

二、适用范围

该技术模式适用于黄河流域上游甘肃河西走廊地区，或其他类似的光温充足、降水稀少而蒸发量大，主要依赖灌溉来进行农牧业生产，且适宜种植苜蓿的地区。

三、技术流程

该技术主要包括以下几部分：首先，在田间布设地埋滴灌管带，安装控制单元。其次，进行苜蓿草地建植和常规田间管理。再次，实现不同年龄草地的田间控水调亏灌溉。最后，进行实时利用和管理维护。主要技术流程如图 1-6。

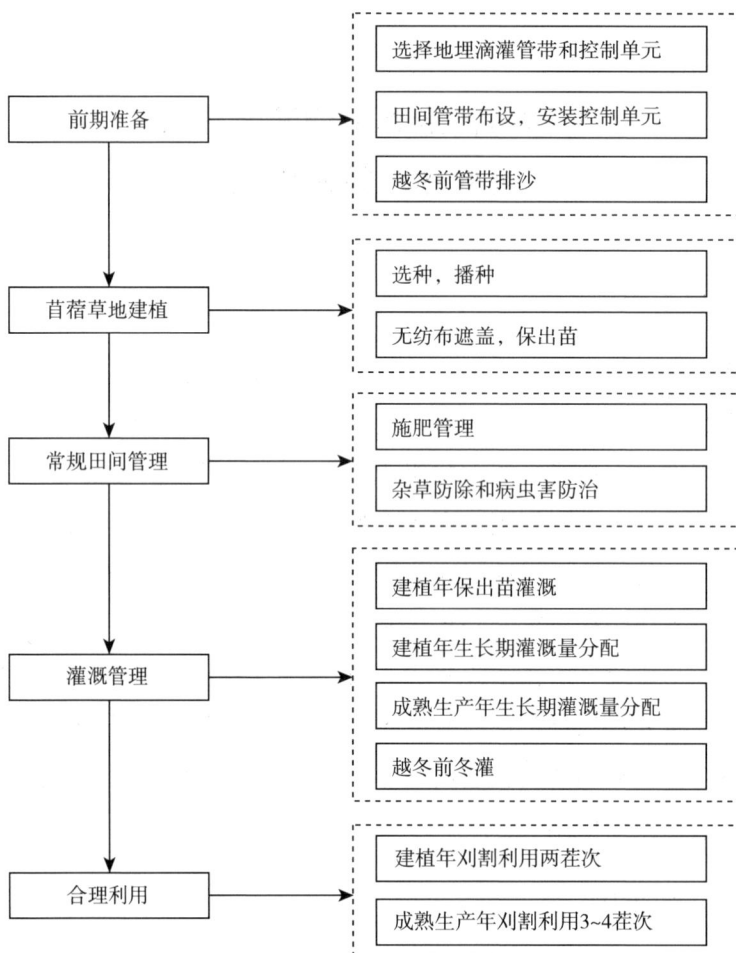

图 1-6　技术流程图

四、操作要点

(一) 地埋滴灌管带布设和维护

1. 管带选择和布设

选择壁厚 0.6 毫米,直径 16 毫米,滴灌头间距 30 厘米,滴头出水量 3 升/小时以上的滴灌带。地埋滴灌管埋深 20 厘米,间距 60 厘米。

2. 适用控制单元的选择和安装

3. 管带排沙维护

每年冬灌结束后,对滴灌管进行排沙维护,排除管带中的淤沙,防止越冬过程中造成的出水口堵塞。

(二)苜蓿草地建植

1. 选种和播种

选择适用苜蓿品种,在 4—5 月,采用条播方式,播种量为 1.5 千克/亩,播种深度为 2 厘米,行距为 15~20 厘米。

2. 基肥管理

播种前按 20 千克/亩施用磷酸二铵作基肥。

3. 保出苗

播种后及时镇压,并用无纺布覆盖土地表面,以减少强烈阳光对幼苗的影响,同时减少蒸发。为了保证出苗和建植成功,播种后分多次灌水 30 毫米。直到出现 3 片真叶后,移除无纺布。

4. 病虫草害防治

按照当地常用的杂草防除和病虫害防治措施和方法进行。

(三)建植年灌溉量分配

1. 建植年灌溉保苗

根据土壤水分情况确定灌溉时间,一次灌溉 30 毫米。

2. 建植年生长期水分管理

采用现蕾期中度调亏方式进行水分管理。建植年生长期总灌溉量为 370 毫米,第一茬为 235 毫米,第二茬为 135 毫米。具体灌溉分配如表 1-4 和表 1-5。

表 1-4　建植年第一茬灌溉时间及灌溉量

第一茬(毫米)											第一茬总计
建植期(月/日)		建植总计	分枝期(月/日)				分枝总计	现蕾期(月/日)		现蕾总计	
4/15	4/30		5/25	6/7	6/16	6/26		7/4	7/10		
30	30	60	45	30	40	30	145	15	15	30	235

29

表 1-5　建植年第二茬灌溉时间及灌溉量

第二茬（毫米）								第二茬总计
再生期（月/日）		再生总计	分枝期（月/日）		分枝总计	现蕾期（月/日）	现蕾总计	
7/20	7/27		8/6	8/16		8/25		
30	30	60	30	30	60	15	15	135

3. 越冬前冬灌

在土壤"夜冻日消"时，采用畦灌方式，灌溉量 80 毫米。对滴灌管带进行排沙维护。

（四）成熟生产年生长期灌溉量分配

1. 成熟生产年生长期水分管理

采用现蕾期中度调亏方式进行水分管理。成熟年生长期总灌溉量为 400 毫米，其中第一茬 130 毫米，第二茬 135 毫米，第三茬 135 毫米。具体灌溉分配如表 1-6 至表 1-8。

表 1-6　第一茬灌溉时间及灌溉量

第一茬（毫米）								第一茬总计
返青期（月/日）		返青总计	分枝期（月/日）		分枝总计	现蕾期（月/日）		现蕾总计	
4/7			4/25	5/8		5/17	5/25		
40		40	25	35	60	15	15	30	130

表 1-7　第二茬灌溉时间及灌溉量

第二茬（毫米）								第二茬总计
再生期（月/日）		再生总计	分枝期（月/日）		分枝总计	现蕾期（月/日）	现蕾总计	
6/7	6/20		6/28	7/4		7/11		
30	30	60	30	30	60	15	15	135

表 1-8　第三茬灌溉时间及灌溉量

第三茬（毫米）								第三茬总计
再生期（月/日）		再生总计	分枝期（月/日）		分枝总计	现蕾期（月/日）	现蕾总计	
7/20	7/30		8/6	8/14		8/21		
30	30	60	30	30	60	15	15	135

2. 越冬前冬灌

采用畦灌方式，灌溉量80毫米。对滴灌管带进行排沙维护。

（五）草地合理利用和管理

1. 刈割利用

建植年刈割利用2茬次，成熟生产年刈割利用3～4茬次。留茬高度为5厘米，末次刈割留茬高度10厘米。

2. 追肥管理

建植年无追肥。在成熟生产年末次刈割后追施磷钾复合肥10千克/亩。

3. 病虫草害防治

采用当地常用的措施和方法，开展杂草防除和病虫害防治。

五、技术使用注意事项

1. 地埋滴灌管带的选择和布设

考虑要保证能多年持续使用，确保管带质量，布设深度和间隔合理。此外，在管带布设时应注意预留排沙口，在每年冬灌结束时应同时进行排沙，防止越冬过程中导致泥沙堵塞滴灌管带的出水口。

2. 保苗

考虑光照强烈、蒸发强烈，采用无纺布遮盖，并适量灌溉。

3. 控水调亏灌溉

在苜蓿现蕾期，按充分灌溉量的50%安排灌水，实施单生育期中度亏缺灌溉。

六、效益分析

（一）经济效益

建植年草地干物质产量的平均值为553千克/亩，2龄草地为1 367千克/亩，3龄草地平均干物质产量是1 707千克/亩。与充分灌溉相比，单生育期调亏灌溉在节水的同时并未显著降低干物质产量，而且获得更高的牧草品质，其中现蕾期调亏更有优势。

结合田间试验研究，研发提出了内陆干旱区苜蓿控水调亏灌溉技术，可为苜蓿草地水（肥）管理、节水高效生产等提供理论支撑，将有助于指导有灌溉条件的甘肃河西走廊和类似条件地区苜蓿草地节水高效生产，为西部草食畜牧业高质量发展提供物质基础，也可为国家粮改饲、农业结构性调整等战略提供支撑。

（二）生态效益

全生育期轻度亏水、中度调亏灌溉能有效控制苜蓿草地建植年和成熟生产期土壤电导率的波动，表现出较强的压盐效果。地埋滴灌可保持土壤各土层的盐分含量在土壤入渗量变化较大情况下的稳定与均一。因此，在内陆干旱区，应用地埋滴灌并采取现蕾期单生育期调亏灌溉为较优的苜蓿灌溉管理技术，可实现节水、压盐和高效稳定生产。

该技术模式将有助于西部生态修复体系的构建，提高当地水资源利用效率，节约水资源，从而促进西部土壤盐碱化地区退化草地的改良和恢复。因此，能在保障我国未来食物安全、构建绿色生态屏障、建设草地生态文明中发挥重要的基础性作用。

七、典型案例

酒泉大业牧草饲料有限公司在酒泉芦芽滩流转 1 万亩土地，建成高产优质苜蓿和种子生产示范基地。公司有苜蓿生产田 8 000 亩，年可刈割 3 茬，年产苜蓿干草 800～1 000 千克/亩，成本 700～800 元/亩，苜蓿干草价格约 2 600 元/吨（头茬），二三茬略低于此价格，平均按 2 400 元/吨计算，年净收益 1 120～1 700 元/亩。同时，公司有 2 000 亩苜蓿种子生产田，年产苜蓿种子 50～60 千克/亩，成本约 500～700 元/亩，苜蓿种子价格 25～30 元/千克，年净收益 550～1 300 元/亩。种植苜蓿后土壤肥力大幅提升，化肥、农药施用量明显减少，生态环境改善效果明显（彩图 1-10、彩图 1-11）。

起草人：杨惠敏、刘敏国、王自奎、沈禹颖、王刚

第二章

水土保持饲草高效种植技术模式

黄土高原区草田轮作
水土流失治理技术模式

一、技术概述

草田轮作主要指大田作物种植若干年后，通过种植一年生或多年生牧草进行倒茬的种植模式。与传统种植模式相比，草田轮作能够提高土壤有机碳的含量，增加土壤微生物，促进土壤团聚体的形成，进而改善土壤质量，提升水土保持水平，增加作物产量。同时，草田轮作能够有效地缓解、改善农业生产与农田生态环境之间的矛盾，特别是对耕地资源的地力提升与保护有积极作用。陇东旱塬区属于我国黄土高原典型雨养农业区，草田轮作对于该区域生态修复、土壤改良以及农业绿色高效发展起着重要的作用。因此，制定草田轮作技术流程对该地区农业绿色发展与水土流失治理具有重要的现实意义。

二、适用范围

该技术模式适用于年均降水量 500～600 毫米，土层较厚、肥力适中、土壤质地疏松的黄土旱塬地区。

三、技术流程

技术流程如图 2-1 所示。

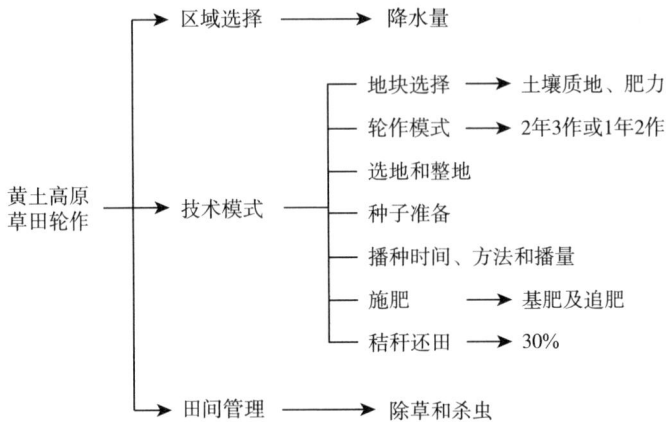

图 2-1 技术流程图

四、操作要点

（一）轮作模式

该地区典型的两种轮作模式：玉米-冬小麦-箭筈豌豆/大豆和玉米-冬小麦-饲用油菜三种作物组成的 2 年 3 作轮作模式，或冬小麦-油菜和冬小麦-箭筈豌豆/大豆两种 1 年 2 作轮作模式。

（二）播种及施肥

在 2 年 3 作轮作模式中，玉米种子在 4 月初以 2 千克/亩播量进行播种，行距为 10 厘米，同时施入 20 千克/亩的底肥（磷酸二铵 DAP）。玉米生长期内追施尿素 20 千克/亩（46％含 N 量）。9 月中旬玉米收获后，立即播种冬小麦，播种量为 12.5 千克/亩，行距为 15 厘米，以 20 千克/亩的用量施用底肥（磷酸二铵 DAP）。在生长期撒播追肥 10 千克/亩的尿素，小麦在翌年 6 月收获，之后播种箭筈豌豆或饲用油菜，播量 1 千克/亩，行间距为 25 厘米。施用 4.2 千克/亩的底肥（P_2O_5）。箭筈豌豆或饲用油菜于霜冻前收获，其余时期为覆盖保护的休耕期。

在 1 年 2 作轮作模式中，在 9 月播种冬小麦，播种量为 12.5 千克/亩，行距为 15 厘米，以 20 千克/亩的用量施用底肥（磷酸二铵 DAP）。在生长期播撒追肥 10 千克/亩的尿素。小麦在翌年 6 月人工收获，之后播种箭筈豌豆或饲用油菜，播量 1 千克/亩，行间距为 25 厘米。施用 2 千克/亩的底肥（P_2O_5）。箭筈豌豆或饲用油菜于冬小麦播种前收获。

（三）秸秆还田

在作物收获后，将 30%～50% 的前茬作物秸秆进行粉碎还田覆盖，可提升土壤有机肥含量，减少风蚀和水蚀。

（四）田间管理

在生长季定期使用人工除草、杀虫剂杀灭杂草和害虫。选晴天、无风、无露水时均匀喷施。

五、技术使用注意事项

1. 免耕机对拖拉机的马力有一定的要求，要求能够带动入土。
2. 秸秆覆盖会影响早期出苗，应注意施用量和秸秆粉碎度。

六、效益分析

保护性耕作能有效控制水土流失、减少蒸发，增加土壤有效持水量。土壤蓄水量比传统耕作增加约 10%，水分利用效率提高约 10%；粮食亩增产 5% 以上，亩均降低综合生产成本 30 元以上；减少耕地表土流失量 40%～80%，减少农田扬尘量 50% 左右。保护性耕作还能够提高土壤物理（土壤团聚体）、化学（土壤有机质）、生物（土壤微生物）健康指标，改善耕地质量。最终，草田轮作可以提高作物产量，改善综合经济效益（表 2-1）。

表 2-1　玉米、冬小麦和大豆的平均成本构成（元/公顷）

作物	处理	耕作	种子	播种	肥料	施肥	农药	施药	秸秆粉碎	秸秆覆盖	收获	总计
玉米	T	1 242	1 203	366	1 457	53	336	53			525	5 235
	TS	1 242	1 203	366	1 457	53	336	53	83	40	525	5 358
	NT		1 203	366	1 457	53	336	53			525	3 993
	NTS		1 203	366	1 457	53	336	53	83	40	525	4 116

（续）

作物	处理	耕作	种子	播种	肥料	施肥	农药	施药	秸秆粉碎	秸秆覆盖	收获	总计
冬小麦	T	621	345	233	918	36	98	26			408	2 685
	TS	621	345	233	918	36	98	26	63	32	408	2 780
	NT		345	233	918	36	98	26			408	2 064
	NTS		345	233	918	36	98	26	63	32	408	2 159
大豆	T	651	741	240	788	6	167	29			228	2 850
	TS	651	741	240	788	6	167	29	19	12	228	2 881
	NT		741	240	788	6	167	29			228	2 199
	NTS		741	240	788	6	167	29	19	12	228	2 230

注：T 为传统耕作处理，TS 为传统耕作配合秸秆覆盖处理，NT 为免耕处理，NTS 为免耕配合秸秆覆盖处理。

七、典型案例

2001 年兰州大学庆阳草地农业野外试验站研究团队在陇东黄土高原建立了免耕和秸秆覆盖下玉米-冬小麦-饲用大豆 2 年 3 熟轮作系统。经过 16 年的实践，免耕和秸秆覆盖下小麦产量分别增加了 9.7％和 14.3％。玉米和冬小麦水分利用效率提高了 12％和 8.3％，土壤固碳潜力增加。免耕和秸秆覆盖下玉米-冬小麦-大豆轮作系统作物根际土壤有机碳提高 9.6％，全氮含量提高 6.5％，玉米和冬小麦根际土壤微生物量碳、微生物量氮含量提高 10.3％和 14.6％，冬小麦和大豆根际土壤真菌提高 16.1％，过氧化氢酶提高 3.2％，脲酶和蔗糖酶活性分别提高 6.9％和 7.9％。基于庆阳 1961 年至 2010 年历史气象数据，应用 APSIM 作物模型对旱作下玉米、冬小麦和饲用大豆的生产适应性进行了评估，结果表明 0～200 厘米土层土壤贮水量平均提高 72 毫米，土壤蒸发量和蒸散量显著降低，冬小麦的籽粒产量和干物质生物量分别平均提高 120 千克/亩和 287 千克/亩。

起草人：沈禹颖、李渊

黄土塬区水土保持牧草
旱作生产技术模式

一、技术概述

旱作是指无灌溉条件的半干旱和半湿润偏旱地区，采取合适的耕作与种植手段，充分利用降水资源的一种旱作方式。由于黄土塬区降雨时空分布不均匀，季节性干旱极易发生，且年际间差异较大，如何实现降水的高效利用来缓解季节性干旱是旱作草地农业成败的关键所在。旱作下水土保持牧草生产技术的核心在于科学利用天然降水，充分蓄用地表降水。目前根据地形，可以分为平地和坡地，对应采取两种水保措施技术：前者在沟谷内建设淤地坝实现拦蓄降水、淤积流失表土；后者对坡地进行削坡开级，建设梯田，拦蓄降水，固持坡体，减少土壤侵蚀。

二、适用范围

该技术模式适用于渭河、泾河、无定河流域降水量350～800毫米，土层较厚且肥力适中的平地或坡度小于25°的坡地、肥力适中的黄土高原地区。

三、技术流程

技术流程如图2-2所示。

四、技术模式要点

（一）淤地坝和梯田建设

1. 平地

在沟谷中建设淤地坝，实现全部降水拦截就地入渗，淤积流失表土（肥沃、疏松），平整淤积土地使其坡度小于3°（彩图2-1）。

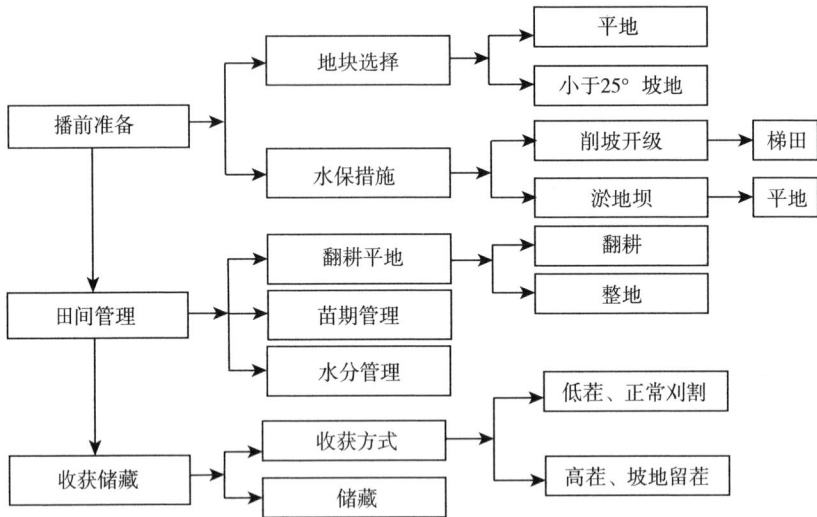

图 2-2　技术流程图

2. 坡地

选择坡度小于 25° 的地块，削坡开级改造成梯田（彩图 2-2）。

（二）田间管理

1. 翻耕平地

（1）翻耕　播种前翻耕土壤，深度 25 厘米以上、覆压残茬。

（2）整地　耙平土壤，平整土地，要求土壤容重小于 1.2 克/立方厘米。

2. 苗期管理

（1）播期播量　农作物选择小麦，10 月播种，播种量为 12.5 千克/亩，行间距为 20 厘米；饲草作物选择紫花苜蓿和饲用玉米，作物品种选择当地主要推广品种。玉米 4 月初至 5 月初播种，苜蓿在 7 月底至 8 月底雨水充沛时播种。一般采取草田轮作的种植方法，苜蓿种植 4～6 年后种植小麦和饲用玉米。

（2）追肥　小麦以 16 千克/亩的用量施用底肥（磷酸二铵 DAP），生育期追尿素 8 千克/亩。

（3）苗期管理　核心是达到苗齐、苗壮、断垄不大于 7 厘米的要求，出现缺苗，播种量增加 20％进行补播。

（4）病虫害防治　根据作物生长发育特征，在病虫害高发期选择晴天、无风、无露水时喷洒药物，进行植保作业。

3. 水分管理

水分管理的关键在于小麦的返青-拔节期、苜蓿分枝-现蕾期的水分监测。

（三）收获储藏

1. 收获

黄土高原小麦 7 月上旬至 8 月上旬期间收获。苜蓿初花期一次性刈割，留茬 5 厘米左右，每年可收割 2～3 次。饲用玉米在玉米蜡熟期收获，一般在 8 月下旬至 9 月下旬。

2. 储藏

小麦收获后，含水量低于 12.5％即可入仓存储。紫花苜蓿刈割后需晾晒，之后进行翻晒，当饲草的含水量低于 18％时，进行打捆，避免将土块、杂草和腐草打进草捆。饲用玉米用于制作青贮饲料。

五、技术使用注意事项

1. 前期投资成本较高。

2. 劳动力投入增加。

3. 淤地坝建设要避开雨季，晚秋至初夏降水较少时间均可开工。

六、效益分析

与传统灌溉农业相比，水土保持旱作技术可节水 38％～72％，土壤蒸散发减少 20％～34％；与传统的旱作农业相比，水土保持旱作技术可提升产量 20％～55％，水分利用效率提升 8％～12％，土壤储水量增加 7％以上。水土保持旱作技术还能够改善土壤结构、提高化学（养分含量和土壤有机质）和生物（土壤微生物）健康指标，改善耕地质量，综合效益提升明显。

七、典型案例

在黄土高原雨养农业区，开展草地农业水土保持旱作技术，有助于提质增效，助力乡村振兴。庆阳市庆城县绿水种植农民专业合作社种植优质饲草 3 000 余亩，可收获优质牧草 800 多吨，总价值 253.8 万元。同时，修复了 480 亩的水土流失严重坡地，节省工程修复费用 80 万元；减少困难户 132 户，实现了精准扶贫。根据第三次全国国土调查，庆阳市现有耕地 983.97 万亩，其中水田和水浇地 6.13 万亩，占 0.63%；旱地 977.84 万亩，占 99.37%。位于 6°以下坡度（含 6°）的耕地 303.94 万亩，占 30.89%；位于 6°～25°坡度（含 25°）的耕地 578.47 万亩，占 58.79%。水土保持牧草旱作栽培技术应用前景广泛。

起草人：马龙帅、王自奎、沈禹颖

陇中黄土高原青贮玉米全膜双垄沟播
降水高效利用技术模式

一、技术概述

青贮玉米全膜双垄沟播降水高效利用技术是集覆膜抑蒸、垄沟集雨、垄沟种植技术为一体的抗旱耕作技术。该技术的特点为：一是全膜覆盖地表显著减少了土壤水分的无效蒸发，增墒保墒效果显著。二是能够有效拦截微小降雨甚至无效降雨，具有极强的雨水集流作用，显著提高了降水的利用效率。三是增加了土壤温度以及有效积温，扩大了青贮玉米中晚熟品种的种植区域。四是可有效抑制田间杂草，同时可减轻土壤盐碱危害等。

二、适用范围

该技术模式主要应用于年降水量 250～400 毫米的陇中黄土高原及同类半干旱地区。

三、技术流程

青贮玉米全膜双垄沟播技术流程如图 2-3 所示。

四、操作要点

（一）播前准备

1. 选地整地

（1）选地　优先选择地势平坦、土质疏松、土壤肥沃以及坡度在 15°以下的地块。

（2）整地　一是伏秋深耕，即在前茬作物收获后及时深耕灭茬，耕深

25～30厘米，耕后及时耙耱；二是覆膜前浅耕，耕深18～20厘米，做到上虚下实，为覆膜、播种创造良好条件。

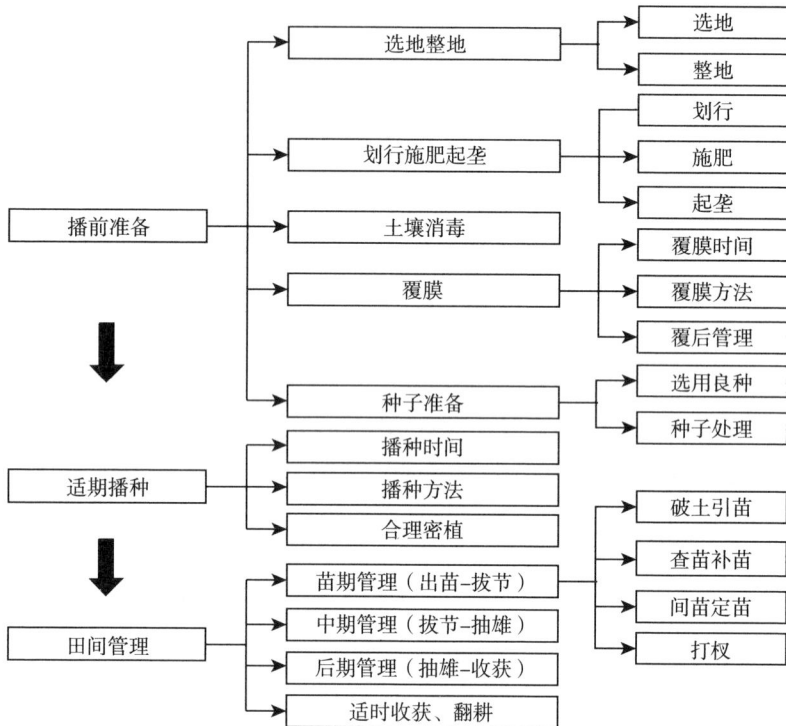

图 2-3　技术流程图

2. 划行施肥起垄

（1）划行　每幅垄分为大小双行，幅宽110厘米。采用划行器（大行齿距70厘米、小行齿距40厘米）划行。先距地边35厘米处划小行边线，然后沿小行边线一小一大间隔划完田块。

（2）施肥　一般施用优质腐熟农家肥3 000～5 000千克/亩，起垄前均匀撒在地表。同时施用尿素25～30千克/亩、过磷酸钙50～70千克/亩、硫酸钾15～20千克/亩、硫酸锌2～3千克/亩或玉米专用肥80千克/亩，化肥全部作为基肥，均匀撒在小垄的垄带内。

（3）起垄　川台地按作物种植走向开沟起垄，缓坡地沿等高线开沟起垄，大垄宽70厘米、高10～15厘米，小垄宽40厘米、高15～20厘米。

使用起垄机沿小垄划线开沟起垄，要求起垄覆膜连续作业，以防土壤水分过度散失。

3. 土壤消毒

地下害虫危害严重的地块，起垄后每亩用 40％辛硫磷乳油 0.5 千克加细沙土 30 千克，拌匀后撒施，或兑水 50 千克喷施。杂草危害严重的地块，起垄后用 50％乙草胺乳油 100 克兑水 50 千克全地面喷施，喷完一垄后及时覆膜。

4. 覆膜

（1）覆膜时间

①秋季覆膜（10 月下旬至土壤封冻前）　前茬作物收获后及时深耕耙地，在土壤封冻前起垄覆膜。此时覆膜能够最大限度地保蓄土壤水分，保墒增温效果好。

②顶凌覆膜（3 月上中旬土壤昼消夜冻时）　早春土壤昼消夜冻时，及早整地、起垄覆膜。此时覆膜可有效阻止春季土壤水分的蒸发损失，保墒增温效果较好。

（2）覆膜方法　沿田块边线开深 5 厘米左右的浅沟，将厚度 0.008～0.01 毫米、宽 120 厘米的地膜展开后，靠边线的一边放在浅沟内，用土压实。另一边在大垄中间，沿地膜每隔 1 米左右，用铁锹从膜边下取土原地固定，并每隔 2～3 米横压土腰带（图 2-4）。覆完第一幅膜后，将第二幅膜的一边与第一幅膜在大垄中间相接，从下一大垄垄侧取土压实，依次类推铺完全田。

（3）覆后管理　覆膜完成后，要经常沿垄沟逐行检查，严禁牲畜入地践踏、防止大风揭膜。一旦发现破损，及时用细土盖严。覆盖地膜一周左右，在垄沟内每隔 50 厘米处打一直径 3 毫米的渗水孔，以便集流的降水快速入渗。

5. 种子准备

（1）选用良种　结合当地气候、土壤条件，宜选择株型紧凑、增产潜力大、饲用品质优良、抗逆抗病性能强的粮饲兼用型或青贮专用型玉米品种，如豫青贮 23、东科 301、文玉 3 号、京科青贮 516 等。

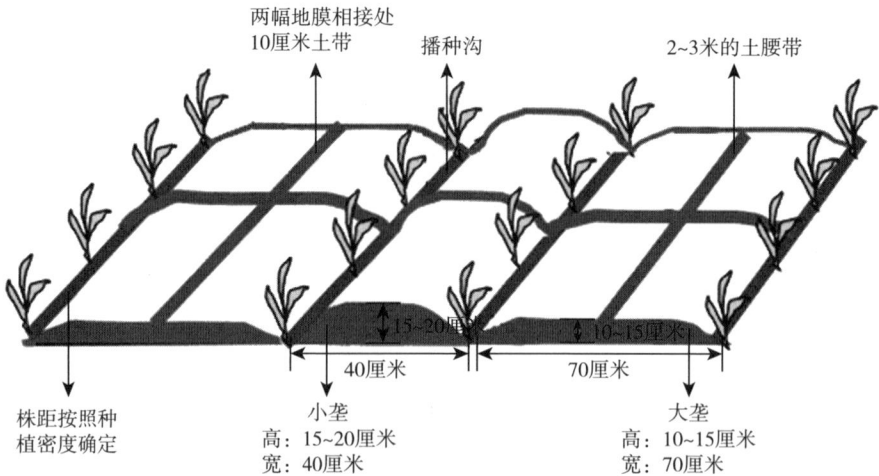

图 2-4　全膜双垄沟播青贮玉米覆膜效果示意图

（2）种子处理　原则上要求使用包衣种子。对于未经包衣处理的种子，播前用 50％辛硫磷乳油按种子重量的 0.1％～0.2％拌种，用于防治地下害虫；用 20％的三唑酮粉剂或 70％甲基硫菌灵乳油 150～200 克加水 1.5～2.5 千克，拌种 50 千克，用以防治瘤黑粉病等病害。

（二）适期播种

1. 播种时间

当地表 5 厘米地温稳定超过 10℃时即可播种，一般在 4 月中下旬。土壤过分干燥时要造墒播种，为种子萌发出苗创造条件。

2. 播种方法

采用玉米点播器按适宜的株距将种子破膜穴播在垄沟内，每穴下籽 2 粒，播深 3～5 厘米，点播后随即按压播种孔，使种子与土壤接触紧实，并用薄土封严播种孔，防止散墒，否则影响出苗。

3. 合理密植

根据土壤肥力状况、品种特性及生长期内降雨等因素确定种植密度，具体可参照表 2-2。

表 2－2　全膜双垄沟播青贮玉米种植密度表

年降水量（毫米）	粮饲兼用型		青贮专用型	
	密度（株/亩）	株距（厘米）	密度（株/亩）	株距（厘米）
300～350	3 000～3 500	35～40	3 500～4 000	30～35
350～450	3 500～4 000	30～35	4 000～4 500	27～30
>450	4 000～5 000	27～30	4 500～5 500	22～27

（三）田间管理

1. 苗期管理（出苗-拔节）

苗期管理的核心是达到"苗早、苗足、苗齐、苗壮"要求。

（1）破土引苗　春旱时遇雨，播种孔覆土容易形成板结，因此出苗前要随时查看，发现板结时要及时破土引苗。

（2）查苗补苗　苗期发现缺苗断垄要及时移栽，补苗后浇适量水，并用细土封住孔眼。

（3）间苗定苗　坚持"3叶间、5叶定"原则，即出苗后2～3片叶时，开始间苗，除去病、弱、杂苗；幼苗达到4～5片叶时，即可定苗，每穴留1株壮苗。

（4）打杈　覆膜玉米常产生分蘖，但分蘖苗不能形成果穗。因此，定苗后至拔节期间要勤查勤看，及时将分蘖彻底从基部移除，以防过度消耗土壤养分。

2. 中期管理（拔节-抽雄）

玉米拔节后管理的重点是促进叶面积增大，促进茎秆粗壮。此时要注意防治玉米顶腐病、瘤黑腐病、玉米螟等。当进入大喇叭口期时，需追施壮秆攻穗肥，一般追施尿素15～20千克/亩。追施方法是用玉米点播器或追肥枪从两株距间打孔，深施后覆土。

3. 后期管理（抽雄-收获期）

玉米后期管理的重点是防早衰、增粒重、防病虫，提高光合产物积累，促进粒多、粒重。肥力高的地块一般不追肥以防贪青晚熟。若发现植株发黄等缺肥症状时，应及时追施增粒肥，一般以追施尿素5千克/亩为宜。

4. 适时收获、翻耕

在青贮玉米乳熟后期至蜡熟前期进行全株收获，粉碎后进入青贮池或直接包裹青贮发酵；除一膜两用地块外，其余地块清除回收残膜，深耕耙耱整地。

五、技术使用注意事项

一般情况下青贮玉米可耐较长时间的连作，但仍建议种植 3～4 年时与豆类、马铃薯、小麦等作物进行轮作倒茬。

六、效益分析

（一）经济效益

在甘肃镇原黄土旱源区开展的研究表明，与农户传统半膜覆盖玉米相比，全膜双垄沟播玉米的物资投入增加了 36 元/亩，但用工投入却降低了 15 元/亩，总投入增加了 21 元/亩。然而，由于全膜双垄沟播玉米具有更好的增产效应，使得该模式下玉米产值达到了 1 272.71 元/亩，较农户传统半膜覆盖方式增加了 359.49 元/亩。因此，即使在总投入增加的情况下，全膜双垄沟播玉米较传统农户半膜覆盖玉米的经济收益增加了 338.49 元/亩，增幅达 56.3%。可见，全膜双垄沟播玉米的经济效益要明显优于传统农户半膜覆盖方式（表 2-3）。

表 2-3　不同覆膜方式下玉米经济效益比较

覆膜方式	产值 （元/亩）	物资投入 （元/亩）	用工投入 （元/亩）	总投入 （元/亩）	纯收入 （元/亩）	经济效益 综合评分
全膜双垄沟播	1 272.71	242.98	90	332.98	939.73	100
传统半膜覆盖	913.22	206.98	105	311.98	601.24	70.47

注：肥料投入按市场实际购买价计算，种子投入按市场价 8 元/千克计算，劳动力按每天 100 元（8 小时）计算，玉米籽粒价格按市场价 2 元/千克计算。

（二）生态效益

该技术中两幅膜的膜边重叠平压在宽垄上，因此要比常规平铺覆盖更容易清理残膜，从而减少了土壤地膜残留及潜在污染。同时，全地膜覆盖极大地减少了土壤表面的风蚀和水蚀，有效减少了水土流失，有利于改善生态环境。

（三）社会效益

2003 年甘肃省率先提出全膜双垄沟播技术，该技术具有雨水富集叠加、保墒蓄墒、增加地温、提高水肥利用效率等优势，显著改善了玉米生产的水热条件，玉米单产大幅提高。同时，该技术打破了玉米种植的自然水热条件限制，将玉米种植区扩大到了海拔 2 300 米以上、年降水量 250 毫米左右的地区，扩大了玉米在甘肃的种植面积，产生显著的社会效应。

七、典型案例

2007—2009 年甘肃省榆中县农技推广中心连续 3 年在榆中县石头沟省级旱作农业示范点进行了全膜双垄秋覆膜沟播玉米试验。结果表明，全膜双垄沟播栽培秋覆膜条件下播种期和出苗期的土壤含水量比全膜双垄沟播顶凌覆膜玉米分别高出 14％和 9％，比全膜双垄沟播玉米播种前覆膜分别高出 24％和 18％，比传统半膜覆盖（对照）分别提高 19％和 11％。全膜双垄秋覆膜沟播模式下玉米产量比全膜双垄沟播栽培播种前覆膜和半膜覆盖栽培分别增产 16.1％和 46.1％，水分生产率比全膜双垄沟播玉米播种前覆膜和半膜覆盖玉米分别提高 34.5％和 57.8％。全膜双垄秋覆膜沟播栽培可明显减少冬春季土壤水分的无效蒸发，增加了土壤水分含量，增产效果明显，经济效益显著改善（彩图 2-3、彩图 2-4）。

起草人：杨宪龙、沈禹颖、蒋丛泽、高玮、马仁诗

黄土高原果园种草水土保持技术模式

一、技术概述

果园种草是指在果园行间或全园种植一年生或多年生牧草的新型果园耕作管理方式，是全球广泛应用的绿色生态化的果园耕作管理模式，具有保持水土、改善土壤结构与肥力、增加农业系统固碳、压制杂草、减少农药施用量等诸多生态服务功能。黄土高原地区土壤贫瘠、雨水资源短缺，针对苹果园种草是否会引起果草争水争肥、苹果园种草系统土壤水分和养分优化调控利用等问题，兰州大学庆阳草地农业试验站通过多年的技术研发与示范项目，形成了苹果园种草覆盖水土保持技术模式，并促进了该技术的大面积推广应用。通过果园种草覆盖技术措施的优化调控，可同步实现果园节水、增肥、提质、增效，促进果园产量和生态服务功能协同提升、生态安全可持续发展。

二、适用范围

该技术模式适用于黄河流域中上游黄土高原苹果种植区。

三、技术流程

果园种草覆盖关键技术包括果草配置技术、水分调控技术、养分调控技术（图 2-5）。

果草配置：黄土高原果园包括矮化密植果园和传统乔化果园，矮化密植果园适宜种植多年生牧草，产草和固碳能力强，而乔化果园适宜种植一年生的覆盖作物，以减少对果树的水分竞争。根据果草系统光能传输利用模型量化果草系统光环境，确定林下种草种类和种草带幅宽度。

水分调控：基于种草刈割管理和秸秆覆盖等对土壤水分平衡的影响效应，采用定量综合评价法优选苹果园最优种草技术形式，通过田间多年定位观测试验，确定了矮化密植果园"果树行间种草＋加强刈割管理＋种草利用"和乔化果园"苹果树行间种草＋种草秸秆覆盖＋清耕带覆膜"的水分调控模式。

养分调控：苹果园种草具有减少氮素淋溶损失和深层养分积累、提高土壤有机质和肥力稳定性的效应，根据试验确定矮化密植果园"减施化肥＋种草刈割利用＋补施有机肥"和乔化果园"化肥减施＋种草秸秆还田"的养分管理技术措施。

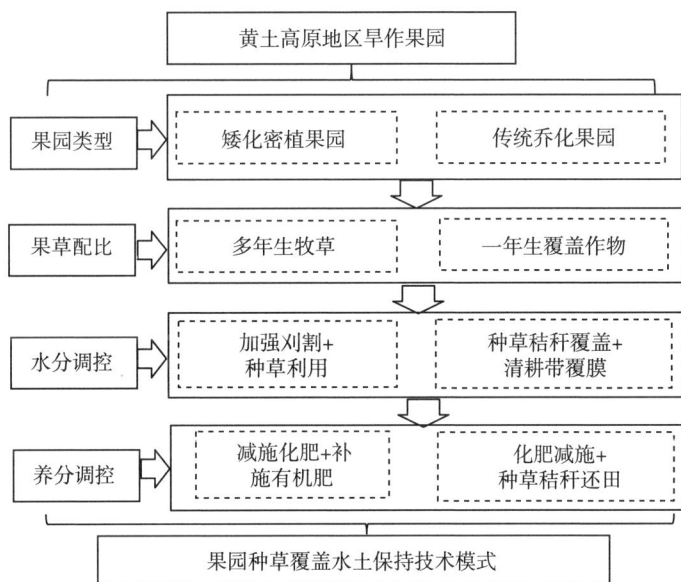

```
                    ┌──────────────────────┐
                    │   黄土高原地区旱作果园   │
                    └──────────┬───────────┘
        ┌──────────┬───────────┴───────────┐
┌────────┐  ┌────────────────┐  ┌────────────────┐
│ 果园类型 │→│   矮化密植果园    │  │   传统乔化果园    │
└────────┘  └────────────────┘  └────────────────┘
                        ↓
┌────────┐  ┌────────────────┐  ┌────────────────┐
│ 果草配比 │→│    多年生牧草    │  │   一年生覆盖作物   │
└────────┘  └────────────────┘  └────────────────┘
                        ↓
┌────────┐  ┌────────────────┐  ┌────────────────┐
│ 水分调控 │→│  加强刈割＋      │  │  种草秸秆覆盖＋   │
│        │  │   种草利用       │  │   清耕带覆膜      │
└────────┘  └────────────────┘  └────────────────┘
                        ↓
┌────────┐  ┌────────────────┐  ┌────────────────┐
│ 养分调控 │→│  减施化肥＋补    │  │  化肥减施＋       │
│        │  │   施有机肥       │  │   种草秸秆还田     │
└────────┘  └────────────────┘  └────────────────┘
              └──────────┬──────────────┘
            ┌────────────────────────────┐
            │  果园种草覆盖水土保持技术模式   │
            └────────────────────────────┘
```

图 2-5　技术流程图

四、操作要点

1. 选取矮化密植苹果树园，苹果树树龄不限，果树株距 0.8～1.2 米，行距 3.0～3.5 米。

2. 进行果园土地整理，采用旋耕机旋耕，人工去除杂草，晾晒 3～5 天。

3. 果树行铺设宽度为 1.0 米的果园专用银色地膜，用于反光和压制杂草。

4. 在果树行间种植多年生牧草，鸭茅、白三叶、黑麦草种子混合播种，于 8 月中旬土壤墒情较好时进行播种，播量为 0.67～1.00 千克/亩，种草带幅 2.0～2.5 米。

5. 每年越冬前进行果树施肥，在距离果树 0.5 米处开沟施肥，开沟深度 20～30 厘米，施用尿素和复合肥。

6. 每年春季在种草带开沟施有机肥，然后压实，有机肥为腐熟的植物肥料或加工好的粪肥。

7. 每年刈割行间种草 4～6 次，干旱少雨季节要加强刈割管理，控制牧草高度小于 20 厘米。

8. 牧草每次刈割收获后用于牛羊的养殖或制作饲料。

五、技术使用注意事项

1. 果园施肥采用开沟施肥的方法，以提高速效养分的利用效率。尿素纯氮量为 46%，复合肥纯 N、P_2O_5 和 K_2O 的含量为 15%、18% 和 15%。一年生果树施肥量为折合纯氮 5 千克/亩，两年生果树施肥量为折合纯氮 10 千克/亩，三年生及以上果树施肥量为折合纯氮 20～33.33 千克/亩。

2. 果园需要配施有机肥，采用有机肥可提高土壤的碳氮比和肥力可持续性，有机肥为充分腐熟的植物肥料、人粪尿、厩肥、堆肥和沤肥等农家肥，施肥量 0.67～1.00 千克/亩。

3. 可选用地膜覆盖非种草带，地膜覆盖可采用地膜为银黑双色果园专用地膜，具有反光着色和压制杂草的作用，地膜厚度 0.02 毫米，宽度为 1.0 米，使用年限为 3～4 年。

六、效益分析

(一) 经济效益

经济效益根据苹果园种草技术的推广面积及苹果的产量计算。果园种草后苹果质量提升，优果率提高 5%~10%。果园总销售额通过种草苹果种植面积和单位面积苹果产量计算，总利润约占总销售额的 50%，由于果园种草技术的推广而新增的利润占苹果园总利润的 10%。

(二) 生态效益

促进农民增收，助力乡村振兴。项目技术成果应用最大限度实现了对降雨和土壤水分的有效利用，缓解果园水土流失和土壤肥力退化的问题，推动了黄土高原不同地貌类型区苹果园的生态可持续发展。与传统果园相比，土壤无效蒸发降低 20%~30%，土壤蓄水量提高 15% 以上，土壤有机质提高 23%~72%，农药施用量降低 10%~15%，农药、化肥施用量双减，实现了水土资源的高效利用和果业绿色发展。

(三) 社会效益

促进了黄土高原旱地苹果园的绿色发展，助力生态文明建设。项目提出的苹果园种草技术模式显著提高了果树产量，增加了经济效益，在黄土高原得到大面积推广应用，带动了农民收入增加，助力脱贫攻坚。通过科企联合、科教融合，打造了一支从事果园种草技术研发队伍。培训各类人员 5 000 余人，为生态型果园建设与果业提质增效储备了人才资源，农技推广人员、种植大户和果农的科学种植苹果技能水平得到提高。

七、典型案例

甘肃省庆阳市西峰区三姓林果专业合作社是成立于 2008 年，主要从事果树种植生产活动，组织对社内成员的果品进行指导生产、贮藏、加工、销售，组织开展新品种、新技术的引进、推广，组织开展社内成员经营中的技术指导、信息咨询服务。庆阳市西峰区三姓林果合作社于 2017 年开始推广使用果园种草覆盖技术，累积示范应用 6.0 万亩。果园类型为矮化密植果园，种草类型为多年生鼠茅草（彩图 2-5）。2019 年在合作社的示范作用下，庆阳市果业局开始在庆阳市进行大面积的推广果园种草覆盖技术，累计推广 62 万亩（彩图 2-6）。苹果产量和优果率提高 5%～10%，病虫草害得到有效抑制，农药施用量平均降低 12%，亩均新增利润 500～600 元。经济和生态效益显著，社会反响良好。

起草人：王自奎、沈禹颖

陇中黄土丘陵区灌草结构优化
调整水土保持技术模式

一、技术概述

该技术模式以陇中黄土高原丘陵区典型低效退化人工灌草地为研究对象，通过灌草植被结构优化调整技术试验、土壤储水量动态监测和最优技术模式筛选等流程，对过密柠条林间伐修枝更新复壮和山毛桃-侧柏-苜蓿复合系统结构优化调整，并根据土壤水分、时空差异等特征，研发形成了研究区坡面与流域尺度植被空间优化配置技术。该技术模式可有效降低土壤水分的过度消耗，显著提升研究区水资源利用效率和水土保持功能。

二、适用范围

该技术模式适用于年降水量300～400毫米的黄土高原丘陵区。

三、技术流程

技术流程如图2-6所示。

四、操作要点

（一）过密柠条林间伐修枝更新复壮技术

1. 实施间伐修枝更新复壮处理

在技术应用区选择典型过密柠条样地进行间伐修枝等处理（图2-7），共包括2种间伐方式，即隔一株伐一株和隔一株伐两株；3个修枝强度，即修剪25%主枝数和修剪50%主枝数和修剪75%主枝数；1个平茬处理，即隔1株平茬1株；1个对照处理，设置4次重复。

```
┌─────────────────────┐     ┌─────────────────────┐
│  过密柠条林间伐修枝      │     │  山毛桃-侧柏-苜蓿复合     │
│  更新复壮技术           │     │  系统结构优化调整技术     │
└──────────┬──────────┘     └──────────┬──────────┘
           │                            │
┌──────────▼──────────┐     ┌──────────▼──────────┐
│  实施间伐修枝          │     │  实施复合系统          │
│  更新复壮处理          │     │  结构优化调整处理       │
└──────────┬──────────┘     └──────────┬──────────┘
           │                            │
┌──────────▼──────────┐     ┌──────────▼──────────┐
│  筛选间伐修枝          │     │  筛选复合系统          │
│  更新复壮最优技术       │     │  最优结构调整技术       │
└─────────────────────┘     └─────────────────────┘
```

┌─────────────────┐   ┌─────────────────┐
│ 坡面与流域   │◄───────►│ 土壤水分时空   │
│ 地形地貌特征   │   │ 分异规律   │
└─────────────────┘   └─────────────────┘

┌───┐
│   坡面及流域尺度植被空间优化配置技术   │
└───┘

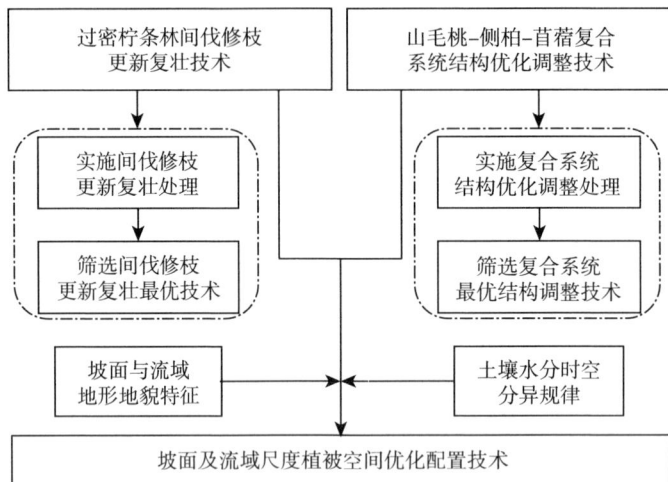

图 2-6　技术流程图

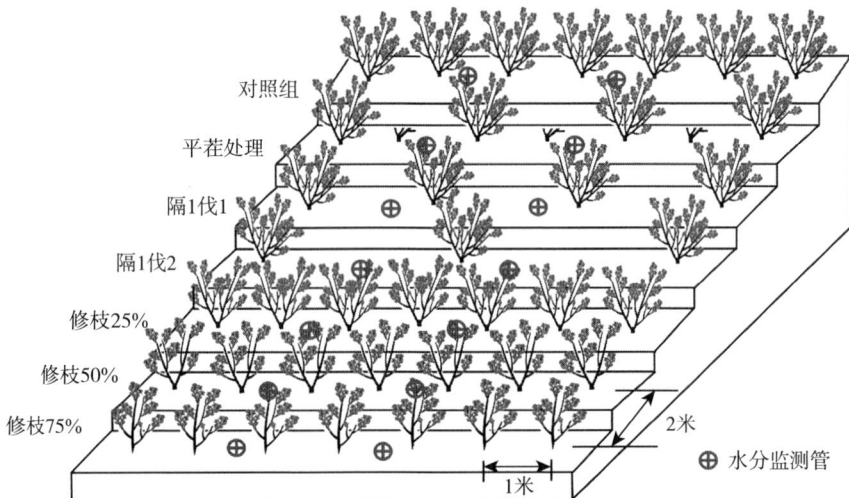

图 2-7　过密柠条林间伐修枝更新复壮技术（供筛选）示意

（1）间伐　隔 1 株伐 1 株，即间隔 1 株柠条，用粗枝剪整株剪掉 1 株柠条，并定期（1 个月）剪掉再生枝条。隔 1 株伐 2 株，即间隔 2 株柠条，用粗枝剪整株剪掉 1 株柠条，并定期（1 个月）剪掉再生枝条。

（2）修枝　用粗枝剪将粗壮的枝条（基径＞7 毫米）和枯枝剪掉，避免枝条之间相互遮挡影响正常光照。

（3）平茬　用粗枝剪对整株柠条修剪移除，留茬高度距地表高度 10 厘米左右，使其自然恢复生长，促使其更新复壮。

（4）对照　保持技术应用区原有柠条密度（460～600 株/亩）不变，不做处理。

2. 筛选间伐修枝更新复壮最优技术

在图 2-7 所示的 7 种不同处理下的柠条样地中心位置布设 2 个 TDR 水分监测管（0～180 厘米），采用 TDR 定期（15 天）测定剖面土壤水分。对比 7 种不同处理下柠条样地土壤储水量，并选择土壤储水量最大的处理为最优结构调整技术。

（二）山毛桃-侧柏-苜蓿复合系统结构优化调整技术

1. 实施复合系统结构优化调整处理

在技术应用区选择山毛桃-侧柏-苜蓿复合系统样地进行间伐处理（图 2-8），共设置对照处理、无间伐＋行间移除苜蓿、隔株间伐山毛桃＋行间保留苜蓿、隔株间伐山毛桃＋行间移除苜蓿共 4 个处理。

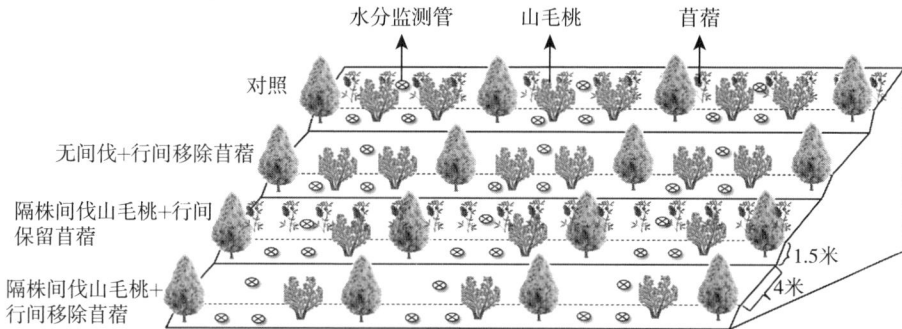

图 2-8　山毛桃-侧柏-苜蓿复合系统结构优化调整技术（供筛选）示意

（1）对照　保持样地内植被密度不变，不做任何处理。

（2）无间伐＋行间移除苜蓿　不对山毛桃进行间伐，用镰刀移除行间的苜蓿，并定期（1 个月）剪掉再生苜蓿。

（3）隔株间伐山毛桃＋行间保留苜蓿　隔 1 株，用粗枝剪剪掉 1 整株山毛桃，同时保留行间的苜蓿，并定期（1个月）剪掉山毛桃再生枝条。

（4）隔株间伐山毛桃＋行间移除苜蓿　隔1株，用粗枝剪剪掉1整株山毛桃，同时用镰刀移除行间的苜蓿，并定期（1个月）剪掉山毛桃再生枝条和再生苜蓿。

2. 筛选复合系统最优结构调整技术

在图2-8所示的4种不同处理下的样地中心位置布设3个TDR水分管（0~180厘米），采用TDR定期（15天）测定土壤水分。对比4种不同处理下复合系统样地的土壤储水量，并选择土壤储水量最大的处理为最优结构调整技术。

（三）坡面及流域尺度植被空间优化配置技术

根据技术应用区坡面与流域的地形地貌特征以及土壤水分时空分异规律，因地制宜地设置如下植被配置模式（图2-9）。

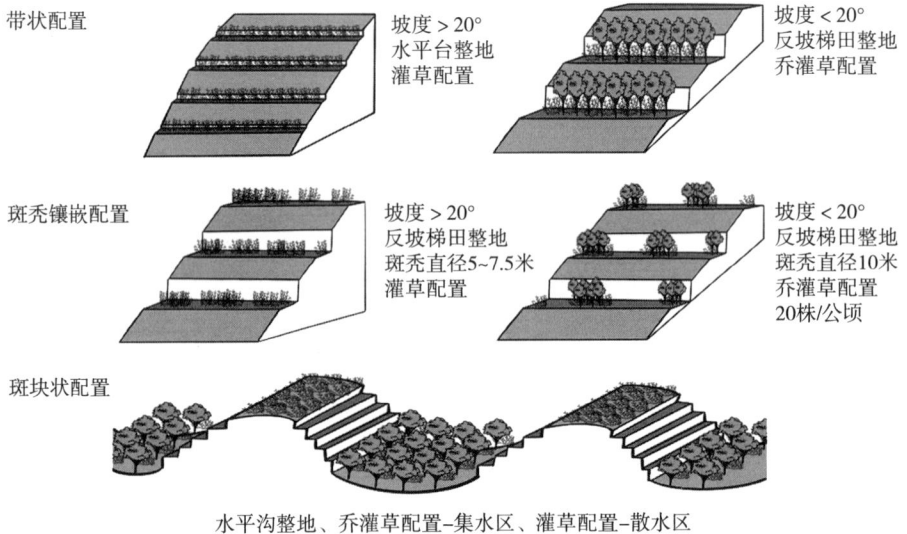

图2-9　坡面和流域尺度灌草系统结构空间优化布局示意

1. 斑块状配置

灌草植被（柠条、山毛桃、苜蓿等）配置在地形破碎的坡面或沟道，集水区林斑直径不超过10米，散水区林斑直径不超过5米。

2. 带状配置

灌草植被（柠条、山毛桃、苜蓿等）配置在地形比较整齐的陡坡或者缓坡，陡坡（坡度＞20°）隔坡水平宽度2.5～3米，缓坡（坡度＜20°）隔坡水平宽度3～4.5米。

3. 斑秃镶嵌配置

灌草植被（柠条、山毛桃、苜蓿等）配置在地形比较整齐的坡面或者梁峁顶，灌木纯林斑秃大小为直径5～7.5米，每公顷灌木纯林斑秃数量不少于30～45个。

五、技术使用注意事项

上述技术中进行间伐操作时，必须保证对植株间伐彻底，防止植株再生后消耗土壤水分。

六、效益分析

该技术模式的应用显著减少了土壤水分过度消耗，增加了黄土丘陵区土壤储水量，显著改善了技术应用区生态环境质量，为该区域生态恢复和水土保持功能提升提供了技术支撑，具有明显的生态效益。

（一）间伐修枝更新复壮技术生态效益分析

间伐和平茬处理均有利于0～180厘米土壤水分恢复，其中隔1株伐1株处理下0～180厘米土壤储水量最高，较对照处理显著提高了15.6％；修枝处理下0～180厘米土壤储水量最低，较其他处理显著降低了10.6％～15.9％。综述，采用隔1株伐1株（降低50％种植密度）方式调整柠条林结构后土壤水分恢复效果最佳，生态效益最佳。

（二）复合系统结构调整技术生态效益分析

隔株间伐山毛桃＋行间移除苜蓿处理下0～180厘米土壤储水量最高，较其他处理下土壤储水量提高了2.1％～9.4％。因此，采用隔株间伐＋行间移除苜蓿方式进行复合系统结构调整的生态效益最佳。

七、典型案例

在 2017—2020 年，甘肃省定西市安定区丁家山流域和龙滩流域推广应用该技术。在该地区系统集成了梁峁顶、荒坡、沟道和坡面退耕地等坡面及流域尺度灌草植被优化配置技术模式，建成了过密柠条林间伐修枝更新复壮示范区和山毛桃-侧柏-苜蓿灌草系统优化调整示范区（彩图 2-7、彩图 2-8）。基于 InVEST 模型的定量化评估结果显示，该技术应用区人工灌草地水源涵养量为 36.25 立方米/公顷，分别是草地、林地和耕地的 90.5％、134％、110％；人工灌草地土壤保持量为 308.76 吨/公顷，比草地、林地和耕地分别提高 1.88 倍、1.44 倍和 6.01 倍。

起草人：杨宪龙、沈禹颖、刘兴元、王国会、陈志学

第三章

草田轮作种植技术模式

陇东、陇中黄土高原苜蓿间
套种燕麦技术模式

一、技术概述

紫花苜蓿具有产量高、营养品质佳和适口性好等特点，同时还具有改善土壤环境等作用。燕麦具有较强的抗逆性和较高的营养价值，尤其在我国西北地区种植优势和市场优势比较明显。在陇中、陇东黄土高原，紫花苜蓿第二茬时产量较低，考虑到禾本科饲草的蛋白质含量不能满足家畜的需求，因而多将禾本科饲草与豆科饲草进行间套作，这样不但可以充分利用光能、水和二氧化碳，提高空间利用率，还可以通过豆科牧草的根瘤菌固定氮素供禾本科饲草利用，提高饲草产量，增加蛋白质含量，改善饲草品质，从而提高其对土地的利用率和生产水平。因此，紫花苜蓿和燕麦进行间套作，能有效地利用土地、满足夏季补饲以及紫花苜蓿的养地作用，可有效解决连作产量低、营养品质差、土壤养分流失等实际问题。

二、适用范围

该技术模式适用于黄河流域上游的陇东、陇中黄土高原地区。

三、技术流程

技术流程如图 3 - 1。

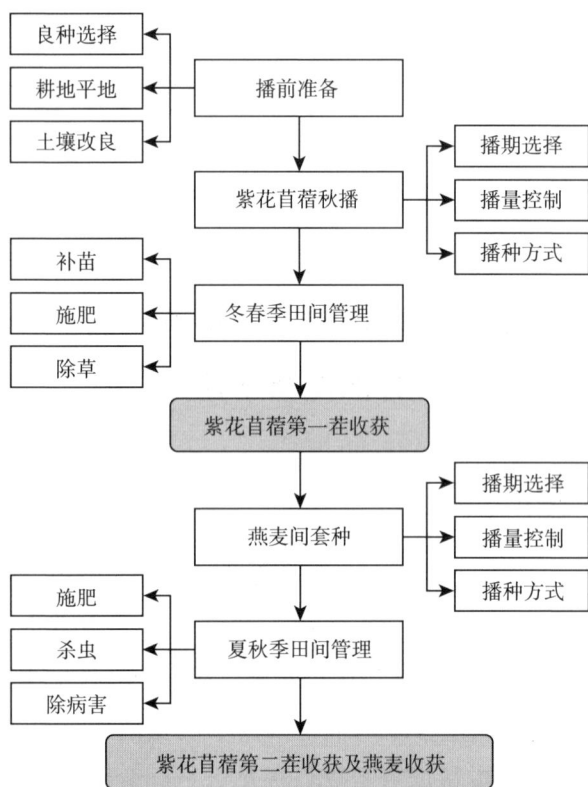

图 3-1　技术流程图

四、操作要点

（一）品种选择

紫花苜蓿品种可选择陇东、陇中、甘农 1 号等品种。燕麦品种可选择白燕 2 号、白燕 7 号、陇燕 1 号、陇燕 2 号。

（二）整地

紫花苜蓿种子小，对整地要求比较严格，宜深耕、细耙、耱平和压实。pH 8.5 以上的强碱土壤需施硫黄或石膏等，然后灌水淋洗。全盐含量 0.3％以上的重盐土壤需进行水洗排盐。过于黏重土壤应予掺沙，易积水地块应建立排水系统。

（三）秋播

8月15日前后种植紫花苜蓿。播种前用农膜全地面覆盖，膜上均匀铺一层厚度约1厘米的细绵土，然后用穴播机械播种。用根瘤菌液浸泡紫花苜蓿种子后进行播种，播量为15～18千克/公顷，条播，行距20厘米，播种深度1厘米左右。紫花苜蓿播种要求行直、垄正、沟直、底平、下籽均匀、盖严盖实。

紫花苜蓿条播4行（80厘米）后，旁留出80厘米的空地，以便后续种植燕麦。紫花苜蓿与燕麦的行数比例为4：4（4行紫花苜蓿与4行燕麦相邻间作），紫花苜蓿和燕麦在间套作中其种植面积均占间作总面积的50%，紫花苜蓿和燕麦间套作时的带宽为1.6米。紫花苜蓿间套种燕麦种植图3-2。

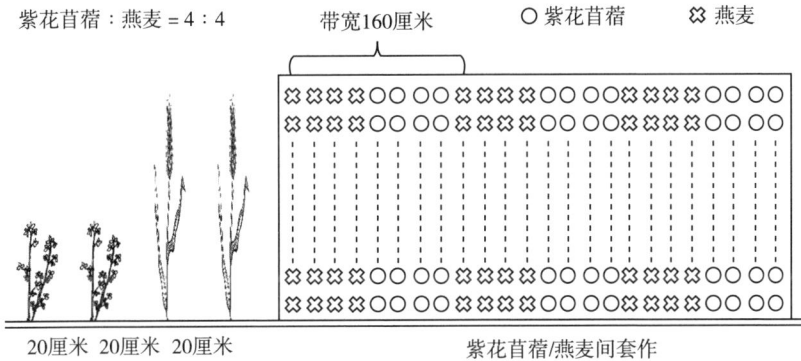

图3-2 紫花苜蓿/燕麦间套作种植示意图

苗后查苗补种，若行内10厘米以上无苗，要及时补种。

（四）冬季管理

由于当地紫花苜蓿为秋播，为保苗和安全越冬，勿刈割和放牧。

（五）春季管理

紫花苜蓿返青前一次性施入磷肥和钾肥，磷肥（P_2O_5）施量为105千克/公顷、钾肥（K_2O）施量为90千克/公顷。当土壤氮素过于缺乏时，返青后施少量氮肥（尿素），施用量为75千克/公顷，田间常规管理。

春季苜蓿返青后，杂草幼苗期可采用5%甲氧咪草烟水剂1.8升/公顷兑水 600 升进行茎叶喷雾。其他时期发生杂草危害时，若非毒害草，可以随同苜蓿同时刈割。

（六）紫花苜蓿第一茬收获

紫花苜蓿第一次刈割大致在 6 月上旬初花期进行。

（七）燕麦的种植

紫花苜蓿第一次收割后进行燕麦的种植。播量为 180 千克/公顷，条播，行距 20 厘米，播种深度 3～4 厘米。6 月 20 日以后播种，每推迟 1 天，播种量增加 5 千克/公顷，最多不超过 250 千克/公顷。燕麦播种要求行直、垄正、沟直、底平、下籽均匀、盖严盖实。

（八）夏秋季的管理

拔节期时进行追肥，其他时期视情况决定是否进行追肥。夏秋季是病害和虫害的高发季节，注意防治，但牧草收获或放牧利用前半个月不得使用农药。

1. 病害防治

应选择发病初期进行防治。锈病可选择三唑酮乳油或百菌清可湿性粉剂；霜霉病可选择代森锌可湿性粉剂；白粉病可选择福美双可湿性粉剂；褐斑病（叶斑病）可选择多菌灵可湿性粉剂；炭疽病可选择福美双可湿性粉剂。

2. 虫害防治

应选择虫害发生初期进行防治。蓟马可选用高效氯氰菊酯乳油或吡虫啉可湿性粉剂，在早晨或傍晚进行喷药；蚜虫可选用啶虫脒乳油喷药时要注意喷叶片背面。

（九）紫花苜蓿第二茬及燕麦的收获

紫花苜蓿第二茬及燕麦收割的日期为 9 月下旬。将紫花苜蓿和燕麦进行混收、混藏及混贮，也可将紫花苜蓿和燕麦单独进行收获。

五、技术使用注意事项

（一）播种

紫花苜蓿种子小，苗期生长特别缓慢，容易受杂草危害，所以播种前要将地整精细，清除杂草，播种前应施入底肥。在播种燕麦时，由于该地处于闲置状态，因此会有很多的杂草生长，此时应将杂草清除干净，再种植燕麦。

（二）收割

紫花苜蓿最好在初花期进行收割，一年可以收割 2～3 茬。但注意在进行最后一茬收割时，至少要提前越冬期 50 天，同时要保证一定的留茬高度。

六、效益分析

（一）经济效益

紫花苜蓿间套作燕麦可以充分利用土地和光热资源，进而提高牧草产量和品质。同时，通过该种植方式，可以促进紫花苜蓿的结瘤固氮，减少氮肥的施用，也有利于土壤的改良。当地单独种植紫花苜蓿可收获干草 5～6 吨/公顷，单独种植燕麦可收获干草 8～10 吨/公顷；而进行紫花苜蓿间套作燕麦可收获 7～8 吨/公顷，较单独种植紫花苜蓿提高 30% 左右。同时，单独种植紫花苜蓿经济效益为 1.5 万～1.8 万元/公顷，单独种植燕麦经济效益为 2.0 万～2.5 万元/公顷；而进行紫花苜蓿间套作燕麦可收益 2.0 万～2.2 万元/公顷，较单独种植紫花苜蓿提高 22% 左右。因此，紫花苜蓿间套作燕麦较紫花苜蓿单作实现了农民的增产和增收，提高了经济效益。

（二）生态效益

紫花苜蓿间套作燕麦不仅改善了作物群体结构，提高了自然资源利用率（光、二氧化碳、水、养分等资源）和作物群体的抗逆性（据作物种类、形态、生理生态特性、根系分布特征与养分吸收特点等）以及氮素利用率（紫花苜蓿的根瘤菌固定氮素供燕麦利用），同时还降低了农药和化肥的施用以及对土壤的污染，具有明显的生态效益。

（三）社会效益

紫花苜蓿间套作燕麦具有更高的生物产量和蛋白产量，是一种可缓解动物食品和饲料供应危机的可行种植方式。同时，也可满足家畜非单一饲料的选择，均衡家畜生长的营养状况。在紫花苜蓿第二茬与燕麦同时收割时，还可将其进行混贮，以提高青贮的品质，满足家畜的饲喂需求。

七、典型案例

甘肃农业大学草业学院在甘肃黄河上游的临洮县租用土地10亩，作为苜蓿间套作燕麦的研究基地。当地紫花苜蓿每年可刈割两茬，燕麦可刈割一茬，每年进行苜蓿间套作燕麦可收获0.5吨/亩的牧草，较单独种植紫花苜蓿其产量可提高30%左右。苜蓿间套作燕麦每年可收获1 400元/亩，较单独种植紫花苜蓿提高22%左右。另外，苜蓿间套作燕麦时，土壤有机质、全氮、碱解氮和有效磷含量均有升高，肥力提升约15%，同时根际土壤由"真菌主导型"向"细菌主导型"转变，苜蓿间套作燕麦可以显著促进紫花苜蓿的结瘤固氮，并且氮肥施用量明显减少，实现了农民的增产和增收，最终提高了经济效益（彩图3-1）。

起草人：赵雅姣

陇东、陇中黄土高原小黑麦
复种玉米技术模式

一、技术概述

小黑麦草产量高，营养价值均衡，抗逆性强，适口性好，是反刍家畜重要的优质饲草来源。全株青贮玉米是世界广泛栽培的饲草料作物，也是牛羊的重要食物来源。在陇东、陇中黄土高原地区，种植作物一季有余、两季不足，而将秋播小黑麦与青贮玉米进行复种，实现一年两熟，可提高土地和光能的利用率，通过延长光能、热量的利用时间，使饲草合成更多的有机物质，提高饲草的单位面积年总产量。秋播小黑麦使地面的覆盖度增加，可减少土壤的水蚀和风蚀，还可满足不同时期家畜对饲草的营养需求，经济、生态效益明显。

二、适用范围

该技术模式适用于黄河流域上游的陇东、陇中黄土高原地区。

三、技术流程

具体技术流程如图 3 - 3。

四、操作要点

（一）品种选择

小黑麦选择产量高、品质优良、抗病、抗逆性以及抗倒伏性强的半冬性品种，如中饲 1048、石大 1 号、甘农 2 号和甘农 4 号等。全株青贮玉米选择高产、稳产、抗病性强的品种，如中原单 32、奥玉 5102、豫青贮 23、丰贮 1 号等。

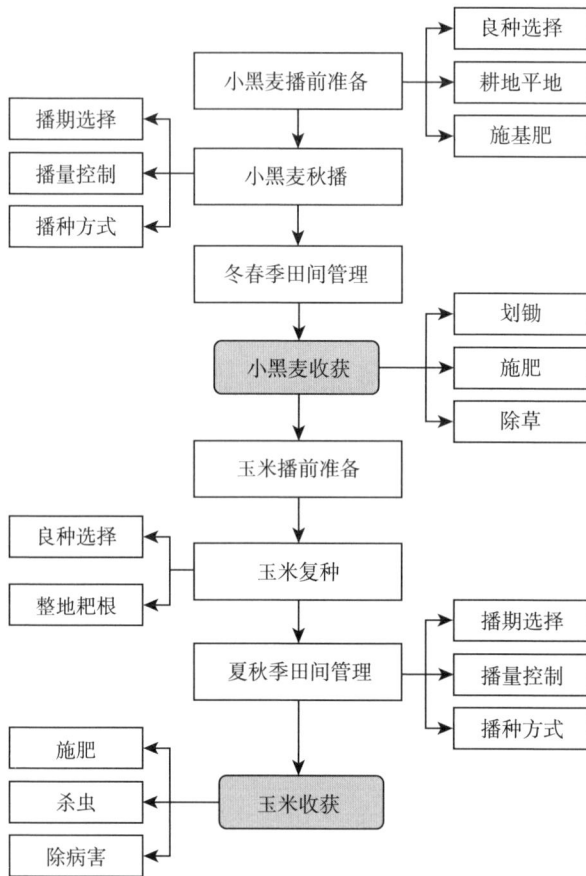

图 3-3 技术流程图

（二）整地

优质厩肥 3～4.5 吨/公顷作为基肥撒施土中，土地耕翻 20 厘米，使厩肥随旋耕整地进入土壤耕层，耙压，及时合墒整平，达到地面平整、土壤细碎、上虚下实的标准。

（三）小黑麦秋播

9 月 10 日前后进行播种，条播，播量为 225～300 千克/公顷（确保基本苗 300 万～375 万株/公顷），行距 20 厘米，播种深度 3～4 厘米。小黑麦播种要求行直、垄正、沟直、底平、下籽均匀、盖严盖实。出苗后查苗补种，发现行内 10 厘米以上无苗，要及时补种。

（四）冬前管理

小黑麦出苗前后要及时划锄，破除板结，通气保墒，促进根系生长。

（五）春季管理

小黑麦返青后至拔节期时施肥。4月上旬追施氮肥（尿素）225千克/公顷，磷肥（P_2O_5）105千克/公顷、钾肥（K_2O）90千克/公顷，在此时期追肥可同时预防倒春寒危害。小黑麦孕穗期应追施尿素75千克/公顷。

春季管理以防治田间杂草为主，防治时间在4月上旬小黑麦起身拔节前，选择气温10℃以上无风的晴天进行化学除草。病害防治时，可选用20％三唑酮乳油1 000～1 500倍液进行喷雾；在霜霉病发病初期，可选用65％代森锌可湿性粉剂400～500倍液进行喷雾；在白粉病发病初期，选用20％三唑酮乳油3 000～5 000倍液进行喷雾；在褐斑病（叶斑病）发病初期，选用50％多菌灵可湿性粉剂500～800倍液进行喷雾；在炭疽病发病初期，选用10％世高水分散粒剂600～1 000倍液进行喷雾。喷雾时要注意周到、均匀、不重喷、不漏喷、不逆风作业、遇雨重喷。

（六）小黑麦适时收获

小黑麦在抽穗期进行收割，即在翌年5月20日前后进行收割。

（七）玉米播前准备

将刈割完小黑麦的田地进行深耕，耙糖。

（八）玉米播种

5月25日前后种植，播种密度为60 606株/公顷，播种深度3～5厘米，穴播（每穴播种1～2粒），行距40厘米，株距40厘米。

（九）夏秋季管理

玉米出苗后一次性施肥。建议选择缓控释配方肥，推荐配方为N：P_2O_5：K_2O＝25：10：13或相近配方。

玉米在大喇叭口期至抽穗期和吐丝期前后选择无风的晴天进行2次喷施药肥，可预防玉米螟、黏虫、叶螨、纹枯病、叶斑病等为害，还能预防早衰、促进灌浆。喷药后6小时内遇雨应补喷。

（十）玉米适时收获

玉米在 9 月 20 日至 10 月 5 日灌浆期进行刈割，留茬高度≤10 厘米。

五、技术使用注意事项

（一）选择好复种组合及品种

选择前茬牧草的收割期越早越好，如小黑麦可以进行秋播，翌年 5 月上旬小黑麦抽穗期刈割，种植青贮玉米。在选择好牧草组合后，还应选择适合于当地广泛种植的，具有抗病、耐胁迫以及早熟的玉米品种，以保证可以收获到高产优质的饲草。

（二）早种早管早收，力争早熟丰产

由于陇东、陇中地区的日照时间和年积温并不是很突出（相比较其他一年多茬地区），因此应在饲草可播种的时间范围内尽量早播种，确保两茬作物均能生长到其最佳刈割时期。同时还应当加大饲草密度，促进前茬早熟。重施氮磷钾底肥，避免后期追肥，及早安排劳力机具，小黑麦成熟后抓紧时间收获和整地播种，播种后加强管理，在保证下茬饲用玉米安全成熟的基础上再创高产。

六、效益分析

（一）经济效益

小黑麦复种玉米的技术模式打破了陇东、陇中一年一季的传统，变为一年两季，挖掘了土壤潜力，提高土地产出率。当地单独种植小黑麦可收获干草 8～10 吨/公顷，单独种植玉米可收获干草 15～18 吨/公顷；而进行小黑麦复种玉米可收获 22～24 吨/公顷，较单独种植小黑麦和玉米分别提高 170% 和 60% 左右。单独种植小黑麦经济效益为 2.0 万～2.4 万元/公顷，单独种植玉米经济效益为 1.8 万～2.0 万元/公顷；而进行小黑麦复种玉米可收获 2.9 万～3.2 万元/公顷，较单独种植小黑麦和玉米分别提高 30% 和 60% 左右。小黑麦复种玉米模式实现了农民的增产增收。

（二）生态效益

小黑麦复种玉米种植模式充分利用了光、热、水和土地资源，并且减少了土壤裸露的时间，增加地表的覆盖度，减少土壤的水蚀和风蚀。同时，小黑麦于抽穗期进行刈割，玉米于灌浆期进行刈割，因此也延长了当地植物的光合作用，增加了当地温室气体的固定。因此，小黑麦复种玉米模式不仅可减轻土壤的侵蚀，还可提高地表的植被覆盖度，达到涵养水源的目的。

（三）社会效益

小黑麦复种玉米的种植模式，可以满足家畜一年四季食用优质牧草的需求，保证家畜健康的成长，促进种植户提高收益。

七、典型案例

平凉市农业科学院在甘肃省黄河上游泾河干流的平凉市累计流转土地2 000多亩，进行小黑麦复种青贮玉米的示范与推广，实现了一年两季种植，既充分利用引黄灌区一茬有余、两茬不足的光热条件，有效解决了奶业扩规后优质饲草供给不足和到秋季才有新鲜饲草的问题。该模式在收获小黑麦后再收获玉米，大大增加了饲草产量。小黑麦干草预计每亩产700千克左右，二茬玉米每亩产3 500千克，亩均饲草产量较单茬玉米增长60%以上，由此两茬种植下来全年纯收入可达3 000元左右，亩增收500元以上，效益明显（彩图3-2、彩图3-3）。

起草人：赵雅姣、鱼小军

陇东黄土高原夏秋闲田
复种牧草技术模式

一、技术概述

陇东黄土高原是黄河流域典型的旱作农业生产区，该地区农闲田面积大，以传统的休闲-冬小麦和冬小麦-休闲-春玉米轮作系统为主，存在着水热资源受限、作物产量低等问题。利用休闲期种植生育期短的饲草，实行粮草轮作，是兼顾牧草与粮食生产、优化农业种植结构、促进粮-草-畜协调发展和提高农业资源利用效率的重要措施。因此，选择科学合理的饲草-粮食作物种植系统是提高粮食与饲草产量、提升资源利用和保障农业可持续生产的重要途径。

饲用油菜、燕麦、箭筈豌豆和大豆等一年生饲草作物具有生长快、品质好等优点。将一年生饲草作物引入休闲-冬小麦和冬小麦-休闲-春玉米轮作系统中，可优化农业种植结构，促进区域粮-草-畜多元化发展，实现农业绿色高质量发展。

二、适用范围

该技术模式适用于黄河流域中上游陇东黄土高原地区冬小麦和玉米的大面积种植区。

三、技术流程

关键技术包括种植品种选择、轮作模式设计、田间管理和收获等。品种要选择适宜于应用区的高产优质品种；轮作模式设计要充分考虑饲草与粮食作物之间的互补关系，充分利用地上与地下资源；田间管理严格按照当地农时播种，冬小麦9月下旬播种，春玉米4月份播种，饲用油菜、燕麦、箭筈豌豆和大豆等一年生饲草作物在冬小麦收获后 7 月份播种；各作物严格做好田间施肥、杂草防除和病虫害防治等措施。冬小麦和春玉米粮食作物于成熟期收获，一年生饲草作物在开花期收获（图 3-4）。

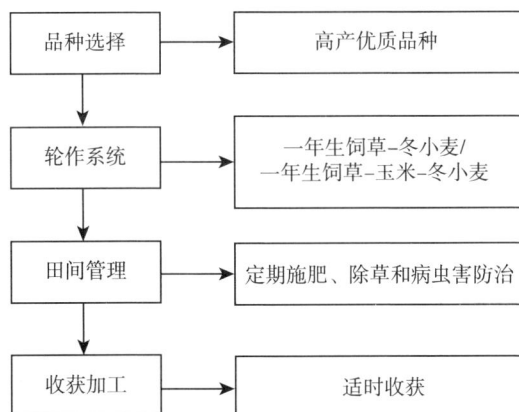

图 3-4　技术流程图

四、操作要点

（一）品种选择

冬小麦和春玉米的品种选择适宜黄河流域中上游黄土高原大面积种植区的优质品种，饲用油菜、燕麦、箭筈豌豆和大豆等饲草作物选择适用于我国北方广泛种植的产量高、品质好的品种，如饲油 1 号、定燕 2 号、兰箭 3 号等。

（二）地块选择

选择土层较厚、肥力中等、地面平整，适宜于种植冬小麦、春玉米、饲用油菜、燕麦、箭筈豌豆和大豆等作物的田块。

（三）整地

播种前需要深耕、细耙、镇压，无杂草，应做到早、深、多、细，形成松软细绵、上虚下实的土壤条件。

（四）轮作模式

在传统冬小麦种植系统中分别引入饲用油菜、燕麦、箭筈豌豆和大豆等饲草作物,分别形成一年生饲草-冬小麦和冬小麦--一年生饲草-春玉米种植系统。

(五)田间管理

1. 播种

种子选取一级或二级种子,种子质量应符合 GB 6142—2008 和 GB 6141—2008 的要求。

玉米一般为春播,在日平均温度达到 15℃左右时播种,行距为 40～50 厘米,株距为 30 厘米,播量为 6.6 万～8.3 万株/公顷;冬小麦 9 月下旬播种,条播,行距 15 厘米,播量 225 千克/公顷;饲用油菜、燕麦、箭筈豌豆和大豆均采用条播,行距均为 20 厘米,播量分别为 120 千克/公顷、120 千克/公顷、150 千克/公顷和 180 千克/公顷。

2. 施肥

耕作前施入基肥尿素和磷酸二铵,其中施氮肥 100 千克/公顷、磷肥 70 千克/公顷。玉米于大喇叭口期降雨前追施氮肥 100 千克/公顷,冬小麦在返青后追施氮肥 50 千克/公顷。肥料使用应符合 NY/T 496—2010 的要求。

3. 杂草与病虫害控制

田间杂草采用化学除草剂除草,选晴天、无风、无露水时均匀喷施,药剂使用应符合 GB/T 17980 的要求。冬小麦和燕麦易感染锈病,玉米主要虫害为玉米螟、棉铃虫、米蚜虫、红蜘蛛等,箭筈豌豆易受到炭疽病的危害,在生长季内定期喷施杀虫与杀菌剂,药剂使用应符合 GB/T 8321 的要求。

4. 收获

冬小麦和春玉米在成熟期收获,饲用油菜、燕麦、箭筈豌豆和大豆等饲草作物在开花期收获。收获后需晾晒,之后进行翻晒,当饲草的含水量低于 18% 时,进行打捆,打捆时避免将土块、杂草和腐草混进草捆。

五、技术使用注意事项

(一)饲草作物播种与收获时间

饲草作物在冬小麦 7 月份收获后且降雨后播种。所有饲草作物应在

9 月 15 日之前收获，以保证后茬粮食作物的播种不受影响。

（二）冬小麦与玉米的播种和收获时间

玉米一般在 4 月 20—30 日播种，冬小麦一般在 9 月 20—25 日播种，建议在降水前播种，保证出苗率。在成熟期，采用大型联合收割机收获冬小麦与玉米。

（三）病虫草害防除

箭筈豌豆易发生炭疽病，可通过喷洒 5％的多菌灵可湿性粉剂 500～1 000 倍进行防治。玉米黑粉病可以通过在播种时用三唑酮乳油拌种。冬小麦蚜虫可以通过使用乐果或 40％氧化乐果乳油 2 000 倍液喷洒进行防治。

六、效益分析

（一）经济效益

利用夏闲期种植饲草，进行草田轮作，可有效提升土壤肥力和产出率，每年饲草作物干物质产量为 2.93～7.66 吨/公顷。与传统种植模式相比，系统平均干物质产量和粗蛋白分别增加了 14.7％和 33.2％，其中大豆-冬小麦系统经济效益增加了 13.3％，冬小麦-箭筈豌豆-春玉米系统经济效益增加了 33.6％。

（二）生态效益

黄土高原夏闲期正值雨热同季并且要持续近三个月，这期间光、水、热等资源丰富，适宜种植生长季较短一年生饲草作物。利用夏闲期种植生长季较短的一年生饲草作物，可增加地表覆盖，抑制土壤蒸发和提高降水资源利用效率。此外，夏闲期种植饲草作物，对优化种植结构，保障食物安全，促进区域粮-草-畜多元化发展，使黄土高原农业实现绿色高质量发展等方面均具有重要意义。利用休闲期种植饲草作物，有效解决了休闲期光、水、热等资源浪费的问题，种植豆科饲草可充分利用豆科固氮作用，降低化肥使用，增加系统水氮利用效率。

（三）社会效益

基于黄土高原地区冬小麦与玉米种植区的气候与土壤条件，推广一年生饲草-冬小麦一年两熟和冬小麦--一年生饲草-春玉米两年三熟种植系统，提高了自然资源利用率，还可促进作物提质增产、有利于农业生态化良性发展，对于提高农村家庭收入、巩固脱贫成果、促进当地农牧业的可持续发展具有重要的意义。

七、典型案例

甘肃庆阳草地农业生态系统野外科学观测研究站从 2015 年开始试验并示范一年生饲草-冬小麦与冬小麦--一年生饲草-春玉米轮作技术。黄土旱塬区夏闲期（7—9 月）光、水、热等资源丰富，适宜种植饲用油菜、燕麦、箭筈豌豆和大豆等生长季较短的饲草作物。饲用油菜、燕麦、箭筈豌豆和大豆饲草干物质产量分别为 4.11 吨/公顷、7.66 吨/公顷、5.54 吨/公顷和 2.93 吨/公顷。与传统种植模式相比，大豆-冬小麦系统的经济效益可增加 2 000～3 500 元/公顷，系统降水利用效率提升了 43.8%；而冬小麦-箭筈豌豆-春玉米系统的经济效益可增加 1 100～3 000 元/公顷，系统降水利用效率可提升 14.7%。因此，大豆-冬小麦与冬小麦-箭筈豌豆-春玉米轮作系统显著提升系统生产力和资源利用效率，可促进区域种植结构优化和农业高效绿色发展（彩图 3-4）。

起草人：沈禹颖、来兴发

河套灌区葵前麦后填闲
种植饲用燕麦技术模式

一、技术概述

内蒙古河套地区向日葵在 6 月 10 号左右播种，播种前即 3 月中下旬到 6 月上旬有 70 多天的空闲时间，为"葵前"；小麦在 4 月初播种，7 月初开始收获，即 7 月上旬到 10 月底为"麦后"。开展葵前麦后填闲种植燕麦模式，由一年一季向一年两季转变，既有利于提高复种指数，可以充分提高土地利用率，也有利于作物种植结构优化部署，是实现种植业结构由粮-经二元结构向粮-经-饲三元结构转变的必由之路，是加快草食型动物、节粮型动物发展的必要前提，对提高经济效益、实现农业增效、达到全年均衡增产具有重要意义。

二、适用范围

该技术模式适用于≥5℃积温达3 500℃的内蒙古自治区中、西部的河套地区。

三、技术流程

技术流程如图 3-5 所示。

四、操作要点

（一）土壤整理

选择地势平坦、全盐含量

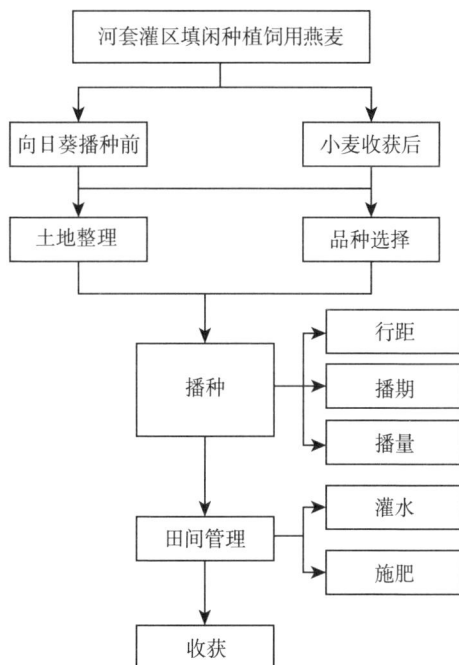

图 3-5 技术流程图

75

≤3‰，pH≤8.0 的葵前或麦后具备灌溉条件的土地。葵前整地要求土壤解冻 5 厘米以上时进行浅旋耕、耙耱、镇压；麦后整地要求小麦收获后及时灭茬、深翻 20 厘米以上，进行旋耕、耙耱、镇压，达到土块细碎、地面平整、上虚下实。

（二）品种选择

选择经过筛选、引种品比的优质、高产中早熟饲用燕麦品种，如加燕 2 号、伽利略、青引 2 号、美达、陇燕 1 号、领袖等。

（三）播期

葵前一般在 3 月中下旬时顶凌播种；麦后一般在 7 月底 8 月初播种完毕。播深 3.0～5.0 厘米，播后镇压。

（四）行距

机械条播，行距 12～18 厘米。

（五）播量

国产种子播种量 20～30 千克/亩，进口种子播种量 12～15 千克/亩。

（六）水肥管理

1. 灌溉

全生育期至少灌水三次，第一次为三叶期，第二次为封垄期，第三次为孕穗期。降雨异常时根据燕麦生长情况适时补水。

2. 施肥

实行测土配方施肥。种肥推荐磷酸二铵 20～25 千克/亩。随第一水追施尿素 10～20 千克/亩。若长势较差，可随二水追施尿素 10～15 千克/亩。

（七）刈割

选择晴朗天气，葵前燕麦刈割时间在 6 月中上旬，麦后燕麦刈割时间为 10 月中旬，留茬高度不大于 5 厘米。

五、效益分析

（一）经济效益

河套地区是黄河流域最大的引黄自流灌区和现代农业发展最具潜力的

地区，利用葵前麦后闲田种植优质燕麦，可以收获一茬燕麦草，避免粮草争地。截至 2021 年，葵前麦后种植饲用燕麦面积在河套地区达 11.488 万亩，其中磴口县 1.645 万亩、杭锦后旗 6.2 万亩、临河区 1.653 万亩、五原县 0.57 万亩、乌拉特后旗 0.29 万亩、乌拉特中旗 1.13 万亩，提供优质饲用燕麦 7.47 万吨，创造经济效益 4 108.5 万元。

（二）生态效益

葵前种植饲用燕麦有利于土壤改良，麦后复种饲用燕麦可以有效地利用麦后的光热资源。另外，葵前和麦后播种燕麦收割时期正好避开雨季，有利于晾晒收贮，增加优质饲草来源的同时延长绿色覆盖时长，保证了生态环境的稳定性和长效性，促进了当地种植业畜牧业良性可持续发展。

（三）社会效益

葵前麦后种植饲用燕麦种植模式从"一季有余，两季不足"变成"一年两季"，增加了优质饲草供给数量，提高了当地优质饲草供给能力，缓解了优质牧草产量不足的现状，实现了草多、畜多、肥多、粮多的良性循环，同时也大大提高了农牧民的收入。

六、典型案例

杭锦后旗双庙太荣一社杭锦后旗科丰种植养殖专业合作社葵前种植燕麦面积 1 500 亩，亩产燕麦干草 650 千克/亩，麦后种植面积 3 500 亩，燕麦干草产量平均 500 千克/亩，按当前市场价 2 200 元/吨，成本为 480 元/亩，葵前每亩增加经济效益 950 元，麦后增加经济效益 620 元。葵前 1 500 亩纯增加经济效益 142.5 万元，麦后复种 3 500 亩燕麦纯增加经济效益 217 万元（彩图 3 - 5 至彩图 3 - 8）。

起草人：殷国梅、郝林凤、刘琳、刘思博

河套灌区麦后复种箭筈豌豆技术模式

一、技术概述

箭筈豌豆是优质的绿肥作物及饲草资源，其适应性较强，具有耐旱、耐寒和耐瘠能力；既可肥田，又可作牛羊饲料，还可加工成粉条、粉丝等食品。种植箭筈豌豆可以增加粮食产量，促进畜牧业发展，利用小麦收获后空闲时间种植箭筈豌豆，一方面可以在小麦收获后一段时间内增加地表覆盖，保水、增温、抑制杂草生长，另一方面可以改善地力，提高小麦产量，增加饲草来源，充分提高土地利用率，减少病虫害，提高经济效益。

二、适用范围

该技术模式适用于≥5℃积温达 3 500℃的内蒙古自治区中、西部的河套地区。

三、技术流程

在河套地区进行麦后复种箭筈豌豆，主要技术环节包括整地、播种、田间管理及收获。播种时需要注意种肥、播深、播期和播量，田间管理注意追肥、灌水和病虫害防治（图 3-6）。

四、技术内容

（一）土壤耕整

选择地势平坦、全盐含量≤3‰，pH≤8.0 的麦后地块。小麦收获后及时灭茬、深翻 20 厘米以上，旋耕、耙耱、镇压，达到土块细碎、地面

```
┌─────────────────────────┐
│   小麦收获后种植箭筈豌豆   │
└─────────────────────────┘
             │
             ▼
        ┌─────────┐
        │  整地   │
        └─────────┘
             │
             ▼                    ┌─────────┐
                            ┌────▶│  种肥   │
                            │     └─────────┘
                            │     ┌─────────┐
        ┌─────────┐         ├────▶│  播量   │
        │  播种   │─────────┤     └─────────┘
        └─────────┘         │     ┌─────────┐
                            ├────▶│  播深   │
                            │     └─────────┘
                            │     ┌─────────┐
                            └────▶│  播期   │
                                  └─────────┘
             │
             ▼                    ┌─────────┐
                            ┌────▶│  追肥   │
                            │     └─────────┘
        ┌─────────┐         │     ┌─────────┐
        │ 田间管理 │─────────┼────▶│  灌水   │
        └─────────┘         │     └─────────┘
                            │     ┌───────────┐
                            └────▶│ 病虫害防治 │
                                  └───────────┘
             │
             ▼
        ┌─────────┐
        │  收获   │
        └─────────┘
```

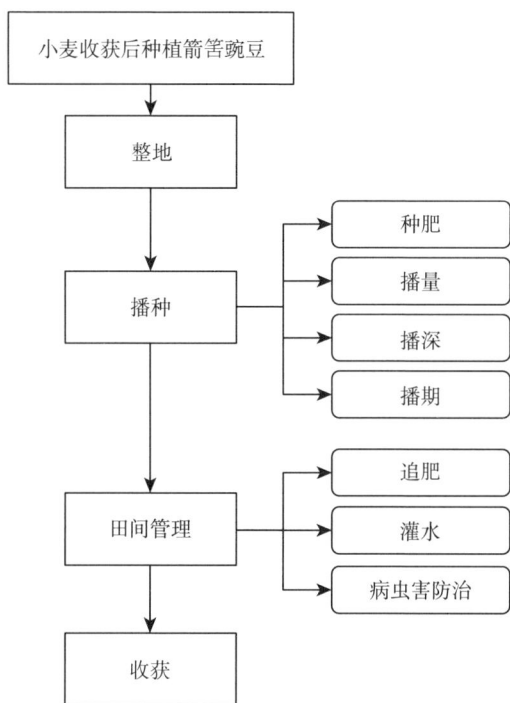

图 3-6　技术流程图

平整、上虚下实。

（二）品种选择

选择生长速度快、产量高、品质优、适于当地自然条件的箭筈豌豆种子。播种前 1～2 天选无风晴天把种子摊开在干燥向阳处晾晒。

（三）播期

7 月底 8 月初播种完毕。播深 3.0～4.0 厘米，播后镇压。土壤墒情差的宜深播，墒情好的宜浅播。

（四）播种量

播种量为 6～8 千克/亩。

（五）行距

机械播种，以条播为宜，条播行距 15～30 厘米。麦茬地复种箭筈豌豆可撒播。

（六）田间管理

1. 种肥

结合播种，施入磷酸二铵 5～10 千克/亩。

2. 追肥

出苗后若长势较弱，可结合灌水施入尿素 3.33～5.33 千克/亩。箭筈豌豆对硼、铝比较敏感，可用 0.01% 的钼酸铵溶液浸种，在初花期用 0.1% 的硼酸溶液喷洒 1～2 次。

3. 灌水

出苗后 5～7 天内若遇干旱，应及时灌水，以保证全苗；在 10%～50% 茎上有可见花蕾时视土壤墒情进行灌水，整个生育期须灌水 2～3 次；水量不宜过大，应速灌速排，切忌积水，地下水位较低的地块要注意开沟排水。

4. 病虫害防治

箭筈豌豆茎叶柔嫩，易感蚜虫和白粉病，应注意防治。

（七）收获

青饲或晒制干草，应在箭筈豌豆初花期刈割，不应超过盛花期。饲喂成年家畜，以初花期至盛花期刈割为宜。视天气状况及时收割，避免雨淋霉烂损失。

五、效益分析

（一）经济效益

箭筈豌豆全身都是宝，营养物质含量丰富，其鲜茎叶含粗蛋白 4.0%，特别是消化蛋白含量丰富，为豌豆秆的 4 倍、玉米秆的 5.6 倍，比蚕豆茎叶含量还高，是家畜的优质饲料。种子含粗蛋白 29.7%～31.3%，与蚕豆、豌豆含量相当，且出粉率高，达 34.5%，可以加工成淀粉、粉条、粉丝等食品，种子每亩收益可达 300～500 元。箭筈豌豆鲜草产量较高，可产鲜草 667～1 000 千克/亩，饲喂乳牛适口性好，产奶量高，每 1 000 千克鲜草可转化鲜牛奶 86.9 千克。

（二）生态效益

箭筈豌豆根系发达，根瘤块大，固氮能力强，植株生物量丰富，还田后可为农田提供大量有机肥料，可改良培肥土壤，提高土壤肥力，促进农田养分循环。箭筈豌豆翻入土壤后，土壤速效氮比对照增加15毫克/千克，有效磷增加3.65毫克/千克，速效钾增加18毫克/千克，土壤有机质亦有所提高。

（三）社会效益

麦后复种箭筈豌豆对于提高地力，增加后做单产，增加经济效益具有重要意义。将箭筈豌豆作为饲草喂养家畜，一方面可以增加蛋白饲草来源，解决种植饲草与农作物争地的矛盾；一方面可以培肥地力，达到生态效益与经济效益双赢。

六、典型案例

杭锦后旗头道桥镇联增村麦后复种箭筈豌豆，将箭筈豌豆作为饲草进行家畜喂养，增加了蛋白饲料的来源，按照每千克0.5元计算，亩产鲜草400～600千克，每亩收益200～300元。翻压箭筈豌豆可以培肥地力，翌年减少施氮量30%，每亩节约生产资料（氮肥）50～60元，经济收入提高15%，达到生态效益与经济效益双赢（彩图3-9、彩图3-10）。

起草人：殷国梅、郝林凤、赵沛义

第六节

河套平原宁夏灌区苜蓿作物轮作技术模式

一、技术概述

苜蓿作为多年生优质饲草，一般种植 4～5 年后，需要进行翻耕与其他粮食作物或饲草进行轮作，通过轮作实现土壤环境修复，提高饲草及作物产量，进而实现饲草地的可持续利用。该技术模式主要选择 5 年生苜蓿地，在第一茬刈割后翻耕，种植青贮玉米，轮作小麦或者燕麦，收获后继续种植苜蓿，饲草和作物产量明显增加，土壤地力提升明显。

二、适用范围

该技术模式适用于宁夏灌区及周边同类地区苜蓿草田的轮作倒茬。

三、技术流程

该技术主要包括 5 年生苜蓿第一茬后翻耕→整地施肥复种青贮玉米→春小麦/燕麦→夏播苜蓿，通过对各项农艺措施进行规范，提高饲草作物产量和整个轮作系统生产力水平（图 3-7）。

四、操作要点

（一）夏季复种青贮玉米生产技术

1. 品种选择

选择生育期 85～100 天、株型紧凑、植株高大、耐密植、抗倒伏、抗病虫青贮玉米品种，如京科 968、利单 656、金岭青贮 357、西多 Q1 等。

```
┌─────────────────────┐
│     苜蓿草田耕翻      │
└─────────────────────┘
          │
          ▼
┌─────────────────────┐
│      整地施肥        │
└─────────────────────┘
          │
          ▼
┌─────────────────────┐
│     复种青贮玉米      │
└─────────────────────┘
      │         │
      ▼         ▼
┌──────────┐ ┌──────────┐
│  轮作燕麦  │ │  轮作小麦  │
└──────────┘ └──────────┘
      │         │
      ▼         ▼
┌─────────────────────┐
│      夏播苜蓿        │
└─────────────────────┘
```

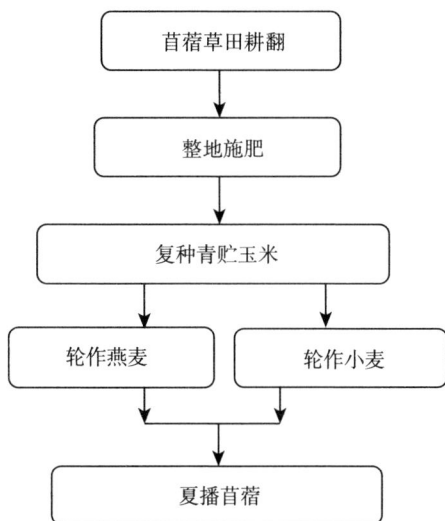

图 3-7　技术流程图

2. 播种

在苜蓿翻耕灭茬后及时播种，播种行距 55～60 厘米，株距 18～22 厘米，保苗 8.25 万～9.15 万株/公顷，用种量 30～37.5 千克/公顷，播深 5～6 厘米，播种时带种肥磷酸二铵 150～225 千克/公顷。

3. 杂草及苜蓿苗防除

播种完成后，立即用 38%莠去津悬乳剂 2.25 升/公顷＋72%异丙甲草胺制剂 1.80～2.25 升/公顷进行苗前封闭。封闭除草效果不理想时可在玉米苗 3～5 叶期用 4%烟嘧磺隆等杀灭田间杂草。若苜蓿残根长出幼苗较多时，可用 72% 2-4 滴丁酯乳油 450～750 升/公顷进行灭杀。

4. 中耕追肥

在小喇叭口期进行机械中耕施肥，氮肥 255～300 千克/公顷、磷肥 75～97.5 千克/公顷、钾肥 45～60 千克/公顷。

5. 灌水

7 月下旬灌第一次水，8 月中旬灌第二次水，单次灌水量 1 200 立方米/公顷。

6. 病虫害防治

选用 25％苯醚甲环唑乳油、40％丁香戊唑醇、50％嘧菌酯悬乳剂防治青贮玉米大小斑病；选用 2.5％高效氯氟氰菊酯乳油、50％吡虫啉可湿性粉剂、20％啶虫脒可湿性粉剂进行蚜虫或黏虫防治；选用 10％哒嗪酮、1.8％阿维菌素进行红蜘蛛防治。

7. 收贮

在籽粒乳线 1/2～3/4、水分含量≤70％时，收割压窖，田间留茬高度 15～20 厘米。

（二）春小麦生产技术

1. 品种选择

选择经宁夏审定的春小麦品种，如宁春 50 号、宁春 51 号和宁春 4 号品种。

2. 播种

青贮玉米收获后，秋翻冬灌土壤解冻 8～10 厘米时，撒施氮肥130.5～180 千克/公顷、磷肥 69～103.5 千克/公顷、钾肥 27～54 千克/公顷，耙糖整地待 3 月上旬前完成播种。行距 15 厘米，播深 3～5 厘米，播量 300～337.5 千克/公顷，带种肥磷酸二铵 150 千克/公顷，播后及时糖田保墒。

3. 杂草防除

第一次灌水前可用 72％ 2,4-滴丁酯乳油 375 倍液或 20％2 甲 4 氯钠盐水剂 150 倍液田间喷雾杀灭杂草。

4. 水肥管理

4 月下旬进行第一次灌水，最迟应在 5 月 1 日前灌完，结合灌水追施尿素 150～225 千克/公顷，灌水量为 1 200～1 500 立方米/公顷；5 月中旬第二次灌水，灌水量为 900～1 200 立方米/公顷；5 月下旬和 6 月中旬第三、第四次灌水，灌水量为 900～1 200 立方米/公顷，根据天气变化防止灌水造成田间倒伏。

5. 病虫害防治

抽穗至灌浆期喷施杀菌剂 20% 三唑酮乳油 750 倍液或 12.5% 烯唑醇可湿性粉剂 1 000 倍液防治白粉病、锈病；喷施 20% 氰戊菊酯乳油 1 500 倍液或 3% 啶虫脒乳油进行蚜虫、吸浆虫杀灭。

6. 适时收获

7 月上旬小麦完熟初期茎叶全部变黄，籽粒含水量降至 18% 以下时及时收获。

（三）春燕麦生产技术

1. 整地

2 月下旬 5～10 厘米表层土壤解冻即可整地。浅旋耕 10～12 厘米，底肥为磷酸二铵 300 千克/公顷或过磷酸钙 600 千克/公顷。

2. 播种

当 5 厘米土层地温 8℃以上时（时间上为 2 月下旬到 3 月上旬）用小麦播种机进行播种，行距 15 厘米，播深 3～5 厘米，播量为 150～195 千克/公顷，保证出苗后幼苗数达到 300 株/平方米。

3. 田间管理

（1）水肥管理 4 月下旬第一次灌水（俗称头水），灌水量在 1 200～1 500 立方米/公顷，结合灌水追施尿素 150～225 千克/公顷。5 月中旬灌第二水，与头水间隔时间 15 天左右，此次灌水量稍小，漫过地表即可；5 月下旬至 6 月初灌第三水，灌水量在 1 200 立方米/公顷。

（2）病虫害防治 蓟马可用 4.5% 高效氯氰菊酯乳油 300 毫升/公顷兑水 450 千克/公顷喷雾或用 2.5% 溴氰菊酯乳油 225 毫升/公顷兑水 450 千克/公顷喷雾。蚜虫用 3% 吡虫啉乳油 300 毫升/公顷兑水 450 千克/公顷喷雾。

4. 收获

6 月中旬灌浆初期刈割收获。

（四）夏播苜蓿建植技术

1. 施基肥

在春播燕麦、小麦收获后，利用测土配方确定基肥施用量，当 0～

20 厘米土层有机质<1.5%时，有机质<1.5%时，黏土和壤土施有机肥
30 000～45 000 千克/公顷，沙土施有机肥 50 000～60 000 千克/公顷；土
壤碱解氮<15 毫克/千克时，基施纯氮 40 千克/公顷、磷肥 60～120 千
克/公顷。

2. 整地

基肥撒施后耕翻 20 厘米以上，后进行耙地、激光平地。

3. 草田建植

（1）品种选择　选择秋眠级 3～5 级、通过国家或省级审定的品种，
如 MF 4020、巨能 7 号、阿迪娜、大银河、佳能、中苜 3 号、中苜 4 号等
品种，种子质量为符合国家二级以上且进行根瘤菌拌种的商品种。

（2）播种　播期采用 48%地乐胺乳油 3 000～3 750 毫升/公顷兑水
600 升，喷施地表后耙糖播种。采用气旋式精量条播机播种，行距 15～20
厘米，播深 1.5～2 厘米，播量为 22.5～30 千克/公顷，播后及时糖地镇
压并灌水，灌溉量 900～1 200 立方米/公顷。

4. 田间管理

（1）施肥　自第二年起，苜蓿草田进行磷、钾肥早春施肥，年度施肥
量根据目标产量和田间土壤养分化验结果按表 3－1、表 3－2 施用。在第
一茬、第二茬苜蓿刈割拉运出地后，结合灌水分别撒施氮肥 45 千克/公顷
和 30 千克/公顷。

表 3－1　基于苜蓿目标产量（干草）的推荐年度施磷量

0～20 厘米土层有效磷含量（毫克/千克）	评价	目标产量（吨/公顷）			
		5	10	15	20
		磷肥 P_2O_5 推荐用量（千克/公顷）			
0～5	缺乏	60	120	170	230
5～10	基本足够	30	60	120	170
10～15	足够	0	0	60	120
>15	较高	0	0	0	60

表 3-2　基于苜蓿目标产量（干草）的推荐年度施钾量

0～20 厘米土层速效钾含量（毫克/千克）	评价	目标产量（吨/公顷）			
		5	10	15	20
		钾肥 K_2O 推荐用量（千克/公顷）			
0～5	缺乏	60	120	230	300
5～10	基本足够	0	60	120	230
10～15	足够	0	0	60	120
＞15	较高	0	0	0	60

（2）灌溉　苗期 20 厘米以上土层土壤含水量低于田间持水量 65％时需进行灌溉保苗。每次刈割后灌水 1 200～1 500 立方米/公顷；生长期内 30 厘米以上土层土壤含水量低于田间持水量 50％且距刈割期≥10 天时需进行灌溉，灌溉量为 900～1 200 立方米/公顷。11 月上旬冬灌，灌溉量为 1 200～1 500 立方米/公顷。

5. 杂草防除

生长期田间杂草防除方法见表 3-3。

表 3-3　宁夏灌区苜蓿生长期杂草化学防治方法

杂草类型	常见杂草名称	化学防治方法
一年生阔叶杂草	苘麻、反枝苋、藜、猪毛菜、地肤、苍耳	1. 苜蓿 2～3 叶时，可用 25％苯达松水剂 2 700～3 000 毫升/公顷，兑水 450 升喷雾 2. 混生有单子叶杂草时，可用 25％苯达松水剂 2 700～3 000 毫升/公顷复配 10.8％高效氟吡甲禾灵乳油 450～600 毫升/公顷，或 5％咪唑乙烟酸水剂 1 200～1 800 毫升/公顷，兑水 450 升喷雾
一年生单子叶杂草	稗草、马唐、狗尾草、牛筋草、三棱草	苜蓿 2～3 叶时，杂草出齐苗时可选用 10.8％高效氟吡甲禾灵乳油 450～600 毫升/公顷，或 15％精吡氟禾草灵乳油 750～900 毫升/公顷，或 6.9％精噁唑禾草灵 800～1 050 毫升/公顷，或 5％精喹禾灵乳油 900～1 050 毫升/公顷，兑水 450 升喷雾

（续）

杂草类型	常见杂草名称	化学防治方法
主要多年生阔叶杂草	打碗花、刺儿菜、牛繁缕	用41%草甘膦水剂4 500～7 500毫升/公顷，或74.7%草甘膦粒剂2 250～3 000毫升/公顷，兑水450～900升喷雾
主要多年生单子叶杂草	芦苇、白茅	苜蓿生长期田间芦苇可选用41%草甘膦水剂9 000毫升/公顷或74.7%草甘膦粒剂4 500毫升/公顷，兑水450升，戴胶皮手套进行人工茎叶涂抹
旋花科一年生寄生性杂草	菟丝子	1. 播种前或播后苗前，可用48%地乐胺乳油3 000～3 750毫升/公顷，兑水900升进行土壤喷雾处理 2. 在菟丝子转株危害时，可用48%地乐胺乳油2 550～3 000毫升/公顷，兑水900升喷雾

6. 病虫害防治

每茬苜蓿株高达到10厘米时进行病虫害药剂防治。害虫主要有蓟马、蚜虫，可选用4.5%高效氯氰菊酯乳油300毫升/公顷＋吡虫啉颗粒30克/公顷兑水450升喷雾；在第三、第四茬时预防苜蓿褐斑病、叶斑病，可用5%醚菌酯可湿性粉剂3 000倍液或40%氟硅唑乳油7 500倍液喷施。

7. 收获

以现蕾盛期至始花期刈割最佳，最后一次刈割应在10月初完成。建植当年播种较早的田块可刈割1次，第二年后可刈割4次，刈割时留茬5～7厘米，最后一茬留茬7～9厘米。

8. 苜蓿草田翻拆条件

紫花苜蓿连续生产5～6年后，保苗数低于80株/平方米且产量低于12吨/公顷时，进行耕翻。

五、效益分析

（一）经济效益

第一年，苜蓿收割第一茬产量可达到4.8吨/公顷，按照2 450元/吨的价格出售，可获得效益11 760元/公顷，生产成本为1 800元/公顷，纯收益9 960元/公顷；第二茬青贮玉米产量可到63吨/公顷，按照550元/吨的价格出售，可获得收益 34 650 元/公顷，生产成本为 11 250 元/公顷，纯收益 23 400 元/公顷；总体计算第一年所获得的经济效益为 33 360 元/公顷。第二年进行燕麦和苜蓿的轮作种植，第一茬燕麦产量可达到 9.75 吨/公顷，按照 2 000 元/吨的价格出售，可获得收益 19 500 元/公顷，生产成本为 5 400 元/公顷；复种的苜蓿产量当年达到 2.25 吨/公顷，按照 2 450 元/吨的价格出售，可获得收益 5 513 元/公顷，年度生产成本为 3 600 元/公顷；总体计算第二年所获得的纯效益为 16 013 元/公顷。

（二）生态效益

5 年生苜蓿第一茬后翻耕→整地施肥复种青贮玉米→春小麦/燕麦→夏播苜蓿模式对改善耕地土壤环境，实现耕地质量提升效果显著，40 厘米土层之内 pH、全盐、有机质、全氮含量均有不同程度下降，磷素变化不明显；速效钾含量均有不同程度增加，土壤速效养分含量由于各作物施肥水平和时间不一变幅较大；有效磷在种植苜蓿前均呈下降状态，在种植苜蓿后，含量迅速增加；碱解氮呈增加趋势，种植苜蓿后含量均有不同程度下降。同时，该轮作系统饲草产量、水分生产率均有所提升，水分生产率达 2.83 千克/立方米。

（三）社会效益

该技术在带动当地苜蓿产业迅速崛起、助力区域草畜协同化发展的同时，也具有十分重要的社会和经济效益，是产业富农、科技兴农的有力支撑。

六、典型案例

宁夏农垦茂盛草业有限公司成立于 2005 年，是一家专业化的饲草种植、草产品加工销售企业，企业依托宁夏农垦集团建立饲草种植基地 5 万余亩，其中种植苜蓿近 2 万亩。企业建立了 5 年生退化苜蓿草田在春季收获一茬后耕翻种植青贮玉米，翌年春季种植小麦或燕麦，收获后复种苜蓿的草田轮作模式。

以 2020 年 3 000 亩耕翻苜蓿草田的两年轮作示范区为例，苜蓿耕翻当年刈割收获一茬干草可增加产值 11 760 元/公顷，复种青贮玉米产量达 63 000 千克/公顷，产值达 34 650 元/公顷，苜蓿耕翻当年可生产 67 800 千克/公顷饲草，净利润达 19 110 元/公顷；翌年春季种植小麦或燕麦草，分别生产粮食或饲草 6 750 千克/公顷、9 750 千克/公顷，产值达 18 900 元/公顷、19 500 元/公顷，收获后复种苜蓿，建植年刈割一茬的地块可增加产值 4 950 元/公顷。整个两年的轮作系统纯利润分别达 9 060 元/公顷、14 610元/公顷（彩图 3-11、彩图 3-12）。

起草人：王占军、杜建民

黄河中游黄土高原区
苜蓿作物轮作技术模式

一、技术概述

草田轮作具有兼顾牧草与粮食生产、培肥固土等功能。紫花苜蓿作为退耕还林还草的主要草种之一，对于黄土高原地区脆弱生态修复，促进粮草畜耦合发挥着重要的作用。紫花苜蓿-小麦和紫花苜蓿-玉米轮作模式是黄土高原旱作粮食作物种植区最常见且收益较高的草田轮作模式，可同步实现增肥、提质、节水、增效。开展该技术模式的示范与推广对于实现农业产业结构调整、落实粮改饲政策具有重要的现实指导意义。

二、适用范围

该技术模式适用于黄河流域中游黄土高原紫花苜蓿种植区。

三、技术流程

技术流程如图 3-8 所示。

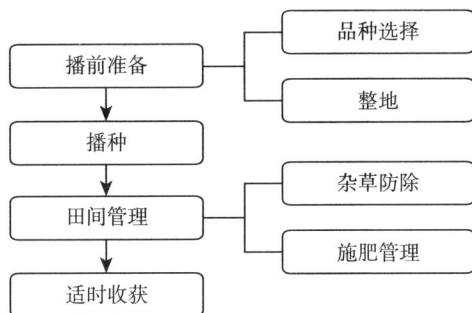

图 3-8 技术流程图

四、操作要点

（一）品种选择

小麦和玉米选择适用于旱作区，产量高、品质好、抗逆性强的品种；紫花苜蓿选择抗旱、高产的优质国产或进口品种，如中苜 1 号等。

（二）地块选择

选择土层深厚、肥力中等、地面平整，适宜于种植粮食作物和苜蓿等饲草作物的田块。

（三）整地

播种前需要深耕、细耙、镇压，保证无杂草，一般深耕 30～35 厘米，形成松软细绵、上虚下实的土壤条件；苜蓿利用 4 年后翻耕轮作小麦时需要清除苜蓿根。

（四）轮作模式

在紫花苜蓿-小麦轮作模式中，种植第四年紫花苜蓿第二茬收获后（7 月初）后翻地，9 月中下旬播种冬小麦。在紫花苜蓿-玉米轮作模式中，紫花苜蓿翻地时间与小麦轮作模式相同，翌年 4 月中旬播种玉米。

（五）田间管理

1. 播种及施肥

（1）紫花苜蓿　8 月中下旬播种，行距 30 厘米，播种量 22.5 千克/公顷，播种时施入底肥 P_2O_5 150 千克/公顷和 K_2O 100 千克/公顷，有机肥 6 000 千克/公顷。

（2）冬小麦　9 月中下旬播种，播种量为 185 千克/公顷，行距 15 厘米。第一季小麦不需要施肥，第二季小麦施入氮肥 150 千克/公顷。

（3）玉米　4 月上中旬播种，9 月中下旬收获；行距为 50 厘米，株距 38 厘米，即 30 千克/公顷。玉米施 300 千克/公顷磷酸二铵为底肥，玉米拔节期追施尿素 300 千克/公顷。

2. 适时收获

紫花苜蓿在初花期进行刈割，留茬 5 厘米，每年刈割 3 次。小麦和玉米在成熟期进行收获。

五、技术使用注意事项

紫花苜蓿要注意播种时间，可选择春播或秋播，雨水丰沛或有灌溉条件的地区可春播，在黄土高原半干旱地区建议秋播。春播为4月下旬至5月上旬，需要做好杂草防除工作。秋播为8月下旬至9月中下旬，秋播过晚不利于当年建植苜蓿的越冬。

六、效益分析

（一）经济效益

与传统小麦连作模式相比，紫花苜蓿冬小麦轮作系统中冬小麦籽粒产量和粗蛋白含量大幅提高，且紫花苜蓿固氮能力强，累积的土壤有效氮能够满足后茬粮食作物的生长，可大量减少化肥投入。紫花苜蓿种植成本低，而苜蓿草价格近年来持续增长，因此苜蓿冬小麦轮作系统与冬小麦连作相比净收益大幅提高，可有效促进农民增收。

（二）生态效益

紫花苜蓿作为深根系高耗水作物，长期种植会造成深层土壤水分过度消耗，导致土壤干层等生态问题。与此同时，传统的小麦和玉米等粮食作物连作制度由于不合理的管理措施导致的土地退化和面源污染等生态问题日益显现。合理的紫花苜蓿粮食作物轮作措施可以缓解长期种植苜蓿引起的土壤干层问题，同时也可以减少后茬粮食作物使用化肥和农药所造成的土壤污染问题，生态效益显著。

（三）社会效益

针对我国黄土高原地区作物生产中出现的过量外源化肥投入等问题，推广紫花苜蓿与粮食作物轮作技术，不仅可以推动农业种植业结构调整，解决当前饲草饲料短缺问题，还能够培肥地力、提高作物产量和整个农业系统生产效率，促进农民增产增收，而且符合国家生态保护、粮食安全、双碳目标等多重需求，有利于绿色和气候韧性农业的发展。

七、经典案例

在黄土高原雨养农业区，甘肃庆阳草地农业生态系统国家野外科学观测研究站，建立了不同年限紫花苜蓿（中苜1号）与冬小麦（陇育4号）轮作系统长期定位观测试验。研究结果表明，与传统小麦连作模式相比，种植4年紫花苜蓿后轮作1年小麦，可使小麦籽粒产量提高4.15%～17.64%，小麦蛋白含量提高6.71%～30.15%，轮作系统总生物量较长期种植苜蓿草地提高14.5%，净收益提高500元/亩。4龄紫花苜蓿在第2茬翻地后，经秋季休闲3个月可使60～90厘米土壤含水量达田间持水量的93%，0～300厘米土壤贮水量达670毫米，是田间持水量的78%，可以满足小麦的生长。4龄紫花苜蓿后茬土壤有效氮素能够满足第一季作物生长需求，第二季冬小麦氮素利用率可达47%，较当地平均水平提高34%，氮肥利用效率提高20%，表明黄土高原种植4年苜蓿后土壤氮素可维持后茬作物一年不施氮肥，减少氮肥支出60元/亩。因此，黄土高原雨养农业区进行4年紫花苜蓿轮作小麦的种植模式可以提高后茬小麦产量和品质，提高氮素利用效率，恢复土壤水分含量，可以实现经济效益、生态效益和社会效益的共同提高（彩图3-13）。

起草人：沈禹颖、褚厚坤

黄河中下游冬闲田饲用
小黑麦复种技术模式

一、技术概述

随着农业结构调整的逐步推进和地下水限采逐步趋紧，黄河中下游地区冬闲田面积越来越大，不仅造成了农田裸露带来的生态环境问题，同时光热水土等资源也不能得到充分利用。青贮玉米复种饲用小黑麦技术模式是在青贮玉米收获后，进行复种饲用小黑麦，积极利用冬闲田种植优质牧草，增加了农民收益，同时提高了土地资源的综合利用率，解决了农田生态环境问题，形成一年两作、全年生产优质饲草的种植模式，促进集约化饲草生产管理，推动区域草牧业转型升级，保证草地畜牧业持续发展。

二、适用范围

该技术模式适用于黄河流域中下游的黄淮海平原区。

三、技术流程

该技术模式关键点在于合理安排两种作物茬口衔接问题，既保证两种作物能够正常生长，又能提高光热资源利用率。

在冬小麦夏玉米一年两作积温充足的地区，可用饲用小黑麦替代冬小麦，用青贮玉米替代籽粒玉米。在冬小麦夏玉米一年两作积温不足，一年一作积温有余的地区，在保证青贮玉米正常生长前提下，增加种植一茬饲用小黑麦，形成一年两作复种（图3-9）。

积温充足地区

积温不足地区

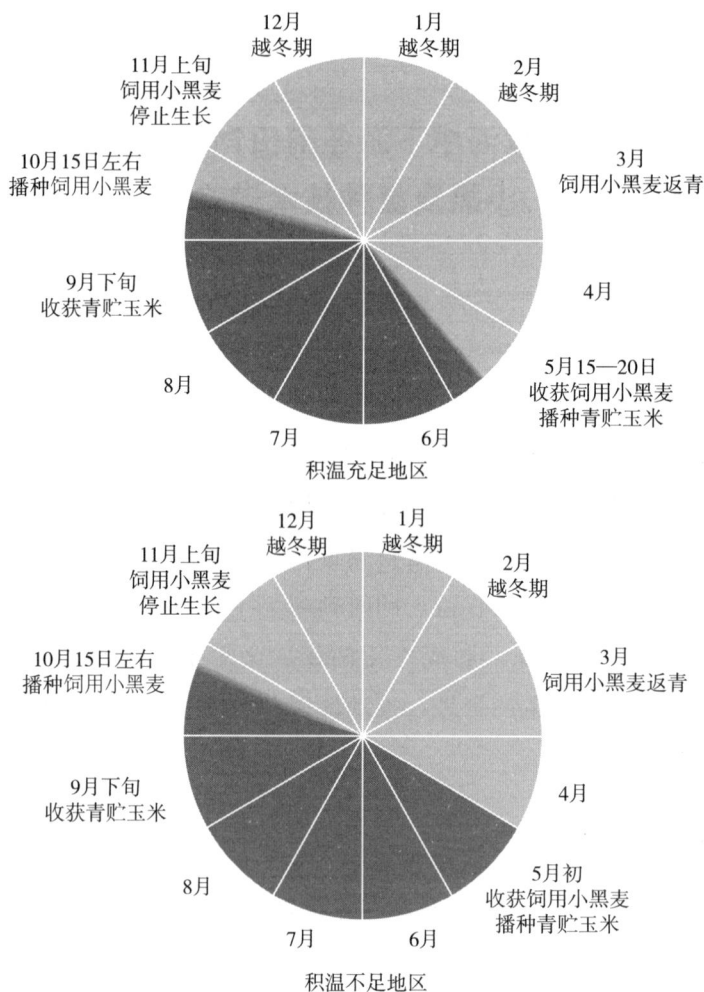

图 3-9　技术流程图

注：图中浅色代表饲用小黑麦生长期，深色代表青贮玉米生长期。

四、操作要点

（一）饲用小黑麦栽培技术

1. 种子准备

选择冀饲 2 号、冀饲 3 号等国家或省级审定的冬性饲用小黑麦品种，种子质量符合 GB/T 6142—2008 规定。播前将种子晾晒 1～2 天，每天翻动 2～3 次。

2. 整地造墒

一年两作积温不足地区，饲用小黑麦的造墒水提前在青贮玉米刈割前 10～15 天灌溉，墒情合适后及时刈割青贮玉米，立即整地播种饲用小黑麦，结合整地施足基肥。有机肥在上茬作物收获后施入并及时深耕；化肥应于播种前结合地块旋耕施用。化肥施用量：纯氮 105～120 千克/公顷、磷肥（P_2O_5）90～135 千克/公顷、钾肥（K_2O）30～37.5 千克/公顷。在需要施用有机肥的地块可增施有机肥 45～60 立方米/公顷。实施秸秆还田地块增施氮肥（纯氮）30～60 千克/公顷。肥料的使用符合 NY/T 496—2010 的规定。

3. 播种

10 月上旬采用小麦播种机播种，条播，行距 18～20 厘米，播种深度控制在 3～4 厘米，播后及时镇压。播种量为 150 千克/公顷。

4. 田间管理

春季返青期至拔节期依据墒情可灌水 1 次，结合灌溉进行追肥。每次灌水量 450～675 立方米/公顷；结合春季灌水追施尿素 300～375 千克/公顷。

5. 收获

一年两作积温充足地区在乳熟中期收获，一般在 5 月 15—20 日；一年两作积温不足地区可适当提前收获。

（二）青贮玉米栽培技术

1. 播种前准备

（1）品种选用　建议选择北农青贮 368、粮饲兼用品种郑单 958 等。

（2）种子质量　种子质量应符合 GB/T 6142—2008 中规定的一级指标要求。

（3）种子处理　宜选用玉米专用种衣剂，种子包衣所使用的种衣剂应符合 GB/T 15671—2009 规定。

（4）播前整地　饲用小黑麦收获后免耕播种青贮玉米，播后依据墒情决定是否灌水。

（5）种肥施用　一般情况下整个生育期每公顷施氮肥（纯氮）150～

195 千克，磷肥（P_2O_5）75～112.5 千克，钾肥（K_2O）60～75 千克。其中，磷、钾肥随播种一次性施入，氮肥 40％作为种肥随播种施入，60％作为追肥拔节期施入。施肥时应保证种、肥分开，以免烧苗。肥料使用符合 NY/T 496—2010 的规定。

2. 播种技术

（1）播种期　一年两作积温充足地区在收获饲用小黑麦后可直接播种青贮玉米；一年两作积温不足地区需按照夏播玉米播种时间进行。

（2）播种方式　单粒播种，采用播种机械进行。

（3）播种量与种植密度　行距 60 厘米，株距 20～25 厘米，每亩留苗4 500～5 500 株。

3. 播后管理

（1）播后灌溉　视墒情进行及时灌溉，每公顷灌水量 600～750 立方米。

（2）杂草防除　播种后出苗前喷施苗前除草剂防治杂草，或在青贮玉米 3～5 叶期及时喷施苗后除草剂。药剂使用方法和剂量按照药剂使用说明进行。

（3）追肥　在拔节期每公顷追施纯氮 90～117 千克。施肥后视墒情及时灌溉。

（4）抽穗期灌溉　结合当地的降雨、墒情适时灌溉，每公顷灌水量600～750 立方米。

（5）病虫害防治　虫害主要有蓟马、玉米螟等，病害主要有叶斑病、茎腐病、粗缩病等。药剂使用应符合 GB/T 8321.1—7 的规定。

4. 收获技术

（1）刈割时期　籽粒乳线位置达到 50％时收获，应在 10 月 1 日前收获完毕。

（2）刈割方式　将玉米的茎秆、果穗等地上部分全株刈割，并切碎青贮。刈割时留茬高度不得低于 15 厘米，避免将地面泥土带到饲草中。

5. 贮藏

青贮玉米收割后及时青贮。压实密度宜在每立方米 650 千克以上，可按每吨 1～3 克的用量使用乳酸菌类青贮添加剂。常用青贮方式有窖贮、堆贮、裹包青贮和袋贮等。

五、效益分析

饲用小黑麦与青贮玉米高效节水复种模式比冬小麦夏玉米一年两作种植模式总投入减少 2 452.5 元/公顷，总产出降低 960 元/公顷，纯收入提高 1 492.5 元/公顷。饲用小黑麦与青贮玉米高效节水复种模式全生育期较冬小麦夏玉米一年两作种植模式节约灌水 1～2 次，每公顷节水 750～1 500 立方米，节省投入 375～750 元。与冬小麦相比，肥料节省 50%，每公顷节省投入 1 275 元。小黑麦生长期间不需要农药防治病虫害，每公顷节约投入 278 元，每公顷节省投入 1 928～2 303 元。饲用小黑麦生长不需要喷施农药，减少了化肥使用，可减轻对环境的污染。由于饲用小黑麦是越冬性饲草，整个冬季地表覆盖度好，有效地减少了裸地的扬尘，具有较好的生态效益。

六、典型案例

河北康宏牧业公司成立于 2014 年 7 月，总投资 23.3 亿元，是种、养、加、旅一条龙，产、供、销一体化，一二三产业高度融合的现代农业园区。目前已拥有 12 000 头奶牛养殖基地和 15 000 亩牧草种植基地的河北省现代化种养龙头企业。采用河北省农林科学院旱作农业研究所选育的饲用小黑麦新品种冀饲 2 号、冀饲 3 号等，每公顷产鲜草 37.5～45 吨，全部裹包青贮，饲用小黑麦收获后免耕播种青贮玉米。与传统冬小麦-夏玉米种植模式比较发现，饲用小黑麦-青贮玉米复种模式效益显著，兼具节水、省肥、节药的特点，生态、经济效益俱佳。将 4 年饲用小黑麦-青贮玉米复种模式与传统冬小麦-夏玉米种植模式进行投入产出比较，结果显示，饲用小黑麦-青贮玉米复种比传统冬小麦-夏玉米复种模式节约投入 2 750 元/公顷，产出提高 2 896 元/公顷，效益增加 5 646 元/公顷（彩图 3 - 14）。

起草人：游永亮、李源、赵海明、武瑞鑫

第九节

黄河三角洲地区燕麦草-水稻
轮作技术模式

一、技术概述

黄河三角洲地区 11 月至翌年 5 月期间，单季稻种植区收获水稻后形成了大片的农闲田，为燕麦草-水稻轮作开展短期燕麦草生产提供了广阔空间。燕麦草-水稻轮作技术就是利用单季水稻区春夏季闲置田开展燕麦草生产，在保证水稻生产的同时，收获优质燕麦草，既能提高土地复种指数，增加单位面积土地产出，又能有效抑制盐碱地春季返盐，对盐碱地改良意义重大。在黄河三角洲单季稻种植区示范、推广燕麦草-水稻草田轮作种植技术，充分利用当地的土地资源优势，可兼顾粮食和饲草生产，为奶牛生产提供优质饲草，为农民增收和牧场增效提供可行的技术模式。

二、适用范围

该技术模式适用于黄河三角洲单季稻种植区。

三、技术流程

主要包括燕麦草和水稻种植技术，燕麦草种植技术包括土地整理、品种选择、适时播种、田间管理和收获，水稻种植技术包括土地整理、秧苗准备、田间管理、灌水、病虫害防控和收获（图 3-10）。

四、操作要点

（一）燕麦草种植

1. 地块选择

选择 pH 4.5～8.0，全盐含量低于 3‰ 的土壤。

```
┌─────────────────────────┐
│   燕麦草及水稻品种选择      │
└─────────────────────────┘
            ⇩
┌─────────────────────────┐
│        地块选择           │
└─────────────────────────┘
            ⇩
┌─────────────────────────┐                ┌─────────────┐
│         整地             │ ⇨              │  燕麦草种植   │
└─────────────────────────┘                └─────────────┘
            ⇩
┌─────────────────────────┐
│     播种：备种、条播        │
└─────────────────────────┘
            ⇩
┌───────────────────────────────┐
│  田间管理：追肥、灌溉、病虫害防治    │
└───────────────────────────────┘
            ⇩
┌─────────────────────────┐
│        刈割利用           │
└─────────────────────────┘
            ⇩
┌───────────────────────────────┐
│   整地、放水泡田、施用基肥         │
└───────────────────────────────┘
            ⇩                           ┌─────────────┐
                                  ⇨     │  水稻插秧     │
                                        └─────────────┘
┌───────────────────────────────┐
│ 田间管理：化学除草、灌水、病虫害防治  │
└───────────────────────────────┘
            ⇩
┌─────────────────────────┐
│      水稻适时收获          │
└─────────────────────────┘
```

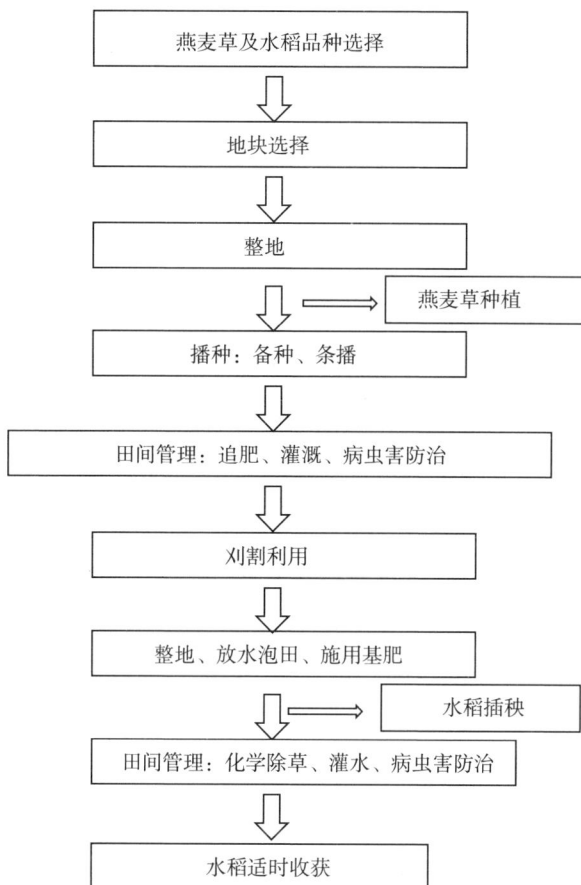

图 3-10　技术流程图

2. 整地

深耕和施肥，应做到早、深、多、细。形成松软细绵、上虚下实的土壤条件，做到深耕、细耙、镇压。结合整地施入有机肥和磷酸二铵（种肥）作基肥，每亩施用磷酸二铵 15 千克（种肥），过磷酸钙 50 千克，有机肥 100～150 千克。肥料使用符合 NY/T 496 的规定。

3. 播种

2 月底至 3 月上旬顶凌播种，条播，行距 15～20 厘米，播深 3～5 厘米，每亩播种量 10～15 千克，盐碱地块可适当增加播种量。

4. 田间管理

主要包括追肥、灌溉和病虫害防治。

（1）施肥　结合灌水进行追肥2次。第一次在分蘖中期至第一个茎节出现，每亩追施尿素12～16千克，或硫酸铵、硝酸铵7.5千克；第二次在孕穗期，每亩追施硫酸铵、硝酸铵5千克，并搭配少量磷、钾肥。肥料的使用符合NY/T 496的规定。

（2）灌溉　三叶期至分蘖期灌水1次，从分蘖到拔节是需水分最多的时期，要注意充足供水。燕麦抽穗后不建议浇水，防止倒伏。

（3）病虫害防治　常见的病虫害种类有坚黑穗病、锈病、红叶病、金针虫、蛴螬、蝼蛄、蚜虫、黏虫、土蝗等。防治蚜虫可使用抗蚜威可湿性粉剂等药剂；防治黏虫可使用敌百虫等药剂。农药使用要符合NY/T 1276和GB/T 8321.1—7的规定，刈割前15天内不得使用药剂。

5. 刈割利用

5月中旬抽穗期即可收割，留茬10厘米，或打碎鲜饲，或铡短后青贮（彩图3-15）。

（二）水稻种植

1. 整地

燕麦草收割后及时整地，结合旋耕还田施入基肥10～12.5千克尿素。放水泡田1～2天，起浆平整，沉实2～3天后，准备插秧。

2. 施肥

亩施复合肥（15—15—15）40～50千克做基肥，亩施尿素30～35千克做追肥，分三次追施：栽后7～10天追施7.5千克做返青肥，栽后14～17天追施12.5～17.5千克做分蘖肥，7月下旬追施10千克作为幼穗分化肥。或者亩施水稻免追肥（45％，27—8—10）50～70千克，以基肥形式一次施入，整个水稻生育期不再追肥。

3. 化学除草

插秧稻田在插秧后5～7天，用50％丁草胺125～150克或10％吡嘧磺隆10～15克拌20千克细土或与分蘖肥一块均匀撒施，保持3～5厘米水层 5～7 天。直播稻田可用 50％丁草胺 125～150 克加 12％噁草酮乳油 100～150 毫克，兑水 50 千克在播种后出苗前封闭稻田除草。

4. 灌水

7 月中旬晾田，晾田以不形成大的裂纹为宜。复水后至孕穗前，采取间歇灌水，孕穗扬花期保持浅水层，乳熟期采用间歇灌溉法，干湿交替，成熟前 10 天断水。

5. 病虫害防治

水稻主要虫害为稻瘟病、纹枯病、稻曲病、黑条矮缩病、白叶枯病、水稻基腐病、恶苗病、螟虫、稻飞虱等。农药使用要符合 NY/T 1276 和 GB/T 8321.1—7 的规定。

五、注意事项

（一）选用配套的燕麦草和水稻品种

选用茎秆粗壮、抗倒伏、耐盐碱、饲用品质好、中早熟的燕麦草品种，如贝勒、领袖、林纳、ESK、牧乐思、牧王等。水稻选用产量高、抗盐碱、抗逆性强、抗病性强、抗倒伏、晚熟的水稻品种，可选用盐丰 D10、香稻 619 等。

（二）燕麦草施肥前氮后钾

燕麦生育期短、生长快，因此要及时结合灌水进行追肥 2 次，前期以氮肥为主，后期以钾肥为主，以防造成陡长而引起倒伏，避免抽穗后浇水造成倒伏。

（三）燕麦青贮

燕麦草在抽穗期即可刈割，扬花期收割品质最佳，最迟不要超过 1/3 灌浆期。可直接打碎鲜饲，也可机械收割后摊晒、搂草，打成草捆进行贮存或铡短后青贮，青贮时要控制水分含量在 65％～70％。

六、效益分析

该技术主要适用于黄河三角洲盐碱地单季稻作业区种植，燕麦生育期短，干草产量可达 0.7 吨/亩左右，利用水稻冬春闲田种植燕麦，较传统水稻种植模式相比可增加一季燕麦饲草收入，每亩增收 300 元左右，种植区优质燕麦干草销售价格低于外地调运的燕麦草价格，当地养殖场利用燕麦干草每吨可节约饲料成本 200 元。利用水稻冬春闲田种植燕麦草，可增加本地优质牧草供给能力，缓解华北地区优质牧草短缺的局面，对草畜肉乳一体化发展格局的形成意义重大，还可有效抑制盐碱地春季返盐现象发生，对盐碱地改良起到积极作用。

七、应用案例

东营市芒果农业发展有限公司于 2018 年应用燕麦草-水稻轮作种植技术种植燕麦草 230 亩，较水稻单作纯增收 278 元/亩。2019 年开始大力推广该模式，至 2021 年累计种植饲用燕麦 8 900 亩，收益 130 多万元。

燕麦草-水稻轮作种植模式较传统水稻种植模式可增加一季燕麦饲草收入，提高土壤复种指数，解决冬春闲田春季返盐难题，并为粪污及沼液还田提供空间，可显著提升本地优质牧草供给能力，降低养殖成本（彩图 3-16、彩图 3-17）。

起草人：姜慧新、张文娟、王国良

黄河三角洲地区草棉轮作技术模式

一、技术概述

棉花是我国种植范围最广的经济作物，也是重要的战略物资，在国民经济中占有重要地位。棉花连作导致棉花生长发育不良、病虫害发生严重，产量下降、经济效益降低。黄河三角洲棉区一直实行棉花单作、一年一熟的种植制度，冬季农业资源不能充分利用。发展棉花冬季闲田复种，按照棉花-小黑麦的顺序交替进行种植，可全年对土地进行覆盖，通过不同作物之间的时序和空间配置，更好地利用不同作物对环境、水分和养分等生态因素需求的差异性，以改善土壤结构、均衡利用土壤养分、提高土壤肥力，从而提高生态效益和经济效益。增种一茬小黑麦，不仅可以充分利用光热资源，提高棉田产出率，增加棉农收入，同时为畜牧业发展提供优质粗饲料；还可以改善冬季生态环境，防止春季风沙对土壤的侵袭，保持土壤水分，促进团粒结构形成和土壤肥力的恢复和提高，从而抑制棉田连作导致的病虫害加重趋势。

二、适用范围

该技术模式适用于黄河三角洲地区及类似盐碱地区。

三、技术流程

主要包括饲草种植和棉花种植技术两部分，饲草种植技术包括土地整理、品种选择、适时播种、田间管理、适时收获，棉花种植技术包括土地整理、种子准备、田间管理、病虫害防控、收获（图 3-11）。

```
         ┌──────────┐◄──────────────────┐
         │ 土地整理 │                   │
         └────┬─────┘                   │
              ▼                         │
         ┌──────────┐                   │
         │ 小黑麦播种│                   │
         └────┬─────┘                   │
    ┌─────────┼─────────┐               │
    ▼         ▼         ▼               │
┌────────┐┌────────┐┌──────────┐        │
│查苗补播││水肥管理││病虫草害防控│        │
└────────┘└────────┘└──────────┘        │
              ▼                         │
         ┌──────────┐                   │
         │干草/青贮收获│                  │
         └────┬─────┘                   │
              ▼                         │
         ┌──────────┐                   │
         │ 棉花播种 │                   │
         └────┬─────┘                   │
   ┌──────┬───┼────────┬────────┐       │
   ▼      ▼   ▼        ▼        ▼       │
┌────┐┌────┐┌────────┐┌──────────┐      │
│追肥││化控││去叶枝打顶││病虫害防控│      │
└────┘└────┘└────────┘└──────────┘      │
              ▼                         │
         ┌──────────┐                   │
         │ 棉花收获 │────────────────────┘
         └──────────┘
```

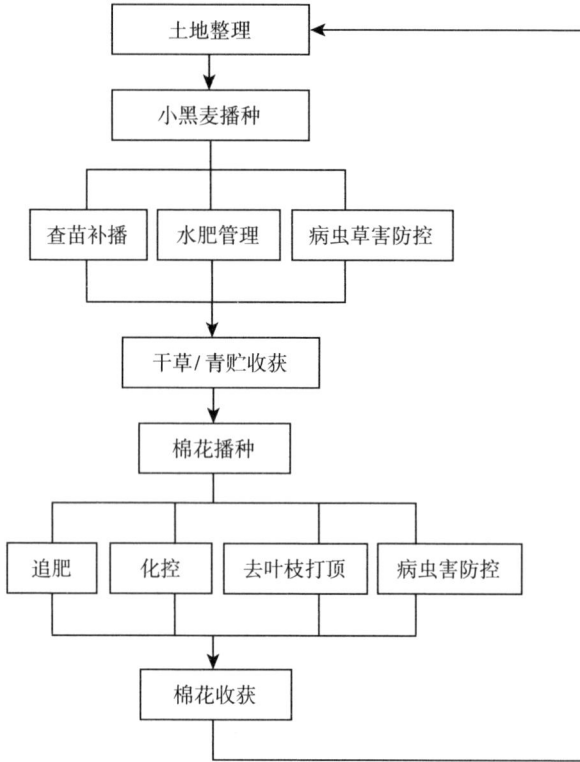

图 3-11　技术流程图

四、操作要点

（一）小黑麦种植

1. 抢时整地

棉花收获完成后，抢时拔柴，旋耕碎茬，清除杂草，结合施底肥深耕耙平，土层上虚下实，深浅一致，形成 10～15 厘米的松土层。土地整理后保墒抢播，以确保苗齐苗旺。结合整地施足基肥，提倡施用有机肥。每公顷施腐熟有机肥 20～30 吨，同时每公顷底施化肥 N 90～120 千克、P_2O_5 90～130 千克、K_2O 30～50 千克。

2. 种子处理

选用药剂包衣种子。播种前晒种 1～2 天。种子质量应符合 GB 6142

106

标准三级以上的要求。

3. 抢时播种

棉花收获后，抢播饲用小黑麦，播期不晚于 10 月底；播种量为 150～225 千克/公顷，条播，播种深度 3～4 厘米，行距 15～30 厘米。

4. 播后造墒

田间持水量小于 75％的地块，播种后应及时浇水。

5. 田间管理

有缺苗断垄，应及时补播。苗期或返青后，及时防除杂草。拔节期施尿素 75～120 千克/公顷作追肥。在返青期、拔节期视土壤墒情结合饲草生长情况进行灌溉。根据病虫害发生情况，及时进行防治，刈割前 15 天内不得使用药剂（彩图 3-18）。

6. 收获利用

5 月中旬前抢时完成收获，制作干草或青贮（彩图 3-19）。

（二）棉花种植

1. 整地

旋耕碎茬，清除杂草，喷施除草剂，做到土壤上松下实、颗粒细净、田平墒足。结合整地施足基肥，提倡施用有机肥。

2. 种子准备

饲草收获后，灭茬抢种棉花，播种于 5 月底前结束。播种量 30 千克/公顷，密度 105 000 株/公顷左右，播种深度 2.5 厘米（彩图 3-20）。

3. 田间管理

严重缺苗断垄棉田要及时催芽补种。定苗后进行第一次中耕，深度 3～5 厘米，最后一次中耕在初花期结合培土一并进行，中耕次数根据土壤墒情和杂草情况而定。选择初花期至盛花期追施尿素 112.5～150 千克/公顷，盛蕾期至初花期追施氮肥每公顷 150 千克。棉株有 5～6 片真叶后，第一次喷施缩节胺 7.5 克/公顷；在盛蕾期至花铃期化控 2～3 次，将株高控制在 80 厘米左右。7 月中旬开始打顶，最晚不宜超过 7 月底。在化学调控效果较好的情况下，可不去叶枝和打顶。

4. 病虫害防治

主要虫害为盲蝽、棉铃虫、红蜘蛛等。防治盲蝽可用噻虫嗪、啶虫脒、马拉硫磷、溴氰菊酯、氟啶虫胺腈等药剂；防治棉铃虫可用甲氨基阿维菌素苯甲酸盐、氯虫苯甲酰胺、茚虫威、溴氰虫酰胺、氟铃脲、高效氯氰菊酯等药剂；防治红蜘蛛可用甲氨基阿维菌素苯甲酸盐等药剂。

5. 收获

人工采摘。棉花吐絮后开始摘花，尽量避开"露珠棉"和"雨雾棉"，保证棉花质量。

机械采摘。对果枝较短、株型紧凑且运用机采模式的品种采用机械采摘。

五、技术使用注意事项

（一）选用适宜饲草和短季棉品种

选用早熟、茎秆粗壮、抗倒伏、耐盐碱、饲用品质好的小黑麦品种，可选用冀饲1号、冀饲2号小黑麦。棉花选用早熟性好、结铃集中、纤维品质优良、吐絮畅，对脱叶催熟剂敏感的短季棉品种，可选用鲁棉532、鲁棉551等。

（二）饲草收获抢茬播种短季棉

小黑麦在扬花期至灌浆期抢时机械收获，收获后立即灭茬。短季棉可采用76厘米等行距贴茬直播，省去翻耕耙平等土地整理过程。

（三）简化施肥

小黑麦和短季棉均可采用"一基一追"的施肥方式。基肥采用有机肥和复合肥配施，小黑麦拔节期追施尿素，棉花在盛蕾期追施尿素。

（四）棉花脱叶催熟，集中收花

9月底至10月初气温稳定在20℃以上、田间吐絮率达到50%～70%、棉花上部铃的铃龄达40天以上时，采用专用喷雾机械喷施脱叶催熟剂，保证脱叶率95%以上，吐絮率95%以上。

（五）机械收获

采用刈割压扁割草机收获小黑麦，经过摊晒、搂草，打成草捆进行贮存。

对于棉花收获，有条件的地方可选用符合质量标准的采棉机械一次性机收。

六、效益分析

小黑麦耐旱、耐寒性强，且蛋白质、赖氨酸含量高，有较好的饲用价值。利用棉田冬闲期，增种一茬小黑麦，不仅可以充分利用光热资源，提高棉田产出率，为畜牧业发展提供优质饲料，增加棉农收入，而且可以增加冬季植被覆盖，改善冬季生态环境。东营市棉花饲用小黑麦轮作试验示范结果表明，在正常年景下，实现了棉花籽棉产量3 000千克/公顷以上，饲用小黑麦产量（地上部鲜物质质量）42 000千克/公顷以上，增加经济效益1 500元/公顷。与棉花单作相比，显著提高了土地利用效率，增加了经济效益。基于年间就地轮作模式下种植棉花与小黑麦，利用其互补与竞争及边际效应，巧妙利用作物生长发育的时间差、空间差、生物差等，使棉花与小黑麦的种植无论是在时间上还是空间上均紧密结合，有利于促进棉花与小黑麦生长发育，提高产量、品质和种植效益，避免增产不增收，使种植户可连年种植收获棉花、小黑麦，而又不存在连作减产的问题，确保生产安全，提高经济效益。

七、应用案例

山东绿风农业集团有限公司位于山东省滨州市无棣县，自2017年以来，公司积极响应国家号召，转方式、调结构，大力推广草棉轮作模式，在无棣县北部建立了近万亩的草棉轮作生产基地，种植小黑麦品种冀饲1号、冀饲2号，棉花品种鲁棉532。草棉轮作模式充分利用了盐碱地棉花冬闲田，由一季变两季，效益增加近1倍，饲用小黑麦亩产干草近600千克，就近销售给奶牛养殖场，供不应求，按每吨干草1 200元计算，每亩增加收益720元，小黑麦收获后的麦茬，不仅能保持土壤墒情，还能改良盐碱土壤，增加了生态效益（彩图3-21、彩图3-22）。

起草人：王国良、崔立华、管聪

玉米-紫花苜蓿带状间作技术模式

一、技术概述

紫花苜蓿是主要在我国北方地区种植的多年生豆科牧草，营养品质高且抗旱高产。紫花苜蓿种植可减少对农田的耕作扰动，并且其根系发达、增肥固土能力强，水土保持效果极其显著。玉米是主要的粮饲兼用型作物，玉米-紫花苜蓿带状间作种植是黄土高原地区重要的水土保持种植模式，主要利用高位势、浅根系作物与低位势、深根系作物间作，使其对于光能、水分、土壤养分等生长资源的利用更加充分，具有保水固土，增加土壤有机质，提高光能、热量、水分、氮素和土地利用效率的优势，进而达到高产高效。兰州大学庆阳草地农业生态系统野外科学观测研究站通过多年玉米与紫花苜蓿间作试验研究发现，2行玉米与4行苜蓿带状间作模式表现最好，并且在当地进行了示范推广。

二、适用范围

该技术模式适用于黄河流域中上游黄土高原以及下游华北平原等玉米和苜蓿大面积种植区。

三、技术流程

关键技术包括品种选用技术、带幅设计技术、种植管理技术、田间管理技术以及收获技术。品种选用要选择适宜于应用区的高产优质品种；带幅设计要考虑种间互补关系及机械化操作，合理的带幅设计可减少种间竞争同时充分利用种间互补关系，黄土高原旱作区2行玉米和4行苜蓿的带幅设计为最佳；种植管理严格按照当地农时播种，饲用玉米要适当提高种植密度，4月下旬播种，苜蓿可春播或秋播，播种后利用3～5年；其次做好田间管理，主要包括施肥和杂草防除管理；最后于饲用玉米蜡熟期、紫花苜蓿初花期收割，饲用玉米用作青贮，紫花苜蓿用作晾晒干草（图3-12）。

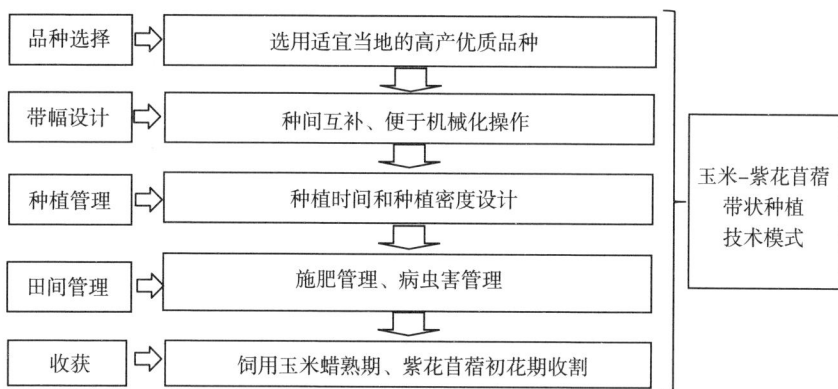

图3-12　技术流程图

四、操作要点

（一）品种选择

青贮玉米选择适用于北方和西北地区，饲草产量高、品质好的饲用玉米品种，紫花苜蓿选择抗旱、高产优质国产或进口品种。

（二）地块选择

选择土层深厚、肥力中等、排水良好的地块。

（三）整地

播种地需要深耕，细耙、镇压，无杂草。做到早、深、多、细，形成松软细绵、上虚下实的土壤条件，一般深耕在30～35厘米。

（四）播种

选择一级或二级种子，种子质量应符合 GB 6142—2008 和 GB 6141—2008 的要求。

青贮玉米一般为春播，在日平均温度达到15℃左右时播种，行距为

40～50 厘米，株距为 20～30 厘米，播量为 6.7 万～10.0 万株/公顷；紫花苜蓿既可春播也可秋播，行距为 30 厘米，播量为 15 千克/公顷。

（五）田间管理

1. 施肥

基肥：耕作前施入基肥尿素和磷酸二铵（或用过磷酸钙），施氮 40～60 千克/公顷、磷 150 千克/公顷。

追肥：饲用玉米于大喇叭口期降雨前追施氮 100～150 千克/公顷，苜蓿在建植当年第一次刈割后追施氮 30 千克/公顷，翌年在苜蓿条带追施磷 150 千克/公顷。肥料使用应符合 NY/T 496—2010 的标准。

2. 杂草控制

种植面积不大，可选用人工除草。种植面积较大时可采用化学除草剂，选晴天、无风、无露水时均匀喷施。药剂使用应符合 GB/T 17980 的要求。

3. 病虫害控制

饲用玉米的主要虫害为玉米螟、棉铃虫、米蚜虫、红蜘蛛等。紫花苜蓿易受到蚜虫、蓟马等危害。同时，紫花苜蓿易感染叶斑病。药剂使用应符合 GB/T 8321 的要求。

（六）收获与贮存

饲用玉米与紫花苜蓿带状间作时，饲用玉米在乳熟期收获，紫花苜蓿在初花期进行收割，留茬 5 厘米左右，每年可收割 2～3 次。收割后需晾晒，之后进行翻晒，当饲草的含水量低于 18％时，进行打捆，避免将土块、杂草和腐草打进草捆。

五、技术使用注意事项

（一）紫花苜蓿播种

紫花苜蓿播种首先要注意播种时间的选择。可春播也可秋播，雨水丰沛或有灌溉条件的地区可春播，在黄土高原半干旱地区建议秋播以保证出苗率。春播时间在 4 月下旬至 5 月上旬，秋播时间为 8 月下旬至 9 月中下旬，秋播不宜过晚，以提高苜蓿建植当年的越冬率。

其次要注意苜蓿播种时预留行的控制，可预留 4 行玉米或 2 行玉米的空间，有机械收获的条件下可预留 4 行玉米的带幅（160～200 厘米）。

（二）病虫害控制

玉米螟发生可选用 18％杀虫双 400 毫升加 8％敌敌畏 200 毫升兑水 100～120 千克，进行喷施。棉铃虫可以通过苏云金杆菌制剂进行喷雾防治。预防黑粉病可以通过在播种时用三唑酮乳油拌种，同时使用杀菌剂对土地和粪肥进行处理。预防矮花叶病宜选用 7.5％二氯异氰尿酸钠和 83 增抗剂等进行喷雾防除。紫花苜蓿蚜虫可以通过使用乐果或 40％氧化乐果乳油 2 000 倍液喷洒。紫花苜蓿叶斑病，可通过喷洒 5％的多菌灵可湿剂 500～1 000 倍进行防治。

六、效益分析

（一）经济效益

间作玉米和紫花苜蓿在种植一年后的干物质产量分别达到 25.1～31.1 吨/公顷和 14.8～16.5 吨/公顷，单位面积产量比单作种植模式显著提升。与传统小麦-玉米轮作模式相比，减施化肥 30％，每亩经济效益提高 15％～25％。带状间作系统实现了地表全年覆盖，土地利用率提高，土壤水分蒸发显著降低，水蚀风蚀效应明显减弱，农田水土保持能力大幅提升。

（二）生态效益

紫花苜蓿是黄河流域半干旱地区主要的种植饲草，但由于其耗水量大，常年连作和过量施肥已在部分区域造成严重的深层干燥化等生态问题；小麦和玉米是黄河流域主要的粮食作物，但是过量耕作和施肥导致水土流失、土壤退化和面源污染等生态问题。由于苜蓿与玉米在表型、地下根系分布和资源利用时期等方面存在差异，玉米与苜蓿间作时会形成时空互补，优化资源利用，形成资源高效利用的互补双赢关系，有效解决了粮食和饲草生产中过度耗水、水土流失、面源污染等生态问题。

（三）社会效益

基于黄土高原地区的气候与土壤条件，推广饲用玉米与紫花苜蓿带状间作技术，不仅可改善作物群体结构，提高自然资源利用率，还可促进作物提质增产，有利于农业生态化良性发展，对于提高农村家庭收入、巩固脱贫成果、促进当地农牧业的可持续发展具有重要的意义。

七、典型案例

兰州大学庆阳黄土高原草地农业试验站成立于 1981 年，位于甘肃省庆阳市西峰区什社乡，占地 200 余亩。主要开展农业种植结构调整、农业节水、耕作管理、土肥管理、草畜互作等方面的科学研究与示范工作。试验站从 2020 年开始示范玉米-紫花苜蓿带状间作模式。玉米品种为龙生 19，紫花苜蓿品种为陇东紫花苜蓿。苜蓿带辐宽度 1.2 米，玉米带幅宽度 1.0 米，总间作带幅宽度 2.2 米。苜蓿设计种植年限为 4 年，4 年后带幅交换，玉米带幅种植苜蓿，苜蓿带幅种植玉米。

采用带状间作后，土地利用效率提高 8%～10%。与传统轮作模式相比，施肥量和生产成本降低，饲草品质和价格提高，经济效益增加 4 500～7 500元/公顷。间作种植系统水分利用效率提高 11%～13%，提高了旱作农区雨水资源的利用效率，化解了由于苜蓿长期种植导致过度消耗土壤水库的生态风险（彩图 3-23、彩图 3-24）。

起草人：王自奎、沈禹颖

第四章

草产品优质低损耗绿色生产技术模式

不同播种方式下苜蓿地杂草
防除经济阈值技术模式

一、技术概述

目前，杂草入侵防控是苜蓿建植及绿色生产中的瓶颈问题。该技术基于生态调控模式，采用菱形播种、垂直播种、条播和撒播 4 种播种方式，选取 0%～10%、10%～20%、20%～30%、30%～40% 和 40%～50% 五个杂草盖度处理，探索不同播种方式下紫花苜蓿草地杂草防除的经济阈值。其中垂直播种方式可以较好地抑制苜蓿种植当年杂草的发生，其化学防除的经济阈值为 29.50%，物理防除的经济阈值为 47.32%。通过生态调控技术有效实现了苜蓿地杂草的绿色防控，减少了化学除草剂的使用，满足了绿色消费需求，服务了绿色农业发展，提供了绿色植物保护产品。

二、适用范围

该技术模式主要适用于黄河流域苜蓿种植区，并可为其他苜蓿种植区提供参考。

三、技术流程

菱形（交叉角度为 60°）、垂直两种交叉播种方式和条播、撒播两种常规播种方式。菱形播种、垂直播种和条播的行距均为 20 厘米。人工进行开沟的（撒播除外），播种量为 22.5 千克/公顷，播种深度为 2 厘米，其他管理措施参照苜蓿常规生产进行。技术流程如图 4-1 所示。

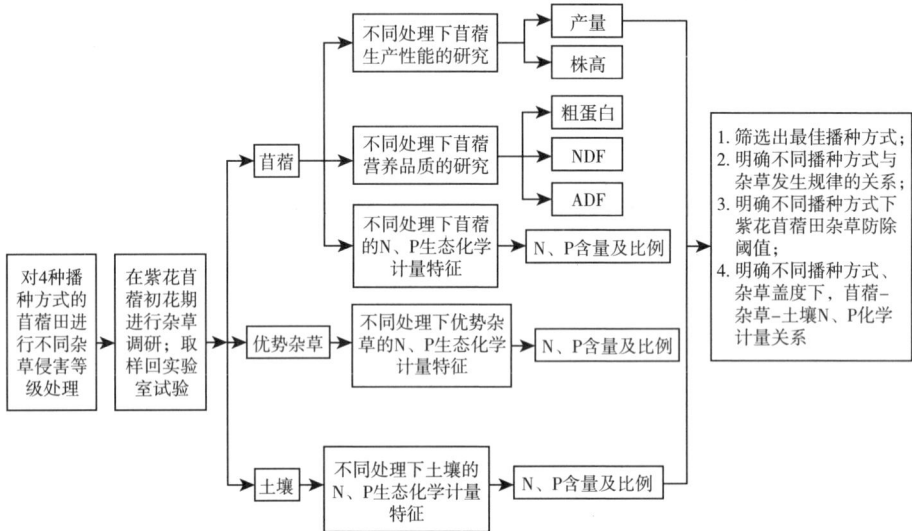

图 4-1　技术流程图

四、操作要点

（一）生态调控

1. 种子选择

按 GB 6141 的规定，选用符合三级或以上标准的种子。从外地引种时需经过严格检疫，防止恶性杂草、外来入侵植物种子以及携带疫病植物种子传入。

2. 播前处理

播种前进行灌溉以诱发杂草萌发，萌发后浅旋耕表层土壤，降低苗期杂草危害。严格控制旋耕深度，避免深层土壤杂草种子翻到表层。

3. 播期选择

利用杂草与苜蓿草地牧草生长发育的不同，适时播种，避开杂草生长旺盛期。

4. 播种方式

采取菱形（交叉角度为60°）或垂直两种交叉播种方式（图4-2）。

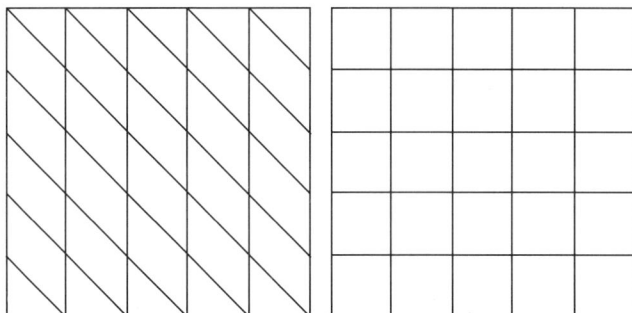

图4-2　种植方法示意图（从左至右依次为菱形播种和垂直播种）

5. 中耕措施

早春返青前，浅耙一次，灭除浅根系杂草，松土保墒。

6. 刈割防除

通过人工或机械刈割，抑制杂草的生长并防止杂草种子的产生。

（二）化学防治

化学防控所使用的农药按照 GB/T 8321 和 NY/T 1276 进行选择，根据苜蓿草地不同时期采用以下化学防治方法。

1. 播前土壤处理

在苜蓿草地播种前 7 天左右，选择适宜的土壤处理剂和灭生性除草剂，抑制杂草种子萌发和防除已萌发的杂草幼苗。

土壤处理剂包括氟乐灵和双丁乐灵等，灭生性除草剂包括草甘膦等。

2. 返青前土壤处理

在苜蓿草地返青前，选择土壤处理剂防控杂草种子萌发。土壤处理剂包括氟乐灵和双丁乐灵等。

3. 生长期茎叶处理

紫花苜蓿生长期间，可根据田间杂草种类不同采用以下处理：在单子叶杂草 3～5 叶期喷施烯草酮、烯禾啶、精吡氟禾草灵、精喹禾灵和高效氟吡甲禾灵等，在一年生双子叶杂草 2～4 叶期、多年生双子叶杂草 8 叶期前喷施苯达松和唑嘧磺草胺等除草剂，也可使用紫花苜蓿田专用除草剂。以上除草剂的具体使用方法参考说明书。

五、技术使用注意事项

1. 开沟播种，紫花苜蓿裸种用量为 22.5 千克/公顷，撒播时种子用量增加 10%（根据地理位置不同适当增减）。根据不同种植区域的气候环境差异，适当增加播种量，可有效减少杂草的发生。

2. 菱形播种和垂直播种的行距均为 20 厘米，播种深度均为 2 厘米。

3. 注意种植的紫花苜蓿对除草剂的敏感期，科学合理选择低毒、高效、低残留、环境友好型除草剂，推荐不同作用机理的除草剂轮换、交替、精准使用。严格遵守农药安全使用间隔期，适合适时适量用药，且收获前 15 天不能喷施农药。

4. 杂草发生较多时，提前刈割收获，可有效抑制杂草的生长并防止杂草种子的产生。

六、效益分析

（一）经济效益

在垂直播种、菱形播种、条播和撒播 4 种不同播种方式下，无杂草时苜蓿干草产量分别为 4 084.29 千克/公顷、3 744.50 千克/公顷、3 613.71 千克/公顷和 2 835.16 千克/公顷，由此可计算不同播种方式下苜蓿的产量损失率。结果显示，在垂直播种方式下，杂草盖度分别为 20%～30% 和 30%～40% 时，干草产量和干草损失率无显著性差异，其余各杂草处理间都有显著差异；其中，杂草盖度为 0～10% 时，干草产量最高，达到 5 341.21 千克/公顷，干草产量损失率为 −30.78%。菱形播种方式下，杂草盖度分别在 30%～40% 和 40%～50% 时，干草产量显著低于其他杂草盖度，分别为 2 672.42 千克/公顷和 2 210.32 千克/公顷，干草损失率分别为 28.63% 和 40.97%；杂草盖度在 0～10% 时，干草产量为 5 395.46

千克/公顷，显著高于其他杂草盖度，干草损失率为一44.09％。条播和撒播时，杂草盖度分别为30％～40％和40％～50％时，干草产量均显著低于其他处理；杂草盖度为0～10％时，两种不同播种方式的干草产量最高，分别达到4 922.08千克/公顷和3 423.91千克/公顷，产量损失率分别为一20.77％和29.02％。

（二）社会效益

通过该技术模式的连续使用，降低生产成本，实现藏粮于地、藏粮于技，牧民增产增收，推动了当地现代农业的建设与发展。

（三）生态效益

在不同播种方式下对苜蓿地杂草进行绿色防控，有效降低了化学药剂使用量及杂草抗药性的产生，改善了土壤环境及生态环境，实现了农业生产安全、农产品质量安全和农业生态安全。

七、典型案例

山东无棣赛尔生态开发公司围绕低盐碱土地的开发和利用，建成了高产优质的牧草生产示范基地500余亩，年产苜蓿300吨左右，为奶牛养殖企业提供了优质的苜蓿青干草和裹包青贮苜蓿产品。近年来，该企业通过改善苜蓿的播种方式，采用垂直播种，不仅减少了杂草的生物量，降低了农民用工量和除草剂的使用量，还提高了苜蓿生产性能及氮素产出，使每亩净收益提高了400元左右，极大地提高了土地生产力水平和企业的经济效益，同时实现了苜蓿地的生态防控（彩图4-1、彩图4-2）。

起草人：孙娟、杨国锋、苗福泓

高寒牧区直升机防治
草原虫害技术模式

一、技术概述

近年来，由于气候变暖、草原植被退化、天敌减少和虫害发生的累积效应，草原蝗虫在川西高原牧区一直处于高位发生水平，严重破坏草原资源，恶化生态环境，影响畜牧业发展和农牧民生产生活。该技术模式基于直升机机型和农药性状等特点，对农药高空喷洒装置进行改装与优化，可快速高效治理高原地区大面积暴发的蝗虫灾害。该技术模式具有防效高、成本低、时效快等特点，对黄河流域草原牧区虫害的防治具有现实指导意义。

二、适用范围

该技术模式主要适用于防治黄河流域草原牧区的虫害。

三、技术流程

主要包括作业前准备（飞防区域选择、基况调查、临时机场整理等）、飞机准备（机型确定、安装施药设备、药物准备、试飞等）、飞行作业、效果评价、作业后管护几个步骤（图4-3）。

四、操作要点

（一）作业前准备

1. 飞防区域选择

直升机防治虫害区域选择要遵循以下原则：地势开阔，地形高差小，飞行成本低、符合直升机防治条件的虫害发生区。

```
┌─────────────────────────────────────────────────────────┐
│ 作业前准备：飞防区域选择、基况调查、临时机场整理等          │
└─────────────────────────────────────────────────────────┘
                            │
                            ▼
┌─────────────────────────────────────────────────────────┐
│ 飞机准备：机型确定、安装施药设备、药物准备、试飞等          │
└─────────────────────────────────────────────────────────┘
                            │
                            ▼
┌──────────────┐    ┌─────────────────┐    ┌──────────────┐
│ 飞行误差校正   │    │   飞行作业        │    │ 作业质量检查   │
└──────────────┘    └─────────────────┘    └──────────────┘
                            │
                            ▼
                    ┌─────────────────┐
                    │   作业效果评价    │
                    └─────────────────┘
                            │
                            ▼
                    ┌─────────────────┐
                    │   作业后管护      │
                    └─────────────────┘
```

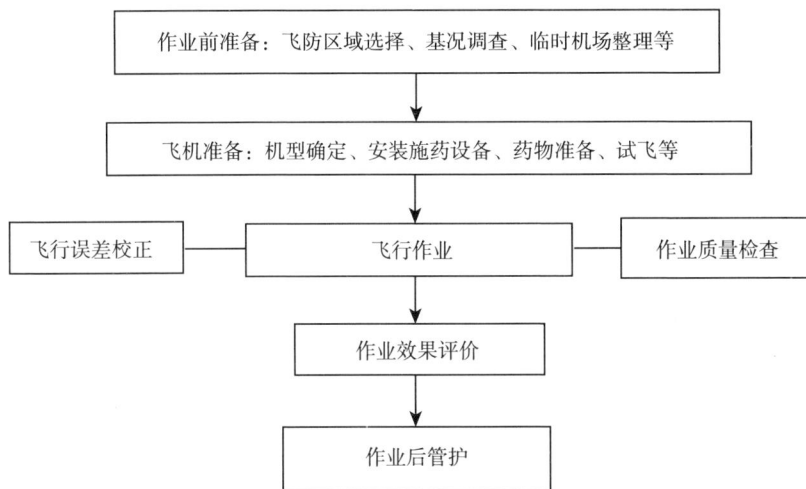

图 4-3 技术流程图

（1）基本情况调查 直升机防治虫害需要进行以下调查。

①社会情况 调查防治区域人口、牲畜、经济收入、居住点、寺庙及水源等的基本情况。

②气象条件 通过气象部门了解掌握当地气象条件和年气候变化规律。

③地形地貌 调查飞防区地形起伏、开阔程度及土壤质地等情况。

④草原状况 调查飞防区草原类型、植被状况及草原权属等情况。

⑤虫害状况 调查害虫种类、密度、虫龄、分布面积、危害状况及虫卵孵化等情况。

⑥交通运输条件 实地调查当地交通运输状况是否能保障相关飞防物资运输到位。

⑦临时机场条件 有无可供直升机安全起降、停放的临时机场或停机点。

（2）飞防区确定 结合虫害发生情况和直升机作业条件等确定飞防区域。在1：50 000或1：100 000地形图上绘制飞防区作业图，标注作业区主要拐点，测定经纬度，并标明作业区内的村庄、河流、湖泊、电线及居住点等忌避区的位置（彩图4-3）。

2. 飞机准备

应用直升机进行害虫防治需要提前做好以下几个方面的准备工作。

（1）签订合同 飞行作业前2～3个月，应与相关部门协商好飞机使用事宜，签订飞行作业合同。确定使用的机型、机场、飞机架数、作业面积、调机与作业时间及飞行架次等内容，明确双方应承担的经济与技术责任、质量标准要求、收费标准和结算办法等。

（2）安装施药设备 将优化的施药喷洒装置安装在直升机上，调试好施药控制系统（彩图4-4）。

（3）调机 飞行作业前3天，应将直升机调到作业区临时机场。

（4）试飞

①试飞 飞行作业前，安排防治技术人员与机组人员共同进行试飞，查看作业区地形地貌，确定飞行路线（彩图4-5）。

②确定飞行作业参数 飞行作业前要确定作业高度、作业速度、药液流速及喷幅宽度等飞行作业参数。在飞行垂直方向上设1条100米长南北向采样线，每间隔10米放置一张水敏纸（用于检测农药在田中的喷洒情况），于飞机作业30分钟后收回，进行雾滴观测，测试有关参数。

3. 临时机场管理

飞机停入临时机场前，应对机场内外进行清理，消除影响飞机安全的因素。组织公安、民兵负责临时机场的安保警戒工作，在外围设置警戒线。安保警戒至飞机作业完成，并离开临时机场为止。

4. 其他准备

主要是相关资料、GPS、通信工具、界旗、观测设备、抽水泵及车辆等物资和人员的准备工作。

（二）飞行作业

1. 作业条件

飞行作业条件主要考虑以下几个方面。

（1）气象要求 晴天或阴天，能见度≥500米，地面风速≤4米/秒。

（2）地勤保障　保持装药现场、机场、作业区通信畅通，监测作业区气象状况。

（3）飞防区管制　作业时，飞防区设置界旗，禁止放牧，禁止组织大型活动，主要交通道路设置警戒线，实施交通管制，确保飞行和人畜安全。

（4）GPS 信息录入　作业前，将作业区主要拐点经纬度信息输入直升机 GPS 自动导航系统，设计空中作业航线，利用 GPS 差分台校正飞行偏差，保证飞行精度。

2. 配制药液

（1）计算用药量　测算飞防区面积，根据药剂标签推荐的使用剂量计算用药量。

（2）配制药液　准备好容积≥2 000 升的容器，按照药剂标签推荐的配制方法，在临时机场现场配制（彩图 4-6）。

（3）装载药液　使用功率＞50 瓦的抽水泵，将配制好的药液抽入直升机装药设备中。在高原地区，每次装药量一般为 1 000～2 000 升。

3. 飞行作业

（1）作业时间　一般在 9：00—11：00 和 17：00—20：00 进行。

（2）飞行作业方式　根据防治区域形状、面积、风向、飞机载药重量及作业速度等参数确定飞行作业方式。

①单程式　一架次所载药液，正好单程喷完一带。

②复程式　一架次所载药液，往返飞行一次喷完。

③穿梭式　一架次所载药液，往返飞行若干次后喷完。

（3）喷幅和作业高度　施药喷幅宽度一般为 50～100 米，作业高度一般为 5～20 米。

（三）质量检查

1. 测定有效喷幅和沉降率

在飞防区设置一定数量的样方，检测药液沉降到地面的宽度和沉降率，误差≤10%。

2. 测定防治面积

通过飞行架次、飞行参数和地形图，测算喷洒面积。作业完成后，要求有效喷洒面积≥计划面积的90%。具体计算方法如下：

$$T = M \times N \tag{1}$$

式中　T——喷洒面积（平方米/秒）；

　　　M——作业速度（米/秒）；

　　　N——喷幅宽度（米）.

$$H = T \times K \tag{2}$$

式中　H——每架次喷洒面积（平方米）；

　　　T——喷洒面积（平方米/秒）；

　　　K——喷洒时间（秒）.

3. 误差校正

现场检查如超过允许误差，立即告知飞行机组，及时进行校正。直升机虫害防治技术参数记录参见表4-1。

表4-1　直升机虫害防治技术参数记录表（示意）

药物名称	药液配制浓度（%）	每架次装药量（升）	作业速度（米/秒）	作业高度（米）	有效喷幅（米）	喷头流量（毫升/秒）	雾滴直径（毫米）	地面风速（米/秒）	每架次喷洒面积（公顷）	作业时间（秒）

（四）作业效果评估

1. 残留虫口密度要求低于规定的草原虫害防治指标。

2. 作业后，防治区虫口减退率≥90%。计算公式如下：

$$D = (A - B) / A \times 100 \tag{3}$$

式中　D——虫口减退率%；

　　　A——施药前虫口数；

　　　B——施药后虫口数.

3. 无人畜安全事故发生。

（五）防治后管理

1. 人工施药补漏

飞行作业后，组织技术人员检查防治效果，对于边角地、遗漏地和防治效果差的防治区，要组织人员进行人工施药补漏，确保防治效果。

2. 禁牧

（1）防治区要设立危险标志，按照农药特定要求确定禁牧时间。禁牧区域和禁牧期要公开告示，加强安全宣传与教育。常用农药与禁牧时间按照 DB51/T 940—2009 标准执行。

（2）禁牧期满后，由技术人员检查施药区域，确定无安全隐患后方可解除禁牧。

3. 建立档案

建立完整的技术档案。档案内容包括飞防作业实施方案、飞行作业记录表、技术报告、效果调查表、作业区管护、试验研究、工作总结、资金来源与使用情况、照片、视频等内容。

五、技术使用注意事项

防治地区要设立标示喷洒农药的警示牌，并按照农药特定要求确定禁牧时间。

六、效益分析

（一）经济效益

每个架次飞行防治作业大约需要 40 分钟，可喷洒 8 000 亩，防治覆盖率可达 100%，平均防效可达 92% 以上，每亩挽回牧草损失 30 千克；而人工喷洒每人每天最多 10 亩，飞机作业 40 分钟相当于 800 人地面集体作业一整天的工作量，且人工喷雾防治平均防效为 90% 左右，与飞机喷雾防效无显著性差异。而且，在海拔 3 500 米以上的高原地区，人工作业防治覆盖率和工作效率远远低于飞机作业。

（二）生态效益

通过草原虫害治理，改善草原生物多样性，提高植被盖度，增强草原自然调控力、草原蓄水保水能力及草原抗沙化、水土流失能力，有效减少裸露地面的水分蒸发，将草原生态系统导入良性循环，实现人与自然和谐共生。

（三）社会效益

草原虫害防治有效缓解了草畜矛盾，减少了草场纠纷，提高了牧区抗灾救灾能力，同时改善了农牧民生产生活条件，为农牧民增收和提高生活质量奠定了坚实基础，为牧区经济的可持续性发展提供了有力保证，维护了社会和谐稳定，促进了民族团结。

七、典型案例

2007年采用飞机施药对青藏高原西藏飞蝗进行防治作业，该次飞防区分为四川省石渠县洛须区、西藏江达县邓柯乡金沙江河谷和四川省甘孜县卡攻乡雅砻江沿岸3个河滩草地，面积3.3万公顷，为草原与农田交错区域。经调查，西藏飞蝗群居型与散居型混合发生，以群居型为主，主要为2~3龄蝗蝻混合期，平均虫口密度50~96头/平方米，最高密度400~1 000头/平方米。

在西藏飞蝗密度较高、危害较大且集中连片的洛须区正科乡与西藏江达县邓柯乡使用4.5%高效氯氰菊酯乳油，使用剂量为700毫升/公顷，按1:2比例兑水；在以散生型为主的甘孜县卡攻乡使用200亿/毫升类苏悬乳剂，使用剂量为600毫升/公顷，兑水比例1:3；在石渠县麻呷、真达、奔达、洛须乡西藏飞蝗危害较轻的区域使用100亿/毫升绿僵菌油悬乳剂，使用剂量600毫升/公顷，兑水比例1:3。

该次飞机灭蝗共飞行64架次，每架次喷洒飞行时间约40分钟，可喷洒面积600公顷（相当于800人地面喷雾1天的工作量），喷洒农药38吨，消耗油料30吨，使用2架军用直升机和3台油罐车，动用草原、农牧、消防、卫生、公安、气象等人员150余人，其中参与灭蝗行动的飞行员及官兵 30 余人。共完成西藏飞蝗防治 50.05 万亩次，其中石渠县正科乡、真达乡、奔达乡、麻呷乡和洛须镇完成 30.02 万亩次；甘孜县卡攻乡完成 10.02 万亩次；西藏江达县邓柯乡完成 10.01 万亩次。飞机防治平均灭效达 95% 以上，有效控制了川藏交界区域和甘孜县重点区域的蝗灾。此次军地联合、川藏协同，飞机灭蝗灭治面积大，技术难度高，地形复杂，保障要求高，对青藏高原大面积农牧业灾害防治飞行作业进行了有益探索，促进了高寒牧区草原生态环境保护，有效维护了民族团结与藏区社会稳定（彩图 4-7、彩图 4-8）。

起草人：唐川江、杨春桃、李洪泉、梁卓

黄河流域草地鼠害综合调查
与生态防控技术模式

一、技术概述

该技术模式是基于黄河流域不同的农业地理环境，综合利用人工智能、大数据及物联网等技术，集成一套具有地域特点的鼠害智能化监测与生态防控体系。前期通过智能化监测并调查鼠密度信息，根据标准进行鼠密度发生程度判定，再以应急快速控制、长期缓式控制和绿色生物控制3类技术为手段，对不同鼠密度生境进行精准化监测、合理性评估、针对性控制，对减轻草原鼠害及对非靶标动物的影响，改善、维系草地及农牧区生态系统，恢复植被及草地生物多样性具有重要的实际意义。

二、适用范围

该技术模式适用于黄河流域中上游的青海、甘肃、宁夏、内蒙古等地的草原区及农牧交错带地区。

三、技术流程

该技术模式分为天然草地鼠害控制与人工草地鼠害控制。

（一）天然草地鼠害控制技术

采用不同的调查方法（如铗捕法、堵洞法、智能识别与量化技术等），明确主要有害鼠种及鼠密度发生程度，区分轻、中、重度发生区，对鼠害不同发生程度的区域进行差异化处理（图4-4）。

1. 重度发生区

采用应急快速控制技术方案，即通过慢性化学杀鼠剂迅速灭杀压低鼠密度，再以不育剂、天敌控制技术进行长效缓式控制。

2. 中度发生区

采用长效缓式控制技术方案，即通过不育控制、天敌控制技术将鼠密度长期压制在较低水平。

3. 轻度发生区

采取长期鼠密度监测技术方案，如果鼠密度升高至为害阈值，再进行应急控制或长期缓式控制技术。

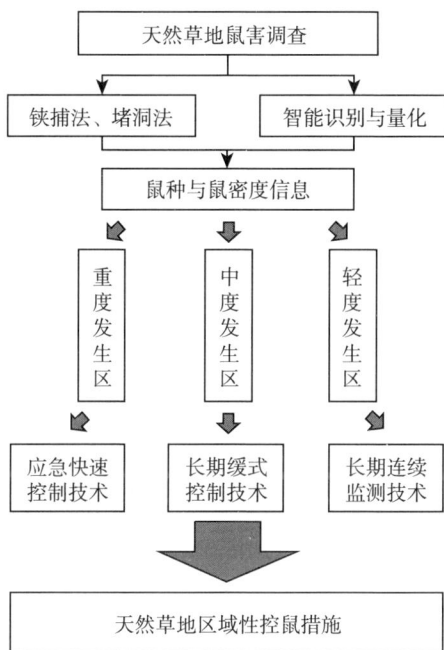

图 4 - 4 天然草地鼠害调查与控制方案

(二) 人工草地/农田鼠害控制技术

设立固定监测点，采用铗捕法、屏障-陷阱系统法（Trap - Barrier - System，TBS），调查鼠种及鼠密度信息，区分轻、中、重度发生区，对鼠害不同发生程度的区域进行差异化处理（图 4-5）。

1. 轻度发生区和绿色产业种植区

以 TBS 技术等物理灭杀法为主，低毒或无毒杀鼠剂为辅的防治策略。

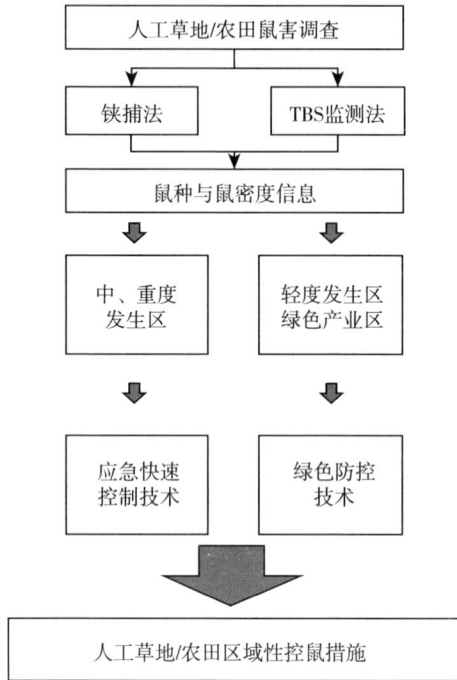

图 4-5　人工草地/农田鼠害调查与控制方案

2. 中、重度发生区

采用应急快速控制技术方案，即通过慢性化学杀鼠剂迅速灭杀压低鼠密度。

四、操作要点

（一）监测方法

1. 铗捕法

可用于人工草地和天然草地的鼠密度调查，获取有害鼠种与个体信息。鼠铗一般选择 12 厘米×6.5 厘米的中号鼠铗。诱饵统一选择新鲜花生米。调查方法采用样线法，每间距 5 米均匀布铗，一条样线不少于 50 铗，每次调查总布铗量不少于 300 铗。布铗时，选择草地鼠害发生典型区域，人工草地选择田边的荒地与人工草地交界处，如田埂、草丛、树带等。次日收回的鼠铗为有效鼠铗。铗捕率（鼠密度）＝ 捕鼠数×100％/有效铗数。

2. 堵洞法

适用于草原区，以获取相对鼠密度。划定 1/4 公顷的样方，将其中的鼠洞全部计数封堵，24 小时后记录打开的洞口数量，即有效洞口数，以此作为相对鼠密度。

3. TBS 监测法

可进行连续监测。其主要结构是由屏障物（如铁丝网、塑料布、挡板等）和陷阱（深坑埋筒）构成，可设置为开放式和封闭式两种。长度为 50～100 米，陷阱间距设置为 5 米。可在作物生长季内连续调查样地附近害鼠种类与活动情况。

4. 智能监测法

适用于草原区。采用无人机、手持机进行一定样地内或样线上的鼠洞图像采集，利用智能识别软件进行数量统计，获取鼠洞密度。

5. 土丘计数法

适用于草原区和人工草地区的地下鼠监测。划定 1/4 公顷的样方，将样方内的土丘进行计数，测算土丘占地面积，获取为害面积数据，再将每个洞系的主洞道挖开一个口，24 小时后观察，被鼠推土堵住洞口的即为有效土丘，记录有效土丘数量。

（二）发生防治分级

1. 天然草地鼠害发生分级标准

黄河上游地区：高原鼠兔、高原鼢鼠，分布于青海、甘肃等省份；

黄河中游地区：长爪沙鼠、大沙鼠、子午沙鼠、中华鼢鼠、甘肃鼢鼠、草原鼢鼠等，分布于甘肃、宁夏、内蒙古等省份。

天然草原主要害鼠危害分级见表 4-2，天然草原主要害鼠防治指标见表 4-3。

2. 人工草地/农田鼠害发生分级标准

防治起点为二级发生，播种期铗捕率为 3％，收获期为 5％。详细指标见表 4-4。

表 4-2　天然草原主要害鼠危害分级表

鼠种名称	危害等级及名称	判断标准
高原鼠兔 *Ochotona curzoniae*	Ⅰ级（轻度危害）	破坏植被面积小于 15%，<30 只/公顷
	Ⅱ级（中度危害）	破坏植被面积 15%～45%，31～55 只/公顷
	Ⅲ级（重度危害）	破坏植被面积 45%～85%，56～69 只/公顷
	Ⅳ级（极度危害）	破坏植被面积达 85%以上，≥70 只/公顷
高原鼢鼠 *Myospalax baileyi*	Ⅰ级（基本无危害）	破坏植被面积小于 15%，<4 只/公顷
	Ⅱ级（中度危害）	破坏植被面积 15%～45%，4～10 只/公顷
	Ⅲ级（重度危害）	破坏植被面积 45%～85%，11～20 只/公顷
	Ⅳ级（严重危害）	破坏植被面积达 85%以上，>20 只/公顷
长爪沙鼠 *Meriones unguiculatus*	Ⅰ级（轻度危害）	>200 个/公顷有效洞口（夹日捕获率<8.0%）
	Ⅱ级（中度危害）	>400 个/公顷有效洞口（夹日捕获率 8.0%～15%）
	Ⅲ级（重度危害）	>650 个/公顷有效洞口（夹日捕获率 15%～25%）
	Ⅳ级（极度危害）	>1 000 个/公顷有效洞口（夹日捕获率>25%）
大沙鼠 *Rhombomys opimus*	Ⅰ级（轻度危害）	<400 个/公顷有效洞口
	Ⅱ级（中度危害）	400～650 个/公顷有效洞口
	Ⅲ级（重度危害）	650～800 个/公顷有效洞口
	Ⅳ级（极度危害）	>800 个/公顷有效洞口

表 4-3　天然草原主要害鼠防治指标

类型	种类	每公顷有效洞口（土丘）	秃斑占比（%）
地下害鼠	鼢鼠类	150	25
地上害鼠	田鼠类	1 200	35
	沙鼠类	400	30
	兔尾鼠类	160	25
	鼠兔类	180	20
	黄鼠类	50	20

表 4-4　人工草地/农田鼠害发生级别

发生程度	发生级	捕获率（%）	损失率（%）	占播种面积（%）
轻发生	一级	<3	<2	>20
中等偏轻发生	二级	3.1～5	2.1～5	>20
中等发生	三级	5.1～10	5.1～12.5	>20

（续）

发生程度	发生级	捕获率（%）	损失率（%）	占播种面积（%）
中等偏重发生	四级	10.1～15	12.6～20	>20
大发生	五级	>15	>20	>20

（三）杀鼠剂选用

应选用国家登记注册的杀鼠剂与不育剂。灭杀型低毒杀鼠剂可选用抗凝血类杀鼠剂，优先使用第一代（如杀鼠醚、杀鼠灵等），尽量不首先使用第二代（如溴敌隆、大隆等），注意药物的交替轮换使用，以避免抗性产生；毒性更低的杀鼠剂可采用维生素D3（胆钙化醇）、硫酸钡等杀鼠剂；不育剂可选用α-氯代醇、雷公藤、莪术醇等。

（四）鼠害监测技术

1. 监测人员选择与培训

应挑选身体健康的中青年人，经过鼠害防治专家培训，学习鼠密度调查、鼠种鉴定、卫生防护、鼠药配制、无害化处理等监测与防治的基本操作技能后才可进行工作。

2. 监测点选择

在各地区选择有代表性的天然草原和人工草地鼠害发生区。

3. 监测与防治时间

在每年春季3月至5月，秋季8月至10月进行害鼠密度监测。

五、技术使用注意事项

应进行针对不同鼠种的药效实验，选用合适的杀鼠剂或不育剂；应在鼠药投放地建立鼠药残留监测点，对投药区内的土壤、水体、动植物体内的药物残留进行检测。

六、效益分析

（一）经济效益

在我国，鼠害每年造成的牧草经济损失达数十亿元。精准掌握草原鼠密度，将有助于科学建立草原鼠害控制方法，对保证草场的最大生产力、保障牧民增产增收具有积极作用。

（二）生态效益

精准掌握草原鼠密度，科学将鼠密度控制在生态阈值可承受范围内，不但提高了草原的生产力，草原生物多样性，也保护了草地资源，稳定了草原生态系统，实现了草原生态环境保护和畜牧业和谐发展，对保持草地生态环境和农田经济可持续发展具有重要意义。

（三）社会效益

精准掌握草原鼠密度，科学控制疫源疫病主要宿主鼠类的数量，不但有效降低了鼠疫、出血热等鼠传疾病暴发的风险，还保证了农牧民收入、草原生态系统平衡和农牧民生命健康，达到人与自然协调发展与和谐共生。

七、典型案例

在锡林郭勒盟东乌珠穆沁旗典型草原区建立 10 万亩草场鼠害防治示范基地。采用人工调查、无人机航拍进行整体鼠害发生分区评价，区分无鼠害区 5 万亩，轻度发生区 3 万亩，中度发生区 1.5 万亩，重度发生区 0.5 万亩。因此，仅对中度发生区和重度发生区进行药物防治。原有技术药物投放量约为 200 克每亩，每吨药物 1 万～5 万元不等，10 万亩共需防治经费 2 万～10 万元；采用新技术后，节省投药成本 80%，仅需 0.4 万～2 万元。同时，对生态系统中其他动物，如鸟类的影响明显减少，生态效益和经济效益明显（彩图 4-9、彩图 4-10）。

起草人：王大伟、刘晓辉

青藏高原草原鼠荒地综合治理技术模式

一、技术概况

该技术模式是从生物与环境的整体观念出发，本着安全、有效、经济和实用的原则，因地因时制宜，以生物防治为主，化学防治为辅，合理运用生物防治、生态调控、化学防治和物理防治等草原鼠害综合治理技术，使鼠类密度长期控制在经济阈值允许水平以下，对提高草原鼠荒地植被高度、盖度和产草量，改善草群结构，维护草原生态环境安全、促进草原畜牧业健康发展、恢复草原生物多样性具有重要的现实意义。

二、适用范围

该技术模式主要适用于黄河流域中上游草原鼠荒地治理。

三、技术流程

在青藏高原地区，实现鼠荒地综合治理模式的技术流程（图 4 - 6）主要包括：①确定防治区域及防治时间；②根据实际情况制定综合防治措施；③实施治理；④监测鼠密度变化及植被与环境变化。

四、操作要点

（一）害鼠综合治理技术

1. 生物防治

主要包括天敌控制和生物农药防治，例如招鹰控鼠、引狐控鼠和生物农药控鼠等。生物防治面积应达到当年度防治总面积的 70% 以上。

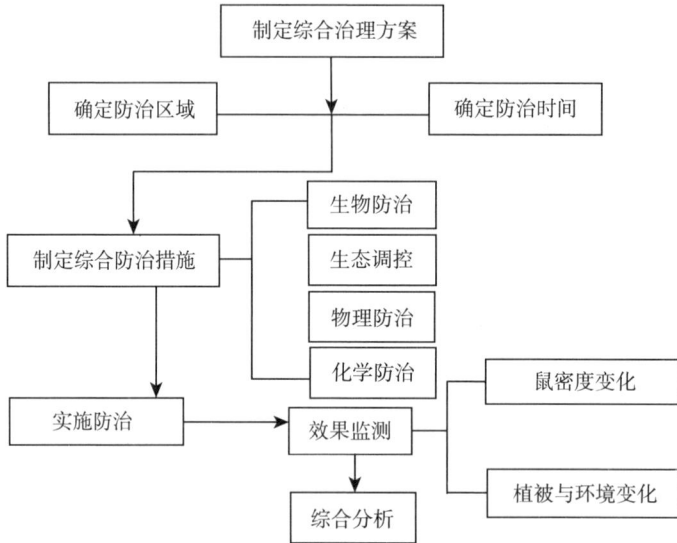

图 4-6　技术流程图

2. 化学防治

把化学杀鼠剂拌入或通过药液浸泡制成毒饵，把毒饵投放在洞口附近或洞内灭鼠。毒饵投放方法主要有按洞投放法、均匀撒投法和条带投饵法等。所使用的化学农药主要是第二代抗凝血剂，如氯敌鼠钠盐、杀鼠醚、溴敌隆等。

3. 物理防治

利用器械灭鼠。根据不同鼠种的习性选择不同的方法，主要有在洞口前放置含有诱饵的木板夹、铁板夹、弓形踩夹或鼠笼捕杀地面鼠。

（二）生态控制技术

生态控制技术是通过一定手段提高草原植被盖度和生物量，恢复生物多样性，改善草原生态环境，改变害鼠生存条件，降低害鼠视域范围，从而增加害鼠被天敌（如鹰、狐狸）捕获的概率，降低害鼠密度，生态控制技术是草原鼠害综合治理技术的重要补充，是一种间接治理技术。

1. 建设草原围栏，实施草原禁牧封育制度，恢复草原植被。

2. 实施人工种草，改善草原生态环境。根据草原鼠荒地的气候、土壤等自然条件，优先选择本地优质牧草，以禾本科为主，采取混播方式建植多年生人工牧草地，恢复草原植被。

五、技术使用注意事项

防治地区要设立标示投放农药的警示牌，并按照农药特定要求确定禁牧时间。

六、效益分析

（一）经济效益

鼠害每年造成的牧草经济损失达数十亿元。通过草原鼠荒地治理，一方面可减少因草原害鼠啃食和草原退化而导致的牧草损失；另一方面可增加草原鼠荒地牧草产量，提高牧区牲畜养殖的饲草料自给能力，促进当地农牧民发展生产，经济繁荣，确保农牧民持续增收。

（二）生态效益

通过鼠荒地治理，可有效减少化学农药对环境的污染和二次中毒现象，草原植被盖度可提高20％以上，地上生物量提高30％以上，草原植被有效恢复，草原生物种类增多，草原生态系统恢复良性循环。

（三）社会效益

通过草原鼠荒地治理，可提高草原地上生物量和草原生产力，缓解草畜矛盾，减少草场纠纷。同时，鼠害灭治提高了牧区抗灾能力，改善了农牧民生产生活，对促进牧区经济可持续性发展、土地流转及社会稳定与民族团结具有重要战略意义。

七、典型案例

四川省若尔盖县阿西乡和辖曼乡草原鼠荒地面积66.67公顷。2018年推广使用鼠荒地治理技术模式（选择实验材料、选择种植区域、播种、施肥、草场围栏管理等），2019—2020年通过测定地上生物量（豆科、禾本科、莎草科、杂类草、毒害草）、植被高度、盖度，定时监测高原鼠兔的有效洞口数和高原鼢鼠的土丘密度，发现鼠荒地治理技术模式的推广应用使可食牧草的高度和盖度分别增加 15.8%、36.4%，牧草产量提高 87%；可食牧草禾本科提高 18.2%、莎草科提高 4.3%、豆科提高 3.3%，杂类草和毒害草比例下降，分别下降 17.6%、4.8%；鼠类的种群数量得到有效抑制，有效洞口密度由第一年的 825 个/公顷减少到三年后的 32 个/公顷，减少 96%；土丘群数由第一年原 4 020 个/公顷减少到三年后的 70 个/公顷，减少 98%（彩图 4-11、彩图 4-12）。

　　四川省石渠县草地面积 214.4 万公顷，可利用草地面积 190.8 万公顷，鼠荒地 76.3 万公顷，占可利用草地的 40%，并以年均递增 28% 的速度扩展蔓延，草地植被覆盖度为 0.5%~6%。石渠县蒙沙乡境内草地建设指挥部以防治高原鼠兔为主，外围鼠密度 180 只/公顷，内部 5 只/公顷。四年连续推广应用鼠荒地综合治理技术模式（改良牧草、选择种植区域、播种、施肥、试验区域围栏管理等），采用适宜高寒地区的多年生牧草垂穗披碱草与一年生牧草燕麦混播改良高海拔地区的鼠荒地，平均提高牧草产量 68 倍以上，每公顷平均增产鲜草产量 13 000 千克以上。而且综合治理措施的应用有效抑制了鼠类的种群数量，鼠密度由第一年的 5 只/公顷减少到三年后的 0 只/公顷（彩图 4-13、彩图 4-14）。

起草人：唐川江、梁卓、杨春桃、李洪泉

青贮玉米害虫预测及生态
综合防控技术模式

一、技术概述

该技术模式是通过对害虫种类进行识别、对害虫发生动态进行预测预报，根据害虫的种类及不同的发生程度采取不同的防治方法达到全程绿色防控的目的。该技术模式的推广与应用是现阶段防控青贮玉米虫害最高效的措施之一，不仅节约了种植管理成本，还保护了天敌昆虫，降低了对生态环境的污染，对保障畜牧业和谐健康发展具有重要意义。

二、适用范围

该技术模式适用于黄河流域中上游青贮玉米大面积种植区及农牧区交错带。

三、技术流程

该技术流程主要分为三个部分，即青贮玉米害虫识别、青贮玉米害虫种群动态监测、青贮玉米害虫防治技术。技术流程如图 4-7。

四、操作要点

（一）青贮玉米主要害虫种类及发生规律

1. 钻蛀性害虫

包括玉米螟、白星花金龟等，其中玉米螟的为害比较严重。在高温多雨季节，玉米螟大量生长繁殖，常在白天取食，对玉米的生长发育产生不良影响。玉米螟是钻蛀性害虫，在玉米各生育期都可以为害。成虫夜间活动，飞翔力强，有趋光性，喜欢在生长茂盛的玉米叶背面中脉两侧产卵。

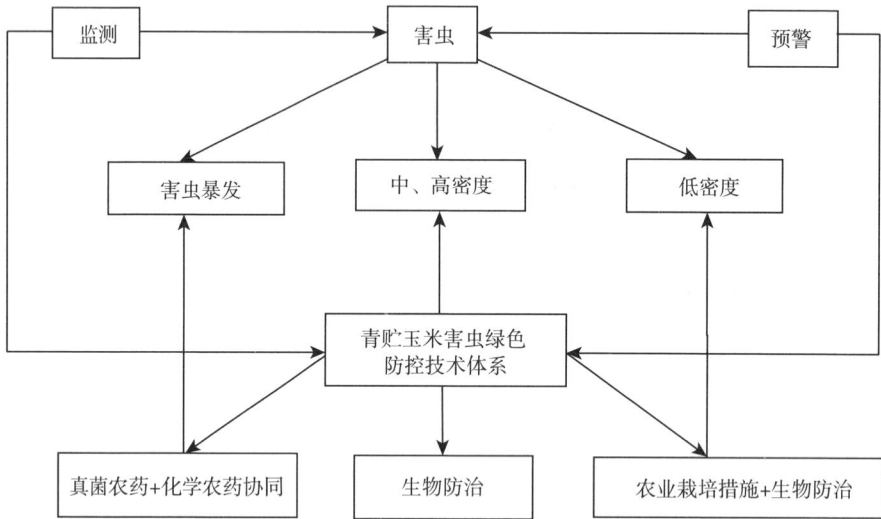

图 4-7　技术流程图

初孵幼虫能吐丝下垂，先食植株幼嫩部分，后借风力转株为害。玉米螟 4 龄前幼虫在玉米心叶、未抽出的雄穗处取食。被害心叶展开后，可见幼虫为害形成的排孔；雄穗抽出后，呈现小花被毁状。4 龄后幼虫以钻蛀茎秆和果穗、雌雄穗穗柄为主，在茎秆上可见蛀孔，蛀孔外常有玉米螟钻蛀取食时的排泄物，茎秆、果穗柄被蛀后常引起折断。幼虫主要在茎秆内化蛹。

2. 地下害虫

包括金针虫、地老虎、玉米蛀茎夜蛾等。幼虫在土中取食播种下的种子、萌出的幼芽、为害玉米根部和茎基部，使植株枯萎致死。

3. 食叶害虫

玉米黏虫，老熟幼虫长 36～40 毫米，体色黄褐色至红褐色，头中央有一黑褐色八字形纹，颅侧区有褐色网状纹。腹部中线白色，亚背线蓝色或黑褐色。为多食性害虫，1～2 龄多潜入心叶取食叶肉，使叶片呈现枯黄斑痕和咬成很小的圆孔。3 龄以后由叶片边缘咬食，把叶片咬成大小不等的缺口，龄期较大时除为害叶部外，还能把抽出的穗咬断。暴食时（5～6 龄），可吃光叶片。大发生时将玉米叶片吃光，只剩叶脉。当一块玉米田被吃光后，幼虫常成群列纵队迁到另一块田为害。黏虫以幼虫危害叶片。黑龙江省每年发生1至2代。虫源从南方迁飞而来（江苏、安徽、河南、湖北和山东南部地区）。一般地势低、玉米植株高矮不齐、杂草丛生的田块受害重。降水较多，土壤及空气湿度大，利于玉米田块黏虫的发生及为害。

4. 刺吸式害虫

包括麦长管蚜、玉米蚜、蓟马等。在玉米全生育期都可以造成危害，一年繁殖10至20代。苗期蚜虫量很少，群集于心叶里繁殖为害，抽雄后扩散至雄穗、雌穗上繁殖为害，抽雄前后若遇到高温干旱，种群数量急剧上升，分泌出大量"蜜露"，在叶片上形成一层黑色的霉状物，影响光合作用，使百粒重下降。同时蚜虫的大量繁殖造成玉米煤污病，影响玉米品质。此外蚜虫还能传播玉米矮花叶病毒和红叶病毒，导致病毒病，造成更大损失。

5. 锉吸式害虫

包括禾花蓟马、稻管蓟马、玉米黄呆蓟马等。蓟马是玉米苗期的主要害虫，蓟马虫体较小，体长仅1～2毫米，其成虫和若虫多数很活泼，活动部位隐蔽。连续高温降水偏少，气候干旱，有利于玉米蓟马的田间发生与活动为害。蓟马主要为害玉米叶片，受害后玉米叶片上出现边缘断续的银灰色小斑条，严重时会造成叶片干枯。蓟马在玉米心叶内为害会释放出黏液，致使心叶不能展开，随着玉米的生长，玉米心叶形成"鞭状"（彩图4-15）。

（二）防治方法

1. 农艺措施

（1）冬春尽量清除田间地边杂草及田间玉米秸秆，用作燃料或堆沤作堆肥，以杀死潜伏在秆内的虫蛹。合理轮作，不宜连作，减少越冬虫口基数。

（2）合理施肥，增施腐熟的有机肥（忌施未腐熟的有机肥），合理施用化肥。

（3）选用适宜本地区的抗虫品种。

（4）合理套作。

2. 化学防治

（1）防治蝼蛄、蛴螬、金针虫等地下害虫可用40%甲基异柳磷乳油500毫升，加水50～60千克，拌玉米种子500～600千克，有效控制期一般30天左右。

（2）在黏虫迁移为害时，可在其转移的道路上撒成15厘米宽的药带进行封锁；或在玉米田亩用40%辛硫磷乳油75～100克加适量水，拌沙土30千克制成毒土撒施进行隔离。

3. 生物防治

（1）小喇叭口期利用白僵菌防治玉米螟，每亩20克拌河沙2.5千克，初见花叶株后及时用白僵菌防治，撒入玉米心叶丛中。

（2）50 000IU/毫克的Bt可湿性粉剂稀释2 000～3 000倍液喷雾，每亩用量25克，对玉米螟的防效在70%以上。若在玉米抽丝期加装吊杆式喷头，对雌穗定向喷雾，再次用药，防效可达90%以上。

（3）在农田地边种植生态带（小麦、苜蓿）以草养害，以害养益，引益入田，以益控害。合理使用农药，保护利用天敌。

（三）采集方法

采用定点调查和重点调查相结合的田间调查方式，并结合应用挂黄板和频振式杀虫灯诱杀等方法。黄板诱杀监测时间为6月下旬至9月下旬，每次监测更换胶板时记录相关监测数据；频振式杀虫灯挂灯时间为5月上旬至9月下旬，每天20：00时至翌日6：00时，离地面高度1.5～1.8米。对采集到的害虫标本进行观察，室内培养鉴定，统计鉴定结果、发生程度等。对部分害虫标本参考有关文献进行分类。

五、技术使用注意事项

青贮玉米害虫的测报与防控技术模式应因地制宜，依据不同地区害虫发生种类以及发生程度采取相应的技术措施，在防治过程中，使各项措施有效配套，做到青贮玉米虫害的全面防控，才能有效控制虫害的发生，降低虫害发生率。

六、效益分析

（一）经济效益

针对青贮玉米害虫的发生，推广应用青贮玉米预测及生态防控技术模式，因时因地采取适宜的防治方法，可有效降低害虫的发生，挽回经济损失 30～40 元/亩。

（二）生态效益

青贮玉米虫害绿色综合防控技术模式的推广与应用大幅减少了农药化肥使用量，降低了由于虫害造成的固碳量损失，减轻了对环境的污染和生态系统的破坏，有效保护了天敌生物及生物多样性，实现了人与自然的和谐共生。

（三）社会效益

青贮玉米虫害绿色综合防控技术的实施，不仅提高了青贮玉米虫害的防效，降低了青贮玉米中农药残留，还加大了农业用地流转的合理使用量，增强了农牧民的绿色防控意识，这对促进国际贸易、巩固脱贫成果、助力乡村振兴，及当地草牧业的可持续健康发展具有重要战略意义。

七、典型案例

黄骅市丰茂盛园农业科技有限公司种植青贮玉米 2 000 亩，推广使用害虫预测及生态综合防控技术模式后，青贮玉米亩产量达 2.5 吨，每吨 480 元，亩收入 1 200 元；播种 60 元/亩，种子 55 元/亩，农药 60 元/亩，肥料 140 元/亩，收割 80 元/亩，人工费 20 元/亩，租地费 550 元/亩；全年总成本为 965 元/亩，纯收益为 235 元/亩。按照防治能挽回 20% 产量损失计算，挽回经济损失约 47 元/亩（彩图 4-16）。

起草人：张泽华、涂雄兵、潘凡、班丽萍、刘振宇、高立杰

饲用燕麦害虫测报与生态
综合防控技术模式

一、技术概述

饲用燕麦害虫测报与生态综合防控技术模式通过对害虫种类进行识别、对害虫发生动态进行检测，根据害虫不同发生程度采取不同的防治方法达到绿色防控的目的。该模式操作简便，易于掌握。该技术模式的推广和实施，是现阶段防控饲用燕麦虫害最高效的措施，可有效降低种植环节管理成本，同时可保护天敌昆虫，保持生态系统的平衡及生物多样性，降低环境污染，促进优质饲用燕麦增产，提高农牧民收入水平，对保障畜牧业健康发展和畜产品供给安全具有重要意义。

二、适用范围

该技术模式适用于黄河流域中上游黄土高原以及下游华北平原等饲用燕麦种植区。

三、技术流程

该技术流程主要分为三个部分，即燕麦害虫识别、燕麦害虫种群动态监测、燕麦害虫防治技术。技术流程如图4-8所示。

四、操作要点

（一）饲用燕麦害虫识别

1. 燕麦蚜虫

燕麦蚜虫主要包括麦长管蚜、麦二叉蚜、禾谷缢管蚜、无网长管蚜等，主要以成虫和若虫刺吸燕麦茎、叶的汁液，受害叶片色发黄、生长缓慢，

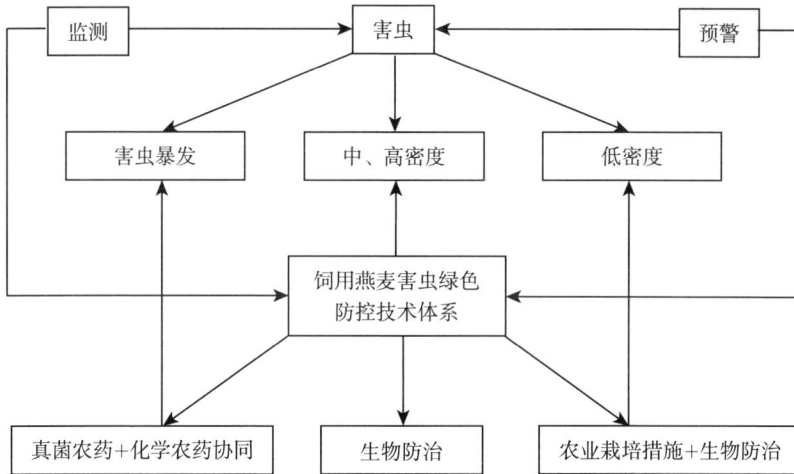

图 4-8　技术流程图

并极易传播有害细菌和病毒，例如麦蚜是燕麦红叶病的主要传毒媒介，传播红叶病毒，使燕麦田发生红叶病，导致燕麦水分、养分等营养物质传输受阻，使燕麦生长过程中营养不良，叶片掉落，茎叶萎缩，如不及时制止，则会使燕麦枯萎甚至死亡，产量大幅减少。燕麦蚜虫一年发生 20～30 代，以成蚜、若蚜或以卵在冬麦田的麦苗和禾本科杂草基部或土缝中越冬，有的可在背风向阳的麦田麦叶上继续生活（彩图 4-17 至彩图 4-19）。

2. 燕麦黏虫

黏虫（*Mythimna separata* Walker）是世界性禾本科植物的重要害虫，是我国农业生产中的重要迁飞性害虫，其发生具有突发性、暴食性、聚集性和杂食性等显著特点。在我国每年发生 6～8 代，其中有 4～5 次为大范围跨区域的迁飞活动。受季风和寄主成熟度的影响，一代黏虫借助上升气流起飞，伴随西南气流向东北地区定向迁移。到达迁入地上空遭遇下沉气流降落当地，条件适宜则定殖，若环境不利，可再随气流继续迁飞。黏虫幼虫食叶，为害严重时会将叶片吃光，使植物形成光秆，因此又叫剃枝虫。由于黏虫特有的隐蔽性和暴食性，一般在凌晨 0～4 时取食最盛，夏季高温高湿气候最易发生黏虫暴食牧草，其造成叶片面积损失率 28.32%～54.77%，鲜草量损失 8.06%～18.65%；还为害花序，采食花、穗，发生花絮干枯、种子干瘪，给很多牧区及农区造成严重危害。主要种类包括黏虫、劳氏黏虫（彩图4-20、彩图4-21）和谷黏虫。

3. 地下害虫

地下害虫主要侵害燕麦植株的根部，并逐渐向上发展，其地下的虫卵一般是借助燕麦种子萌发所产生的温度与能量进行孵化生长的，也有一部分是等到土壤温度上升后苏醒复活的。地下害虫通过侵食燕麦的根部获得水分与养分，并在生长繁殖过程中继续向上侵食，给燕麦植株带来了极大的危害，使植株根茎腐烂，无法存活。为害燕麦的地下害虫包括蛴螬、地老虎、蝼蛄、金针虫等。

蛴螬即金龟子幼虫，包括大黑鳃金龟、铜绿丽金龟、黄褐丽金龟，它们的为害症状为咬断幼苗根、茎，断口整齐平截。蝼蛄类有东方蝼蛄、华北蝼蛄，为害症状是咬食刚发芽的种子和幼苗，咬成乱麻状或丝状。地老虎包括小地老虎和黄地老虎等，常咬断幼苗跟茎部，使整株死亡，造成缺苗断垄。金针虫包括沟金针虫和细胸金针虫等，它们以幼虫钻入植株根部及茎的近地面部分为害，蛀食地下嫩茎及髓部，使植物幼苗地上部分叶片变黄、枯萎致死（彩图4-22、彩图4-23）。

4. 土蝗类

土蝗是暴发性、杂食性的害虫，虫蝻、成虫均可为害，严重发生时可在短期内将燕麦吃成光秆，造成绝收。为害燕麦的蝗虫种类主要有亚洲小车蝗、短星翅蝗、笨蝗和黄胫小车蝗等（彩图4-24、彩图4-25）。

（二）饲用燕麦害虫监测

1. 调查时间

在燕麦苗期、拔节期、孕穗期、抽穗扬花期、灌浆期分别进行普查，同一地区每年调查时间应大致相同。

2. 调查田块

根据当地栽培情况，选择有代表性的麦田10块以上。

3. 调查方法

采用单体计数法，用百株虫量表示害虫发生的程度。随机选择5个调查点，每个调查点随机选择 20 株单体植株，统计害虫种类及数量。

（三）饲用燕麦害虫防治

1. 农业防治措施

（1）精耕细作　首先，在燕麦的选种育苗期，要科学选苗育苗，优先选择颗粒饱满，品质优良的燕麦种子，通过科学培育、规范种植，从源头防范燕麦植株受到害虫的侵害。播种前对种子进行加工处理，为有效去除种子中可能存在的寄生虫卵，播种前要对种子进行暴晒，一般连续晾晒 25 天左右。其次，在燕麦的播种阶段，要科学进行田间管理工作。采用规范的种植技术、细致的田耕整理、完善的病虫害防治系统对燕麦的生长过程进行严格把握，针对不同虫害的发生诱因及防范方式采取有效的田间管理措施。最后，在燕麦的返青阶段，要进行科学的护理工作，积极做好燕麦生长过程中的除草除虫与浇水施肥工作。另外，在燕麦的收获阶段，要重视并做好燕麦收获阶段的田间清理工作，全方面做好燕麦虫害的综合防治。实行春、秋播前翻耕土壤，特别是在我国北方深秋深翻多耙，通过机械损伤、天敌捕食、寒冷冻死等方式，可消灭大量的地下害虫。

（2）合理轮作倒茬　实行燕麦和马铃薯、棉花、油菜等作物的轮作，可减轻地下害虫的危害。连作条件下燕麦蚜虫数量要显著高于轮作，且蚜虫数量随种植年限的增加呈逐年上升趋势；轮作能够使燕麦产量和品质保持在一个高产优质的稳定水平，同时使燕麦虫害减轻并能维持土壤肥力；燕麦连作时因土壤肥力逐年下降和病虫害的逐年上升使燕麦产量和品质都有所下降，且从连作第三年呈现明显下降趋势。

（3）选用抗虫品种　根据各地区害虫的实际发生情况，选择适宜的抗虫燕麦品种进而有效地减少、减轻虫害的发生。

2. 物理防治措施

（1）灯火诱杀　利用黑光灯、碘钨灯、篝火或高压灭虫电网作为光源诱杀害虫称为灯火诱杀。通常在灯源下置水盆，水面上滴少量石油，可直接歼灭害虫。近年来，灯光治虫方面，黑光灯已广泛应用于害虫的预测预报和害虫防治以及植物检疫工作中，一些新式诱虫灯，如双频式诱虫灯有很好的诱杀效果。

（2）食饵诱杀　利用害虫的趋化性诱杀害虫的一种方法。例如用糖醋毒液诱杀斜纹夜蛾等。

（3）潜所诱集　利用害虫的某些习性，造成各种适应的场所，引诱害虫集中消灭。如黏虫一般潜伏在秸草堆、土块下或草丛中，晚间取食、产卵。可用谷草诱杀成虫。

（4）色板诱杀　根据蚜虫、粉虱、斑潜蝇对绿色和黄色的趋性，在燕麦田中悬挂黄色黏虫板，高出植株20厘米放置，按麦田面积和虫口密度设置色板数量。一般每亩设置中型板25厘米×30厘米30块左右。当色板粘满害虫或虫口数量过多时要及时更换色板。

3. 生物防治措施

（1）捕食性天敌　最常见的有蜻蜓、螳螂、草蛉、瓢虫、食虫虻、食蚜蝇、蝽类、蜘蛛、蛙、蟾蜍以及许多食虫益鸟等。瓢虫是燕麦田最常见的蚜虫天敌，对燕麦田中后期蚜虫有较大的控制作用，其中以七星瓢虫、异色瓢虫、龟纹瓢虫数量最多。

（2）寄生性天敌　可利用寄生蜂、寄生蝇等对害虫进行控制。

（3）病原微生物　包括苏云金杆菌、白僵菌、质型多角体病毒、核型多角体病毒等。这些微生物目前已形成微生物农药，生产中效果显著。

五、技术使用注意事项

饲用燕麦害虫测报与生态综合防控技术模式应因地制宜，依据当地饲用燕麦害虫发生种类以及发生程度采取相应的技术措施。在防治过程中，应使各项措施有效配套，做到饲用燕麦虫害的全面防控，才能有效控制虫害的发生，降低虫害发生率。

六、效益分析

（一）经济效益

针对饲用燕麦田害虫为害，推广饲用燕麦害虫测报与生态综合防控技术模式，采用真菌农药防治苜蓿害虫，施药 21 天后，真菌农药的防效均可达到 50% 以上，其中白僵菌的防治效果可达到 52%，绿僵菌的防治效果可达到 59%，有效控制了苜蓿害虫，燕麦田每亩可增收 10～17 元。

（二）生态效益

饲用燕麦害虫测报与生态综合防控技术模式的推广与应用，通过农业、化学、生物等多项防治措施的科学集成，在不增加种植成本的前提下，可以大幅度降低农药使用量，减轻对环境的污染，有效保护天敌种群，改善生态系统，维护生态平衡。

（三）社会效益

饲用燕麦害虫测报与生态综合防控技术模式的推广应用，不仅可以提高防治饲用燕麦虫害的效果，降低饲用燕麦中的农药残留，而且可以增强生产管理者、技术人员以及农民的绿色防控意识，对于提高农村家庭收入、巩固脱贫成果、促进当地草牧业可持续发展具有重要意义。

七、典型案例

河北艾禾农业科技有限公司在河北省邢台市威县流转土地 3.2 万亩，建成高产优质牧草生产示范基地，主要种植紫花苜蓿、青贮玉米、燕麦等优质牧草。2022 年 3 月初种植燕麦 17 000 亩，6 月做裹包青贮，产量可达 1.2 吨/亩，每吨青贮售价 1 100 元计，年产值约 1 320 元/亩；播种及种子费用 100 元/亩，打药（包括药和工钱）11 元/亩，化肥 210 元/亩，浇地 2 次 100 元/亩，机械费（收获、裹包、添加剂）150 元/亩，土地流转费 450 元/亩，总费用 1 020 元/亩；亩收益 300 元，年产值 510 万元（彩图 4-26）。

起草人：张泽华、涂雄兵、潘凡、高立杰、刘振宇

紫花苜蓿害虫测报与防控技术模式

一、技术概述

紫花苜蓿害虫测报与防控技术模式通过对害虫种类进行识别、对害虫发生动态进行检测，根据害虫不同发生程度采取不同的防治方法达到绿色防控的目的。该模式操作简便，易于掌握。该技术模式的推广和实施，是现阶段防控苜蓿虫害最高效的措施，可有效降低种植环节管理成本，同时可保护天敌昆虫，降低环境污染，促进优质苜蓿增产，提高农牧民收入水平，对保障畜牧业健康发展和畜产品供给安全具有重要意义。

二、适用范围

适用于黄河流域中上游黄土高原以及下游华北平原紫花苜蓿规模化种植区。

三、技术流程

该技术流程主要分为三个部分，即苜蓿害虫识别、苜蓿害虫种群动态监测、苜蓿害虫防治技术。技术流程如图 4-9。

四、操作要点

（一）苜蓿害虫识别

1. 苜蓿蚜虫

危害苜蓿的蚜虫种类主要为豆蚜（苜蓿蚜）、豌豆蚜、三叶草彩斑蚜（苜蓿斑蚜）等。普遍发生在全国各苜蓿种植区，属常发性害虫，对苜蓿生长早中期危害较大，严重发生时造成苜蓿产量损失达 50% 以上，排泄

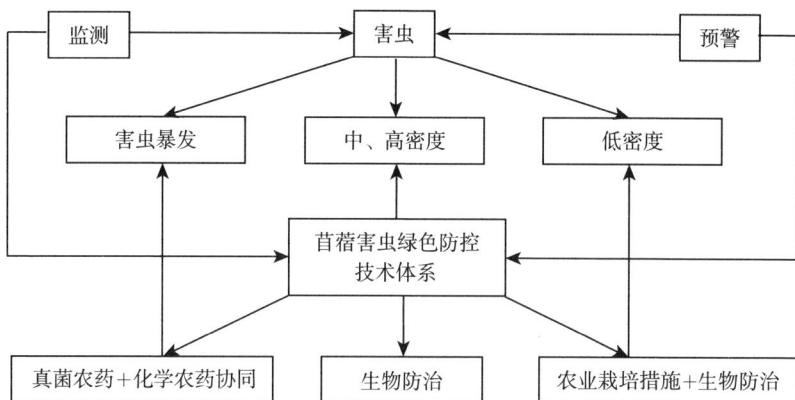

图 4-9 技术流程图

的蜜露引起叶片发霉，影响草的质量，导致植株萎蔫、矮缩和霉污以及幼苗死亡。豌豆无网长管蚜和苜蓿无网长管蚜体绿色，个体较大，长度在 2～4 毫米，一对腹管明显可见，二者经常在田间同时发生，区别是豌豆无网长管蚜触角每一节都有黑色结点，而苜蓿无网长管蚜触角均匀无黑色结点；苜蓿斑蚜体淡黄色，个体较小，只有豌豆无网长管蚜和苜蓿无网长管蚜的 1/3～1/2，背部有 6～8 排黑色小点，常在植株下部叶片背部为害；豆蚜黑紫色，有成百上千头在苜蓿枝条上部聚集为害的特性。通常以雌蚜或卵在苜蓿根冠部越冬，在整个苜蓿生育期蚜虫发生 20 多代。春季苜蓿返青时成蚜开始出现，随着气温升高，虫口数量增加很快，每个雌蚜可产生 50～100 个胎生若蚜，虫口数量同降水量关系密切，5 月至 6 月如降雨少，蚜量则迅速上升，对第一茬和第二茬苜蓿造成严重危害（彩图 4-27 至彩图 4-29）。

2. 苜蓿蓟马

危害苜蓿的蓟马种类主要有牛角花齿蓟马、苜蓿蓟马（西花蓟马）、花蓟马等。田间以混合种群为害，各地均以牛角花翅蓟马为优势种。蓟马普遍发生在全国各苜蓿种植区，已成为苜蓿成灾性害虫，主要取食叶芽、嫩叶和花，轻者造成上部叶片扭曲，重者成片苜蓿早枯，停止生长，叶片和花干枯、早落对苜蓿干草产量造成 20% 的损失，减少种子产量 50% 以上。蓟马属微体昆虫，成虫产卵于叶片、花、茎秆组织中，个体细小，长度0.5～1.5毫米，成虫灰色至黑色，若虫灰黄色或橘黄色，跳跃性强，为害隐蔽，需拍打苜蓿枝条到白纸板和手掌上肉眼才可见（彩图4-30至彩图4-32）。

从苜蓿返青开始整个生育期均可持续为害，全生育期发生10多代，成虫在4月中下旬苜蓿返青期开始出现，虫口较低，在5月中旬虫口突增，通常在6月中旬初花期时达到为害高峰期，发生盛期可从5月上旬持续到9月上旬的每一茬苜蓿上，特别对第一茬和第二茬苜蓿危害严重，通常在初花期达到为害高峰期，有趋嫩习性，主要取食叶芽和花。

3. 地下害虫

常发生在西北、华北地区种植年限较长的旱地苜蓿及新建植苜蓿上，具代表性的种类有东北大黑鳃金龟、华北大黑鳃金龟、铜绿丽金龟、白星花金龟、沟金针虫、细胸金针虫等。由于苜蓿草地环境稳定，主要以幼虫取食苜蓿根部，导致苜蓿生长不良、枯黄，甚至死亡，成虫也取食苜蓿叶片和茎。金龟甲幼虫蛴螬通常体乳白色，头黄褐色，弯曲呈"C"状。白花星金龟个体较大，长16～24毫米，宽9～12毫米，椭圆形，黑色具青铜色光泽，体表散布众多不规则白绒斑；黑绒金龟成虫体小，体长7～9.5毫米，卵圆形，有天鹅绒光泽，鞘翅上具密生短绒毛，边缘具长绒毛。黑皱鳃金龟成虫体中型，长15～16毫米，宽6～7.5毫米，黑色无光泽，刻点粗大而密，鞘翅无纵肋，头部黑色，前胸背板中央具中纵线，小盾片横三角形，顶端变钝，中央具明显的光滑纵隆线，鞘翅卵圆形，具大而密排列不规则的圆刻点（彩图4-33至彩图4-35）。

金龟甲类害虫一年或两年发生1代，以幼虫在土中越冬，成虫寿命较长，飞行能力强，昼伏夜出，具有假死习性和强烈的趋光性、趋化性。白花星金龟成虫5月出现，发生盛期为6—8月；黑绒金龟4月中下旬开始出土，5月至6月上旬是成虫发生为害盛期。为害随着苜蓿种植年限的延长成指数增加，种植7年后的苜蓿地黑绒金龟和白星花金龟种群呈暴发性增长，而种植年限5年以下其种群增长非常缓慢。

（二）苜蓿害虫监测

1. 害虫采集方法

（1）蓟马、蚜虫　采用枝条拍打法，步骤如下：

①准备采集袋　用镊子将直径为1厘米的棉球蘸取乙酸乙酯，棉球湿润不下滴为宜，将乙酸乙酯棉球放入自封袋中，封好待用。

②润湿的白纸　用清水将白纸（A4纸）喷湿，以水滴不下滴为宜，纸的湿度为35％～45％。

③蚜虫、蓟马采集　随机取20株枝条，将放有润湿白纸的瓷盘放在苜蓿植株下方，轻轻拍打植株，使其上的蚜虫、蓟马落入白纸上，迅速将白纸折起，放入自封袋中（注意每一个自封袋中仅能放入一张白纸），标记样地日期。

④蚜虫、蓟马虫口密度　统计自封袋中害虫数量，并在解剖镜下分别鉴定害虫种类（可参考《苜蓿害虫及天敌鉴定图册》）。

（2）地下害虫

①成虫调查方法

a. 陷阱诱捕法。随机五点取样，每点5个罐，每个罐距离≥5米，每点距离≥50米。用一次性塑料杯（高9厘米，口径7.5厘米）作为诱集罐，罐内水和乙二醇混合液（乙二醇含量≥95.0％）40～60毫升，收集罐内所有昆虫，冲洗干净晾干后统计。

b. 黑光灯诱捕法。采用多功能自动虫情测报灯（20瓦黑光灯）诱捕，设置在视野开阔的地方，虫情测报灯的灯管下端与地表面垂直距离为1.5米，20瓦黑光灯管每年更换一次。每日上午检查灯下成虫数量、性比，单位：头/天。

②幼虫调查方法。采用挖土取样法，随机五点取样，每点1米×0.25米，挖土深度为50厘米，单位：头/平方米。

2. 监测周期

在苜蓿播种或返青后，按照害虫发生规律，在害虫发生盛期（5月下旬至8月下旬），苜蓿株高25～50厘米时调查害虫数量，每7天调查1次，至少调查 3 次。

（三）苜蓿害虫防治

1. 苜蓿蚜虫防治指标

苜蓿株高小于 25 厘米，豌豆蚜防治指标为 40～50 头/枝条，苜蓿斑蚜防治指标为 20 头/枝条，豆蚜防治指标为 10 头/枝条。苜蓿株高大于 25 厘米且小于 50 厘米时，豌豆蚜防治指标为 70～80 头/枝条，苜蓿斑蚜防治指标为 40 头/枝条，豆蚜防治指标为 80 头/枝条。苜蓿株高大于 50 厘米，豌豆蚜防治指标为 100 头/枝条，苜蓿斑蚜防治指标为 50～70 头/枝条，豆蚜防治指标为 150 头/枝条。

2. 苜蓿蓟马防治指标

苜蓿株高小于 5 厘米时，为 1 头/枝条；苜蓿株高 5～25 厘米时，为 2 头/枝条；株高大于 25 厘米时，为 5～6 头/枝条。

3. 地下害虫防治指标

蛴螬防治指标为 1～2 头/平方米，金针虫防治指标为 3～4 头/平方米。

（四）防治方法

1. 农艺措施

（1）加强田间管理，合理进行水分调节、施肥以及清洁田园等措施。

（2）根据当地主要害虫种类，针对性选用抗虫苜蓿品种。

（3）苜蓿生长中后期，害虫数量即将或达到防治指标时，提前刈割。

（4）秋末或苜蓿返青前及时清除田间残茬和杂草，降低越冬虫源。

2. 生物防治

（1）白僵菌粉剂防治苜蓿蚜虫　苜蓿生长期，采用直接喷施粉剂的方法防治苜蓿蚜虫。

使用剂量：粉剂 100 克/亩。

施用方法：背负式喷雾喷粉机直接喷粉于植株叶面。

施用时间：苜蓿生长季节，蚜虫为害前。

（2）绿僵菌粉剂防治苜蓿蓟马　苜蓿苗期或苜蓿收割后，利用苜蓿蓟马蛹期在地下生活习性，采用深耕覆土的方法防治苜蓿蓟马。

使用剂量：粉剂 100 克＋4 千克细沙（建筑用沙）/亩。

施用方法：拌匀，用犁地机翻耕 3～5 厘米深后，均匀撒于地面。

施用时间：苜蓿收割后（留茬高度约 8～10 厘米），适于犁地机翻耕表层土壤，可与施肥同步。

苜蓿生长期，采用直接喷施粉剂的方法防治苜蓿蓟马。

使用剂量：粉剂 100 克/亩。

施用方法：背负式喷雾喷粉机直接喷粉于植株叶面。

施用时间：苜蓿生长季节，蓟马为害前。

（3）绿僵菌防治地下害虫　在播种期将绿僵菌颗粒剂直接施撒或拌土后施撒在种子附近，拢土覆盖。也可使用绿僵菌可湿性粉剂加水混匀，喷洒或浇灌。根据虫情每亩用量 200～400 克。设置未施药区域作为对照。一般而言，考虑害虫迁移习性，应在害虫发生核心区调查施药前、后害虫种群动态，苜蓿田周边区域不应计算。

3. 生物防治与化学防治措施协同防治苜蓿蚜虫、蓟马

苜蓿蚜虫大暴发时，采用白僵菌粉剂＋氯虫苯甲酰胺按照 8∶2 配比，使用剂量 100 克/亩，背负式喷雾喷粉机直接喷粉于植株叶面。苜蓿蓟马大暴发时，采用绿僵菌粉剂＋菊酯类农药按照 8∶2 配比，使用剂量 100 克/亩，背负式喷雾喷粉机直接喷粉于植株叶面。

五、技术使用注意事项

苜蓿害虫的测报与防控技术模式应因地制宜，依据当地紫花苜蓿害虫发生种类以及发生程度采取相应的技术措施。在防治过程中，应使各项措施有效配套，做到苜蓿虫害的全面防控，才能有效控制虫害的发生，降低虫害发生率。

六、效益分析

（一）经济效益

针对苜蓿田害虫，推广紫花苜蓿害虫测报与防控技术模式，采用真菌农药防治苜蓿害虫，施药 21 天后，真菌农药的防效均可达到 65% 以上，其中白僵菌的防治效果可达到 69%，绿僵菌的防治效果可达到 73%，有效控制了苜蓿害虫，苜蓿田每亩可挽回 400～500 元的经济损失。

（二）生态效益

紫花苜蓿害虫测报与防控技术模式的推广与应用，通过农业、化学、生物等多项防治措施的科学集成，在不增加种植成本的前提下，可以大幅度降低农药使用量，减轻对环境的污染，有效保护天敌种群，改善生态系统，维护生态平衡。

（三）社会效益

紫花苜蓿害虫测报与防控技术模式的推广应用，不仅可以提高防治苜蓿虫害的效果，降低苜蓿中的农药残留，而且可以增强生产管理者、技术人员以及农民的绿色防控意识，对于提高农村家庭收入、巩固脱贫成果、促进当地草牧业可持续发展具有重要意义。

七、典型案例

献县日晟种植专业合作社在河北省沧州市献县韩村镇北张白村种植苜蓿 2 000 亩，主栽品种为中苜 3 号，于 2019 年推广使用紫花苜蓿害虫测报与防控技术模式，年刈割苜蓿 4 茬，亩产苜蓿干草 0.9～1.0 吨，害虫防治平均每年 8 次，年均药物防治成本 160 元/亩，每亩收入 2 160～2 400 元，纯收益为 1 080～1 320 元/亩。相较于传统管理模式，化学农药使用量可减少 10%～15%，可挽回经济损失 432～480 元/亩（彩图 4－36、彩图 4－37）。

起草人：张泽华、涂雄兵、潘凡、刘振宇

紫花苜蓿病害绿色综合防控技术模式

一、技术概述

该技术模式是以安全为核心，兼顾产量效益和生态效益，其防控以预防为主，采用农业防治技术，如整地与播种、田间管理等预防并减少苜蓿病害的发生、减轻苜蓿的受害程度，后期结合生态调控、生物防治、理化诱控和科学用药等技术，达到有效控制苜蓿病害的目的，确保苜蓿生产安全、质量安全和农业生态环境安全，促进优质苜蓿增产增收，提高牧民收入水平，对发展农村经济和紫花苜蓿草业的可持续发展具有重要意义。

二、适用范围

该技术模式适用于黄河流域中上游黄土高原等紫花苜蓿大面积种植区域。

三、技术流程

该技术流程见图 4-10。

四、操作要点

紫花苜蓿病害绿色综合防控技术重在预防，通过预防减少紫花苜蓿病害的发生，来减轻紫花苜蓿的受害程度。

（一）种植地点与品种选择

1. 选择适合的地区

选择地势较高、平坦、排水良好、土层深厚、中性或微碱性土壤，忌积水。

```
┌─────────────────────┐      ┌──────────────────────────────────────────────┐
│ 种植地点与品种选择    │─────→│  适合的地区    适合的土壤    适合的品种        │
└─────────────────────┘      └──────────────────────────────────────────────┘
          │
          ↓
┌─────────────────────┐      ┌──────────────────────────────────────────────┐
│    播前准备          │─────→│  平整土地    施足底肥    杀菌剂拌种           │
└─────────────────────┘      └──────────────────────────────────────────────┘
          │
          ↓
┌─────────────────────┐      ┌──────────────────────────────────────────────┐
│  播种及播后管理       │─────→│ 适时播种   合理刈割   灌水施肥   严禁放牧      │
└─────────────────────┘      └──────────────────────────────────────────────┘
          │
          ↓
┌─────────────────────┐      ┌──────────────────────────────────────────────┐
│  病害绿色综合防控     │─────→│ 病原物检疫      清除病残体       刈割与利用    │
└─────────────────────┘      │ 混播   科学使用杀菌剂   除草防病   除虫防病    │
          │                  └──────────────────────────────────────────────┘
          ↓
┌────────────────────────────────────────────────────────────────────────────┐
│               紫花苜蓿病害绿色综合防控技术模式                               │
└────────────────────────────────────────────────────────────────────────────┘
```

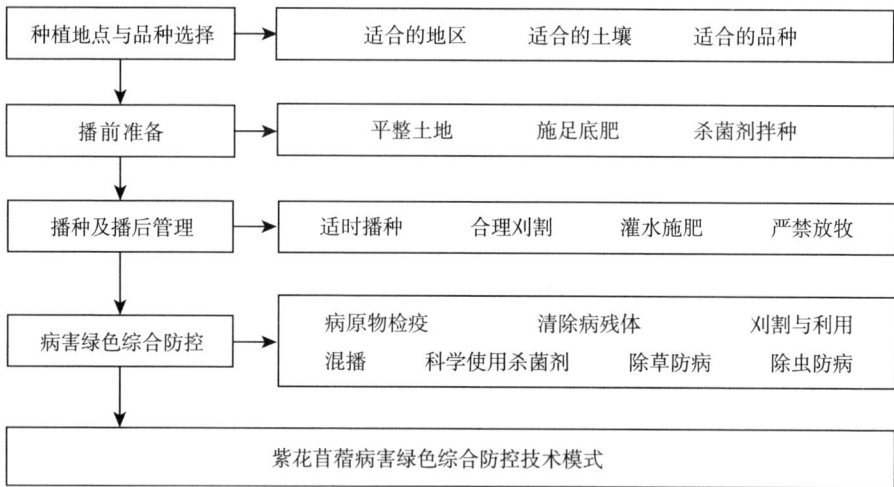

图 4-10　技术流程图

2. 选择适合的土壤

紫花苜蓿适宜于土壤酸碱度适中的土壤，不耐酸性，不适宜云贵高原等地区的砖红壤、赤红壤、红壤、黄壤和燥红土等酸性土壤种植。紫花苜蓿也不耐盐碱，不适宜栽种于盐碱较强的土地。紫花苜蓿不耐水淹，应选择排水良好的土壤。如果土壤盐碱度较高，也应注意不播种在低洼处。

3. 选择适合的品种

在紫花苜蓿的生物学特性中，休眠特性是品种选择的关键。在我国内蒙古高原区、东北北部和新疆北部地区，以秋眠级1~3级的冬季休眠型耐寒品种为主；黄淮海地区、黄土高原温暖半干旱区及东北地区南部和新疆南部，应以秋眠级4~5级的品种为主；长江中下游、西南地区等南方地区应以秋眠级为7~9级的品种为主。有报道在海南栽培非秋眠级的WL525HQ和WL903等品种生长状况良好。其次选择抗一种或多种病害能力较强的紫花苜蓿品种。选择品种时应注意以下几个方面：①不选来源不明的种子；②不选收种年份不明的种子；③不选价格极低的种子；④不选没有在本地栽种过的品种种子；⑤选择的种子纯净度和发芽率应均在80%以上。

（二）播前准备

1. 平整土地

整地必须精细，要求地面平整，土块细碎，无杂草，墒情好。用作播种紫花苜蓿的土地，要于上年前作收获后，即进行浅耕灭茬，再深翻，冬春季节做好耙耱、镇压蓄水保墒工作。水浇地要灌足冬水，播种前再浅耕或耙耱整地，结合深翻或在播种前浅耕。

2. 施足底肥

每亩施有机肥 1 500～2 500 千克，过磷酸钙 20～30 千克为底肥。条件允许的情况下可进行测土施肥，提高肥力利用效率，节省投入成本。

3. 杀菌剂拌种

杀菌剂以 50％硫菌灵可湿性粉剂 1 000 倍液浸种 4～5 小时，或用福美双、多菌灵、氯化苦等拌种，可提高发芽率高达 14.8％，降低死苗率 60％。

4. 适时播种

在春季或秋季均可播种，春季顶凌播种出苗、生长均好；秋季播种杂草少，水分充足，建植效果好。但注意播种时间应距霜降到来前 45 天以上，否则易在冬季受冻害影响。

（三）播种及播后管理

1. 播种

一般播深在 1.2～2 厘米（沙质土 2～3 厘米）。播种量 1.0～1.2 千克/亩，每平方米保苗 400 株左右。当土地肥力差时，播种时施入硝酸铵等速效氮肥，促进幼苗生长。

2. 合理刈割

紫花苜蓿每年可刈割 2～4 次，当发生锈病、白粉病、霜霉病、炭疽病时应提早刈割，减少侵染源的积累，降低再生牧草的发病率。当发生根腐病等根病时，应适当减少刈割次数，否则会加重病害程度。北方紫花苜蓿第二茬收获时正值雨季，为防止霉烂，应尽可能选择晴好天气适时收割。如果雨天较多，可在苜蓿开花期前后提前或错后刈割。最后一次刈割留茬高度 3～5 厘米，但干旱和寒冷地区秋季最后一次刈割留茬高度应为7～8厘米。

3. 灌水施肥

0～20厘米土壤层内含水量低于10%，需适当浇灌，但水量不宜太大，喷灌4～6小时即可。每次刈割后也要耙地追肥，灌区结合灌水追肥，入冬时要灌足冬水。土壤水分应不高于最大持水量的65%，防止湿度过大导致白粉病、锈病、褐斑病等病害的发生。

返青期没有追肥的地块，第一茬苜蓿收割后应结合浇水及时追肥，一般每亩追施苜蓿专用肥20～30千克。紫花苜蓿每亩每年吸收的养分，氮（N）为13.3千克、磷（P_2O_5）4.3千克、钾（K_2O）16.7千克。每次刈割后要进行追肥，每亩需过磷酸钙10～20千克或磷酸二铵4～6千克。

4. 严禁放牧

苜蓿出新叶及嫩芽时严禁放牧，冬季植株休眠时严禁放牧。

（四）病害绿色综合防控

1. 病原物检疫

在国际和国内苜蓿草种子调运过程中应加强病害检疫。我国紫花苜蓿的检疫性病害有紫花苜蓿黄萎病、苜蓿细菌性萎蔫病和苜蓿疫霉根腐病。此外还有菟丝子和列当等寄生性种子植物或杂草。如发生检疫性病害，应上报当地草业或农业主管部门，由政府相关部门采取相应措施进行封杀。

2. 清除病残体

田间因发病干枯的枝叶和死亡的植株均应及时清出草地，避免病残体造成的病原物积累与二次传播。

3. 提前刈割与利用

对于茎叶类病害，如苜蓿褐斑病、苜蓿锈病、苜蓿白粉病、尾孢叶斑病、匍柄霉叶斑病、春季黑茎病等，可通过观察病害的发生发展状况，在发病较轻，或在适宜病害发生流行的天气到来之前，采取提前刈割的措施进行预防控制。

4. 与其他饲草混播

不同饲草混播，如紫花苜蓿和禾本科燕麦混播，可建立病害传播屏障，降低病害传播速度、减少侵染机会、降低病害发生水平，减少化学药剂使用量。

5. 科学使用杀菌剂

当种子田和试验田植株茎、叶部病害发生严重并可能危害下一茬苜蓿时，可喷洒高效低毒环境友好型杀菌剂。

苜蓿霜霉病可用木霉 M35 或 M37，或轮换使用波尔多液、75％百菌清，7～10 天喷一次，连续 2～3 次。苜蓿褐斑病可用 75％百菌清可湿性粉剂（每亩用量 110 克）或 50％多菌灵可湿性粉剂（每亩用量 100 克）或 20％三唑酮可湿性粉剂（每亩用量 40 克）进行防治，其平均防治效果可达 87.5％，病害损失率减少 25％。紫花苜蓿锈病发病初期可用代森锰锌、萎锈灵、氧化萎锈灵、三唑酮、福美双、百菌清、烯唑醇等可湿性粉剂喷雾；增施磷、钙肥，少施氮肥，合理灌溉，宽行条播可减轻锈病发生。硫黄粉是防治白粉病的有效药剂，用量为每公顷 37.5～45 千克，或 40％灭菌丹可湿粉剂 600～800 倍液或 15％三唑酮 1 000 倍液。种子拌种可用 25％甲霜灵可湿性粉剂按照种子重量的 0.2％～0.3％或 50％多菌灵可湿性粉剂按照种子重量的 0.4％～0.5％拌种。

6. 除草防病

一些病害的病原物来自紫花苜蓿田地周围的杂草，如紫花苜蓿锈菌来自乳浆大戟，因此除草有利于减少病害的发生与危害。

7. 杀虫防病

害虫的发生可使紫花苜蓿的抗逆性降低，病害多发、重发。此外，一些害虫能够携带并传播紫花苜蓿病害，如紫花苜蓿病毒病是由蚜虫、飞虱、叶蝉等刺吸式口器的害虫传播；苜蓿黄萎病由蚜虫、切叶蜂等昆虫进行传播。

五、技术使用注意事项

紫花苜蓿病害绿色综合防控技术应因地制宜，根据当地频发、重发的病害种类，采取相应的绿色防控技术措施。在防治过程中应结合农业防治、生物防治、理化诱控及科学用药等有效集成措施来降低病害发生率。

六、效益分析

（一）经济效益

在甘肃省永昌县、新疆呼图壁县和内蒙古阿鲁科尔沁旗等地推广应用苜蓿绿色综合防控技术，降低了生产成本，使苜蓿产量平均增加 29.6%，采用药剂拌种技术防治苜蓿病害使产量提高 25.1%，有效控制了苜蓿病害的发生，实现了农牧民增产增收。该技术的推广应用提升了草产量与品质，增加当地农户和种植企业的经济收益。

（二）生态效益

紫花苜蓿病害绿色综合防控技术模式的推广与应用大幅减少了农药化肥使用量，降低了由于病害造成的固碳量损失，减轻了对环境的污染和生态系统的破坏，有效保护了天敌及生物多样性，实现了人与自然的和谐共生。

（三）社会效益

紫花苜蓿病害绿色综合防控技术的实施，不仅提高了苜蓿病害的防控，降低了苜蓿中农药残留，还加大了农业用地流转的合理使用量，增强了农牧民的绿色防控意识，这对国际贸易、巩固脱贫成果、助力乡村振兴及促进当地草牧业的可持续健康发展具有重要战略意义。

七、典型案例

甘肃亚盛田园牧歌草业集团公司在河西走廊中部五个国有农场建成 6 万亩高产优质苜蓿示范区，通过推广应用病害绿色综合防控技术，实现二年生苜蓿草亩产 850 千克，三年生亩产 1 000 千克，苜蓿质量达到国家一级标准的生产目标。2019—2021 年在内蒙古赤峰 5 万亩苜蓿基地推广病害综合防控技术，防治苜蓿小光壳叶斑病、苜蓿褐斑病、苜蓿根腐病等病害，年均增收 870 万元。以指针式喷灌为主，微喷带喷灌为辅的灌溉方式，配备远程控制管理系统和田间土壤水分适时自动检测，实现节水灌溉，高效生产，将土地利用率和有效灌溉率提高 98%（彩图 4-38、彩图 4-39）。

起草人：俞斌华、李彦忠、段廷玉、方香玲、田沛

红豆草种子生产技术模式

一、技术概述

红豆草（*Onobrychis viciaefolia*）具有产量高、品质优、营养丰富、适应性广、抗逆性强等优势，广泛种植于黄河流域中上游地区。红豆草含有单宁，可沉淀在家畜瘤胃中形成大量泡沫性的可溶性蛋白质，不易使反刍家畜在青饲、放牧时发生膨胀病，是牛羊的优质粗饲料。因此，红豆草是助推甘肃中东部地区草牧业高质量发展和草原生态保护与恢复的关键草种，其种子市场需求量日益增大。当前，红豆草种子田管理粗放，技术落后，种子产量低，质量得不到保证，不能为市场需求提供有效保障。因此，研发红豆草种子高产优质生产技术，提高红豆草种子质量、增加产量尤为重要。

二、适用范围

该技术模式适用于黄河流域中上游甘肃中东部黄土高原地区。

三、技术流程

红豆草种子生产的关键技术主要包括种子田选择、播种、管理和收获等环节（图 5-1）。

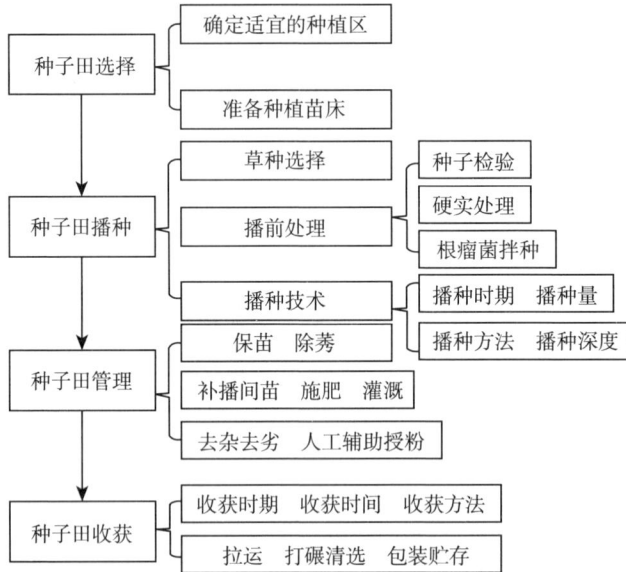

图 5-1 技术流程图

四、操作要点

（一）种子田的选择

1. 确定适宜的种植区

红豆草喜温暖干燥气候，适宜栽培在年降水量约 400 毫米、年均温 2～8℃、有效积温 2 100～3 300℃的地区。田地应平坦（坡度＜10°）、通风透光、肥力适中、几乎无病虫害及杂草。高寒地区应选择背风向阳或低平的山地或谷地，以确保种子的成熟。

2. 准备种植苗床

种子田苗床的精耕细作是确保种子田高质量生产的基础。准备播种红豆草用于收种的田地，前一年在前茬作物收获后，尽早伏耕田地、晒地以减少杂草和病虫害的发生。

春播前重耙整平田地、轻耙耙细田地，使田地平整、土壤细碎、墒情良好；同时，为去除土壤中的病虫害，可在田地平整结束后，于播种前一周通过翻耕土地的方式施入除草剂和杀虫剂等。

（二）种子田播种

1. 草种选择

选择高产优质品种是确保种子田生产效益的关键。应使用原种或登记种，质量达到国家牧草种子质量分级标准规定的 I 级种子。使用的红豆草种子应具有纯度高、发芽率高、发芽势好和品质高等特点。

2. 播前处理

（1）种子检验　红豆草种（品种）确定后，检验草种品质、进行消毒处理，以确保出苗效果，这也有助于预防生物入侵、保护生产地和提高种子田产量。

（2）硬实处理　红豆草种的硬实率达 $20\% \sim 30\%$，因此，播前要对红豆草种进行硬实处理。将种子摊放在水泥地用石碾反复碾压去掉果皮，至种皮发毛，后晒种 $2 \sim 3$ 天。

（3）根瘤菌拌种　红豆草种子播种前用相应的根瘤菌剂进行拌种处理，拌种时要避免根瘤菌与日光的直接接触，要在阴暗、温度不高且不过于干燥的地方进行。红豆草种子拌种结束后应立即播种。

3. 播种技术

（1）播种时期　播种时期的确定要综合考虑气温、杂草和病虫害发生规律及危害程度等因素，可进行春播、夏播和秋播等。红豆草种发芽的最适温度为 $15 \sim 20℃$，因此，红豆草种通常于 3 月底 4 月初进行春播。

（2）播种量　播种量的多少直接影响群体密度，从而影响红豆草种子产量，因此，适宜的播种量是红豆草种高产优质的关键。红豆草的播种量通常为 $25 \sim 30$ 千克/公顷，具体的播量可依据种植区的气候和土壤条件做一定的调整，如套种撒播时或土壤干旱时播种量可调高 $20\% \sim 30\%$。

（3）播种方法　种子生产田通常采用无保护的单播方式，有穴播、点播、条播和撒播等方法。生产中，红豆草种多采用条播，行距为 $40 \sim 50$ 厘米。

（4）播种深度　红豆草种播种遵循宁浅勿深的原则，红豆草种子较大，播种深度为 3～4 厘米，播种结束后应立即进行镇压，促使种子与土壤紧密结合，从而促进种子吸水萌发，防止出现吊根现象。

（三）种子田管理

1. 保苗

种子播种后未出苗前，受气候条件影响，土壤易出现板结现象，要及时耙地破除板结以利于出苗。

2. 除莠

红豆草苗期生长较缓慢，易受杂草危害，杂草严重时可导致播种失败，应除草保护幼苗生长。苗期应人工除草 1～2 次，除草要及时、干净和彻底，防止杂草结种子落入种子田引起翌年草荒。红豆草成苗后，杂草便不多，但要注意菟丝子。

3. 补播间苗

为提高种子田产量，当种苗出苗成活后，应根据出苗成活情况，结合适宜株距，通过补播和间苗的方式增减株距。

4. 施肥

红豆草种子生产田在施足底肥（每公顷 N 75 千克、P_2O_5 100 千克、K_2O 150 千克）的情况下，生长过程中一般不再施入氮、磷、钾肥，红豆草虽然有一定的固氮能力，但苗期施入一定量的氮肥有助于红豆草生长发育，氮肥施入量以每公顷 30 千克为宜。施肥还应考虑种植区土壤养分状况，有目的地增施或叶片喷施一定的微量元素，有助于种子生产，特别是在孕蕾开花期，在红豆草叶片喷施磷酸二氢钾，有助于种子增产。

5. 去杂去劣

种子田生产过程中，为提高品种纯度，应去除田间混杂的病株、异株和劣株。去杂去劣过程通常在营养期、开花期和成熟期各进行一次。

6. 人工辅助授粉

授粉昆虫较少的种子田，采用拉绳法或者在种子田配置蜜蜂箱，利用蜜蜂进行人工辅助授粉，即每 667 平方米种子田放置 2～3 箱蜜蜂。

7. 病虫害防治

病虫害是影响红豆草生产的一大因素，红豆草种子生产病虫害的防治尤为重要。病虫害防治遵循以防为主、综合防治原则，采用农业防治、生物防治，配合使用化学防治，达到生产安全、优质的红豆草种子的目的。农业防治包括选用抗病抗虫品种、草地混播、培育无病虫害壮苗和合理施肥等多种方法。可利用农药（50％福美双可湿性粉剂或50％苯菌灵可湿性粉剂或4.5％氯氰菊酯水剂等）进行化学防治。

（四）种子收获

1. 收获时期

红豆草较易落粒，因此，要及时收获，应在植株大部分荚果由绿色变黄色时进行收获。

2. 收获时间

为避免红豆草裂荚和落荚损失，应尽量在清晨或傍晚凉爽时进行收割，尽量避开中午最热时段。

3. 收获方法

面积较小的种子田可人工直接进行收获，而面积较大的种子田用收割机进行收获，使用收割机收获前应使用干燥剂（$CaCl_2$）或脱水剂促使叶片脱落，方便收获。

4. 拉运

红豆草种子收割结束后，应尽快拉运到晾晒场晾晒，晾晒时间不宜过长，避免裂荚或落粒损失。拉运应在上午进行，因为夜间返潮可减少拉运装车损失。

5. 打碾清选

晾晒结束后，立即用脱粒机进行脱粒处理，接着进行种子清选，应提前关注天气预报，避免在雨天打碾清选种子。清选后的种子应达到相应等级种子的最低质量标准。

6. 包装贮存

清选好的红豆草种子应按照国家制定的牧草种子包装贮存运输标准进

行贮存，贮存要注意温湿度、通风、鼠虫害等问题。

（五）种子田利用年限

为确保红豆草种子质量，避免混杂和基因漂移，红豆草种子田应维持较长期限，通常维持在6～8年。

五、技术使用注意事项

红豆草种子硬实率较高，为提高红豆草的出苗率，播前应进行硬实和晒种处理。

红豆草苗期生长缓慢，生长易受杂草影响，苗期要进行除杂。

红豆草生长过程易发生锈病、白粉病、菌核病等病害和灰象甲、青叶跳蝉等虫害，田间管理时要尤其注意病虫害的防控。

六、效益分析

（一）经济效益

红豆草种子产量可达1 500～2 000千克/公顷，红豆草市场价格为18元/千克，每公顷红豆草种子田收入可达1.5万～2.0万元。

（二）生态效益

红豆草为多年生豆科牧草，具有培肥地力、防风固沙、保持水土等功能，是天然草地恢复和人工草地建植的重要草种，有助于改善生态环境和推动生态屏障建设。

（三）社会效益

综合红豆草的经济和生态效益，红豆草具有广阔的市场前景，种植红豆草既可以促进农牧户增收，还可以拓展农牧户就业渠道，有助于推动我国黄河流域中上游地区草牧业高质量发展。

七、典型案例

甘肃省定西市陇西县雨润农牧有限责任公司，在甘肃省陇西县文峰镇选择肥力适中、土层深厚、持水力较强、通气性好的黄土高原黄绵土，建设红豆草种子田 1 000 亩。红豆草根系的根瘤菌可固定大气中的氮，从而改善土壤质量，扩繁红豆草种子既保证了红豆草良种生产潜力的发挥，又能培肥地力。此外，附近农民在播种、施肥、除杂等田间管理及种子收获过程中务工，提高了收入，促进乡村振兴。

第一年投入 600 元/亩，第二至六年平均年投入 300 元/亩。土地成本每亩 200 元。1 000 亩 6 年总投入为 330 万元。

种子价格 18 元/千克，第一年种子产量 20 千克/亩，年收入 360 元/亩；第二年至第六年平均种子产量 60 千克/亩，年收入 1 080 元/亩。每年红豆草秸秆收入平均 200 元/亩。6 年总收入合计 696 万元，6 年纯收入为 366 万元（彩图 5－1）。

起草人：张静、鱼小军

黄花苜蓿种子生产技术模式

一、技术概述

黄花苜蓿（*Medicago falcate*）种子生产技术模式集成了黄花苜蓿种子生产的环境条件要求、种子田与播种材料的准备、播种技术、种子田管理、收获干燥及清选加工等技术，在完善黄花苜蓿种子生产技术体系的基础上，可使黄花苜蓿种子产量提高到15～50千克/亩，每亩种子田净收益1 200～1 500元，经济效益可观，对发展草食畜牧业和天然草原生态保护与修复起较好的促进作用。

二、适用范围

该技术模式适用于干旱半干旱或半湿润地区黄花苜蓿种子的生产，如我国甘肃绿洲灌溉农业地区、宁夏和内蒙古西部的黄河灌溉地区以及新疆西部。

三、技术流程

该技术模式涉及黄花苜蓿种子生产的环境条件要求、种子田与播种材料的准备、播种技术、种子田管理、收获干燥及清选、检验、分级、包装与贮藏等内容。技术流程见图5-2。

四、技术模式操作要点

（一）环境条件要求

1. 气温要求

适宜≥10℃积温在2 800℃以上、无霜期150天以上的地区。

```
┌──────────────┐    ┌────────────────────────────┐
│  环境条件要求  │───▶│ 气温   水分   土壤   光照    │
└──────────────┘    └────────────────────────────┘
       │
       ▼
┌──────────────┐    ┌──────────────────────────────────┐
│  种子田准备    │───▶│ 地块选择   隔离距离   整地   耙地    │
└──────────────┘    └──────────────────────────────────┘
       │
       ▼
┌──────────────┐    ┌────────────────────────┐
│ 播种材料准备   │───▶│ 种子质量   根瘤菌接种    │
└──────────────┘    └────────────────────────┘
       │
       ▼
┌──────────────┐    ┌────────────────────────────────────┐
│   播种技术     │───▶│ 播种时期  播种方式  播种量  播种深度    │
└──────────────┘    └────────────────────────────────────┘
       │
       ▼
┌──────────────┐    ┌──────────────────────────────────┐
│  种子田管理    │───▶│ 杂草防除   施肥   灌溉   辅助授粉    │
└──────────────┘    └──────────────────────────────────┘
       │
       ▼
┌──────────────┐    ┌──────────────────────────────┐
│  收获与干燥    │───▶│ 收获时间与方法   脱粒   干燥      │
└──────────────┘    └──────────────────────────────┘
       │
       ▼
┌──────────────┐    ┌──────────────────────────────────┐
│ 清选、检验、分级、│───▶│ 清选   检验   分级   包装与贮藏    │
│  包装与贮藏    │    └──────────────────────────────────┘
└──────────────┘
       │
       ▼
┌────────────────────────────────────────────────┐
│          黄花苜蓿种子运输、销售                    │
└────────────────────────────────────────────────┘
```

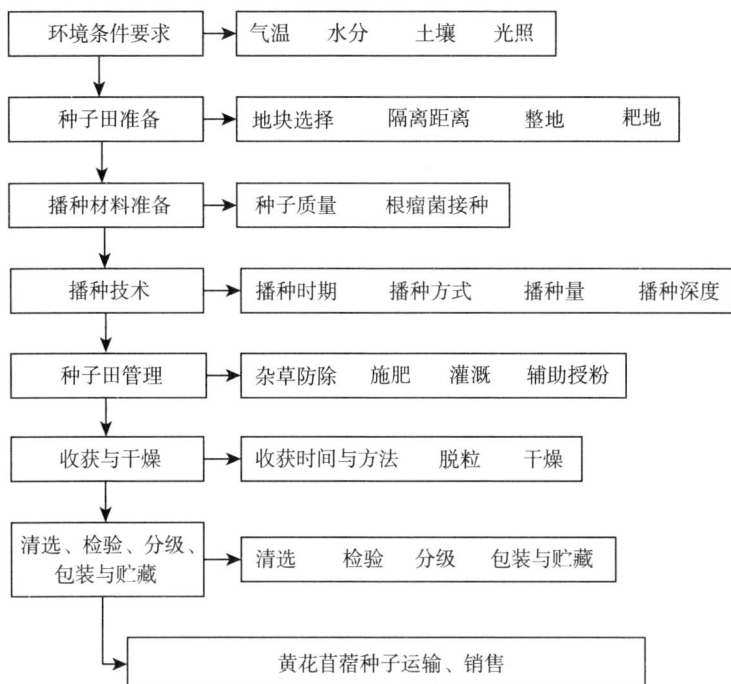

图 5-2　技术流程图

2. 水分要求

适宜在年降水量 280～450 毫米的地区。低于 280 毫米的地区，应有灌溉条件。

3. 土壤要求

宜在中性或微碱性的土壤中生长，喜栗钙土或壤土。

4. 光照要求

生育期日照时间应在 2 200 小时以上。

（二）种子田准备

1. 地块选择

选择地势开阔、通风、光照充足、土地平整、土层深厚、肥力适中、排灌水方便、便于隔离的地块。种子田前作近 4 年没有种过黄花苜蓿。

2. 隔离距离

种子田隔离距离应符合 NY/T 1210 的要求。

3. 耕作措施

播前清除前茬残留物，平整土地。采用撒施或条施的方法施腐熟的农家肥 37 500～45 000 千克/公顷作为基肥。耕地在秋季进行，耕深 20～30 厘米。耕后及时耙地耱平。

（三）播种材料准备

1. 种子质量

应符合 GB 6141 规定的三级以上种子。

2. 根瘤菌接种

播种前对种子进行苜蓿根瘤菌剂拌种接种。

（四）播种技术

1. 播种时期

在春季土壤水分适宜或有灌溉条件的地区，宜春播；旱作可在雨季抢墒播种。参照 DB15/T 2063 的规定执行。

2. 播种方式

条播，行距 40～45 厘米。

3. 播种量及播种深度

播种量为 6～7.5 千克/公顷，播种深度 1～2 厘米，播后适当镇压。

（五）种子田管理

1. 杂草防除

幼苗高度达 8～10 厘米时，人工或用除草剂清除杂草；株高 15～20 厘米时，中耕除草一次。

2. 施肥与灌溉

施肥可采用撒施或条施。分枝期施尿素 75～120 千克/公顷，配施磷酸二铵 75～150 千克/公顷；种子收获后以施氮肥为主。每次施肥后要及时灌溉，从分枝期到开花期根据土壤墒情进行灌溉。

3. 辅助授粉

根据实际情况可选择人工放养蜂辅助授粉，放蜂量为 50 000 只/公顷。

（六）收获与干燥

1. 收获时间与方法

种子田建植当年不收获种子，第二年开始每年当荚果2/3变成褐色或黑褐色时，采用机械收获，收割时留茬高度5～10厘米。

2. 脱粒

割倒的草条在残茬或晒场上晾晒，期间翻动数次，当荚果含水量达20%时，采用碾压脱粒或用脱粒机脱粒。

3. 干燥

脱粒后的种子，在晒场上摊成波浪式进行晾晒，厚度不超过5厘米，每日翻动4～6次，使种子含水量降到12%以下即可，也可采用烘干机干燥。

（七）清选、检验、分级、包装与贮藏

1. 清选

干燥后的种子进行清选，清选应按照NY/T 1235的规定执行。

2. 检验、分级

清选后的种子进行检验，包括扦样、净度分析，其他植物种子数测定，发芽试验，水分测定分别按照GB/T 2930.1、GB/T 2930.2、GB/T 2930.3、GB/T 2930.4、GB/T 2930.8的规定执行。分级按GB 6141的规定执行。

3. 包装与贮藏

合格的黄花苜蓿种子进行包装，包装和标识按照NY/T 1577的规定执行，贮藏于通风、干燥的环境中。

五、技术使用注意事项

黄花苜蓿种子生产地的选择要满足≥10℃积温在2 800℃以上、无霜期150天以上。

黄花苜蓿种子田要保证足够的隔离距离。

种子田利用5～6年效益达到最高，建议第七年进行翻耕、倒茬。

六、效益分析

（一）经济效益

该技术实施后，可使黄花苜蓿种子产量达 15～50 千克/亩。第一年投入 500～550 元/亩，第二至六年平均年投入 400～450 元/亩，土地成本按 300～400 元/亩计算。种子价格按 40 元/千克计算，第一年收获种子 15～20 千克/亩，投入产出基本持平，每亩秸秆收入 200～300 元；第二至六年平均种子产量在 45～50 千克/亩，每亩种子净收益 1 000～1 200 元，秸秆收入 200～300 元。与种植传统作物相比，经济效益优势明显。

（二）社会效益

作为优质乡土草种，尤其在黄河流域中上游寒旱地区，黄花苜蓿有着较好的适应性，可以带动当地饲草产业和草食畜牧业发展，还可促进草原生态保护，从而助推地方实施乡村振兴战略。

（三）生态效益

黄花苜蓿作为豆科牧草具有固氮作用，根部会有根瘤产生，每年每公顷能够固氮约上百千克，在满足自身需求外，还能有效地改善土壤中氮含量，因此其可以作为改善土壤质量的优良作物。同时，黄花苜蓿为深根系饲草，强大的根系可保持水土，有效地防止水土流失。

七、典型案例

内蒙古大学草地生态学研究基地成立于 2009 年，位于内蒙古自治区锡林浩特市毛登牧场，占地 2 000 亩。研究基地经过多年对黄花苜蓿种子生产技术的研发，自 2020 年开始示范黄花苜蓿种子生产技术。黄花苜蓿种子采自内蒙古锡林浩特市白音锡勒牧场，播种行距为 40 厘米，株距 40 厘米。采用该技术进行种子生产，第一年投入 550 元/亩，种子产量 15 千克/亩，种子价格 40 元/千克，年收入 600 元/亩；第二年投入 480 元/亩种子产量 43 千克/亩，年收入 1 720 元/亩（彩图 5 - 2、彩图 5 - 3）。

起草人：刘志英、宝音陶格涛

箭筈豌豆种子生产技术模式

一、技术概述

箭筈豌豆（*Vicia sativa*）又名荒野豌豆、大巢菜，豆科野豌豆属，一年生或越年生豆科草本植物。因其鲜草柔嫩多汁、富含蛋白质、含糖量高，具有丰富的营养价值，且适口性好，是北方偏冷地区春季及南方地区冬季栽培的豆科牧草之一。箭筈豌豆也是一种北方偏冷地区春季及南方地区冬季常用的绿肥作物，耐贫瘠，抗旱、抗寒性强，可适应多种逆境胁迫。但箭筈豌豆种子产量历年较低，每亩最高单产量不过 100 千克，经济效益较低。因此，推广箭筈豌豆种子高产优质生产技术，提高种子产量，可为黄河流域中游地区箭筈豌豆种子生产提供理论依据和技术支撑。

二、适用范围

该技术模式适用于甘肃、内蒙古、宁夏、陕西、山西等西北黄河流域省区。

三、技术流程

箭筈豌豆种子高产栽培关键技术措施包括：种子田的种植，主要包括品种选择、地块选择、整地施肥和播种；种子田的管理，主要包括施肥、灌溉、杂草防除和病虫防治；种子收获与清选；种子贮藏。箭筈豌豆种子生产流程见图 5 - 3。

四、操作要点

（一）箭筈豌豆种子田种植

1. 品种选择

选择高产、优质、抗病性好、抗倒伏的品种；外引品种至少要在当地

175

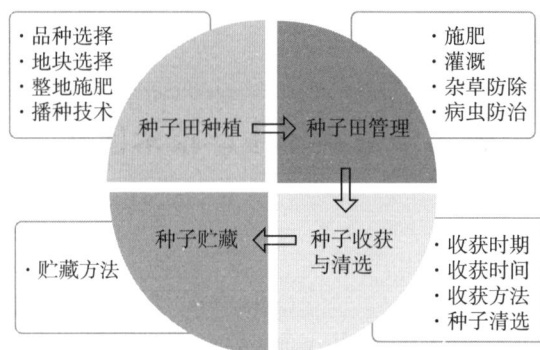

图 5-3 技术流程图

经过 3 年以上的适应性试验才可大面积种植。种子质量符合 GB 6141 要求的 I 级种子。

2. 地块选择

选择土层深厚、肥力适中的土壤。

3. 整地施肥

春播地在前茬作物收割后深耕 20～25 厘米，播种前浅耕 15～20 厘米，耙糖、整平地面。基肥一般多为有机肥，主要有粪肥、腐熟厩肥或农家肥，施用量按 11～15 吨/公顷，在土壤缺磷情况下，可用磷肥单作基肥或与厩肥混合作基肥施用。

4. 播种技术

播种时间在 4 月初。

播种方式为单播。

播种方法为条播，行距 30～45 厘米。

播种量为每亩播 4.0～6.0 千克。种子发芽率高、土壤墒情好、有种植经验的地方以及肥力较高的地块，播种量可酌减，反之则酌增。

播种深度为 3～4 厘米，不超过 5 厘米，土壤墒情差的宜深，墒情好的宜浅。

（二）箭筈豌豆种子田管理

1. 施肥

在箭筈豌豆苗期和分枝期结合灌溉或降雨进行追肥，以磷、钾肥为主，氮肥为辅，施用磷、钾复合肥，用量为 75～150 千克/公顷。

2. 灌溉

有灌溉条件地块视需水情况在出苗后 5～7 天内灌水，在 10%～50% 茎上有可见花蕾时视土壤墒情进行灌水，整个生育期可灌水 2～3 次；水量不宜过大，应速灌速排，切忌渍水，地下水位较低地块注意开沟排渍，水质要符合 GB 5084 标准要求。

3. 杂草防治

应除草 1～2 次，播后苗前和苗后 15～20 天、杂草 3～5 叶期各除草一次，产出的青草杂草率控制在 5% 以内。杂草少的地块用人工拔除，杂草多的地块可选用安全高效、低毒低残留的除草剂，除草剂应符合 GB 4285 的要求。

4. 病虫防治

箭筈豌豆目前尚未发现有毁灭性病害，仅在早春发现有叶斑病发生，可用 50% 多菌灵或 70% 甲基硫菌灵可湿性粉剂 800～1 000 倍液喷洒；也可用 32% 克菌或乙蒜·酮 1 500～2 000 倍液喷洒，7 天 1 次，连喷 2 次。在早春至开花期可见有豆芫菁及蚜虫为害，可喷洒 40% 乐果乳剂或 10% 吡虫啉 1 000～1 500 倍液防治。农药使用应符合 GB 4285 和 GB/T 8321 的规定。

（三）箭筈豌豆种子收获与清选

种子收获前去除杂株，当箭筈豌豆 70% 的荚果呈黄褐色为收种最适期。收种时要结合当时天气预报，密切掌握天气情况，抢晴收获，若出现较长时间的阴雨天，应适当提早抢收。在早上露水未干时进行（阴天可整天收获），收种方法采用连茎叶割回（或卷回），在晒场上用人工或机械脱粒。接着进行种子清选，应提前关注天气预报，避免在雨天打碾清选种子。清选后的种子应达到相应等级种子的最低质量标准。

（四）箭筈豌豆种子贮藏

箭筈豌豆种子晒干、风净后及时装袋打包，贴写标签，贮藏于通风排水良好的仓库中。

五、技术使用注意事项

该技术应因地制宜，符合当地实际。注意分析相关配套技术是否可行，对生产过程中必须的销售、储存、运输、加工等环节的技术问题加以综合考虑。

六、效益分析

（一）经济效益

春播 1 000 亩箭筈豌豆种子田收获种子，按 180 千克/亩计，按 5 元/千克单价计，价值 90 万元。1 000 亩箭筈豌豆种子田收获秸秆 200 千克/亩，箭筈豌豆秸秆价值按 1 000 元/吨计算，200 吨秸秆价值 20 万元。正常年份每亩均支出 200 元，土地费用每亩 200 元，共支出 40 万元，纯收入 70 万元。

（二）社会效益

我国牧草种子需求缺口大，严重影响现代化草产业发展。通过技术实施，可促进牧草草种产业国产化，减少我国草种业对国外的依赖，增强民族种业自信心。草种生产可带动和吸纳周边农场和农户投入到草种生产链中来，使草种生产形成黄河流域甘肃中部地区的一项支柱型产业，以草种产业助推当地乡村振兴发展，增加农民收入，全面建设小康社会。

（三）生态效益

箭筈豌豆是一年生或越年生草本植物，枝繁叶茂，对地面覆盖度大，且根系发达，是典型的水土保持草种，箭筈豌豆种植可防止水土流失和盐渍化，是粮草轮作的优选饲草，可促进实现当地农业的可持续发展。箭筈豌豆可固氮，可有效地改良土壤肥力，减少化肥用量，改善农田长期使用化肥造成的土壤酸化、僵化，形成生态环境的良性循环。

七、典型案例

会宁县正兴农牧科技有限公司成立于 2003 年，位于会宁县西城农业产业园。在会宁县中川镇建成箭筈豌豆种子田 600 亩，播种方式为条播，行距 30 厘米，播种量 6 千克/亩，亩产种子 168 千克，按照 7.6 元/千克的价格，折合产值约 1 280 元/亩，箭筈豌豆田秸秆收入 200 元/亩，扣除种子费、地租、田间作业等费用 400 元/亩，年纯收入 1 080 元/亩（彩图 5-4）。

起草人：肖红、鱼小军

青海扁茎早熟禾种子生产技术模式

一、技术概述

青海扁茎早熟禾（*Poa pratensis* var. *anceps* Gaud. cv. Qinghai）是针对青藏高原高寒、高海拔条件选育出的抗寒、耐旱、根茎繁殖快、固土保水能力强的多年生草品种。但由于青海扁茎早熟禾营养体生长旺盛，生殖枝较少，且种子成熟期不一致，熟后易脱落，导致种子产量较低，供给不足。青海扁茎早熟禾种子的产量不仅受自身生物学特性的影响，还受生产区环境因子、土壤肥力和田间管理水平等因素影响。因此，研制青海扁茎早熟禾种子高效生产技术，有助于黄河流域上游地区高质量发展和生态保护。

二、适用范围

该技术模式适用于青藏高原海拔 2 300～4 200 米的区域。

三、技术流程

青海扁茎早熟禾种子生产主要分为无性繁殖和有性繁殖两种繁殖方式，实现青海扁茎早熟禾种子高产和优质的关键技术措施包括：种子田选择、栽培技术、田间管理、种子收获和种子清选与贮存等。具体流程如图5-4所示。

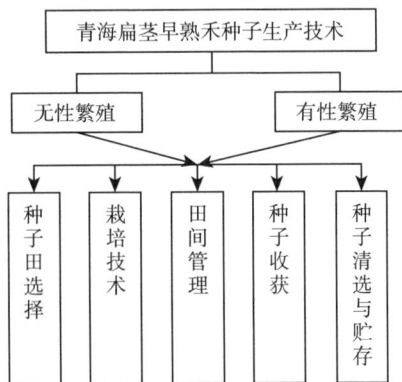

图 5-4　技术流程图

四、操作要点

（一）种子田选择

宜选择开阔、通风、坡度平缓（小于 20°）、集中成片、肥力中等、土质较好、pH8.3 以下的地段。

（二）种子田建植

1. 整地

在前茬作物收获后深耕，深 25～30 厘米，并施有机肥 20～45 吨/公顷或纯氮 30～60 千克/公顷与纯磷 45～75 千克/公顷配施作基肥。整地做到"细、平、松、深、净、墒"。细即耕作层内土壤是细碎的团粒结构，没有明显的大土块。平指土壤表面平坦。松指土壤表层要疏松，使土壤耕层呈表松下实的状态。深指土壤耕作层要深厚，可贮藏更多的水分、养分和空气，有利于种子萌发、出苗以及根系和幼苗的生长发育。净主要指整地后的土壤表层无毒杂草、残茬、病虫等。墒指土壤墒情，即播种时土壤水分要适宜，土壤含水量 15%～25%。

2. 播种

（1）种子处理　选用净度不低于 95%，发芽率不低于 90%，水分不高于 12%且符合种子检疫的良种。或将种子在播种前暴晒 1～2 天，可提高种子的发芽率。

（2）播种期选择　海拔 3 300 米以下地区，于 5 月中旬至 7 月上旬播种。海拔 3 300 米以上地区，于 5 月下旬至 6 月下旬播种。

（3）播种方法　条播时，行距 30～50 厘米，播量 12～18 千克/公顷。撒播时，播量 18～22.5 千克/公顷，播深 1～2 厘米。

3. 田间管理

（1）杂草防除

①人工防除　采用人工的方法防除杂草。

②化学防除　使用 2，4 -滴丁酯或阔叶净进行防除杂草。

（2）灌溉　在有灌溉条件的地区，可适当进行灌溉。

（3）施肥　可在分蘖期、拔节期、抽穗期进行施氮肥，施肥量为尿素
80千克/公顷。

（三）种子收获与加工

1. 种子收获

当穗上部种子完熟，中部种子蜡熟时收获。

2. 种子清选

经过收获脱粒后，一般利用种子与杂物之间的物理特性差异，比如大
小、比重、形状等来进行风筛清选和比重清选。

五、技术使用注意事项

1. 青海扁茎早熟禾千粒重仅为 0.2 克，种子田建植难度大。种子田
建植过程中，播种后务必要进行镇压工作，保证青海扁茎早熟禾出苗，同
时要加强播种当年和第二年返青期田间管护，做好田间除杂工作。

2. 青海扁茎早熟禾种子基部带浮毛，种子清选难度大。因此在种子
清选过程中要严格按照《青海扁茎早熟禾种子清选技术规程》（DB63/T
708—2008）进行。

3. 青海扁茎早熟禾种子成熟过程中，种子落粒性强，严重时落粒率
高达40%左右，因此在种子收获时，一般要求在盛花期后第28天就开始
收获，避免因种子落粒造成的损失。

4. 青海扁茎早熟禾属根茎型牧草，在建植第三年往往形成草皮，因
此在种子田建植过程中，尽量采用宽行播种，建植第三年采用切根＋施肥
的方式进行种子田复壮，保证青海扁茎早熟禾种子田高产、稳产。

六、效益分析

（一）生态效益

青海扁茎早熟禾是适宜青藏高原生态环境治理的根茎型优良牧草品
种，可利用其进行生态恢复，充分利用其发达的根茎可起到防风固沙和
固土保水的作用，而且其草质柔软，饲草产量高，建植的人工草地可以

做放牧利用，也可刈割饲草利用，在生态环境治理中具有重要作用。青藏高原地区引进的多年生牧草不适应在青藏高原推广种植，利用青藏高原驯化选育的乡土草种开展种子生产，可有效解决青藏高原生态环境治理过程中种子缺乏的问题，对提高生态环境治理的效果具有重要作用。

（二）社会效益

三江源区的土地沙漠化、盐碱化和次生裸土化是十分严重的生态环境问题，而适宜于三江源地区种植的青海扁茎早熟禾具有极强的抗寒、耐旱性，其根茎繁殖快，固土保水能力强。随着国家生态建设的不断深入，建立青海扁茎早熟禾种子田，不仅有利于三江源地区生态环境的保护和改善，也符合西部生态环境建设的需要，对振兴地方经济、加强民族团结意义重大。

（三）经济效益

该项技术可使青海扁茎早熟禾种子田利用年限从原来的 3～4 年提高到 5～6 年，种子田产量由原来的 15 千克/亩提到 20 千克/亩。第一年种植每亩投入地租 300 元，基肥 100 元，种子 80 元，人工除草 200 元，机械（翻、种）150 元，合计 830 元左右；第二年到第六年投入，每年地租 300 元，肥料 60 元，机械收获 100 元，投入每年共 460 元。第一年没有种子，种植 6 年每亩种子产量约为 100 千克，每千克 60 元的价格，种子收入约 6 000 元，成本合计 3 130 元，平均每年净利润 478 元。技术的应用可整体提高青海扁茎早熟禾种子田建植水平和种子产量，带动相关种子生产企业从事青海扁茎早熟禾种子生产，为青藏高原生态环境治理、青藏铁路、公路护坡建设等方面提供良种，增加高寒区生态型草种供应量。

七、典型案例

利用该项技术，青海省畜牧兽医科学院实施了国家星火计划项目"青海扁茎早熟禾种子扩繁与适时收获关键技术集成与示范"（项目编号

2015GA870002）。项目在青海省同德县（海拔 3 300 米）建立了标准化青海扁茎早熟禾种子田 1 344 亩，平均种子产量达到 22.3 千克/亩。建立的种子田实现了销售收入 190.58 万元，纯收入达 130.58 万元。

起草人：刘文辉

饲用燕麦种子生产技术模式

一、技术概述

燕麦（*Avena sativa*）是我国栽培的主要饲草之一，因其具有耐寒、抗逆性强、易于栽培等特性，已成为青藏高原高寒牧区和南方冬闲田建植高产优质人工饲草地的首选牧草。在青藏高原，燕麦种子只能在海拔较低的区域才能成熟。此外，由于长期缺乏成熟的种子生产技术模式，青藏高原地区燕麦种子产量普遍较低，导致燕麦种子供给不足。燕麦种子产量不仅受自身遗传特性的影响，还受生产区环境、土壤肥力和田间管理水平等因素影响。因此，研制饲用燕麦种子高效生产技术模式，可促进实现饲用燕麦种子优质高产，进而助推饲草产业高质量发展。

二、适用范围

该技术模式适用于整个青藏高原海拔 2 200～3 000 米的地区。

三、技术流程

实现饲用燕麦种子高产和优质的关键技术措施包括：品种选择、种子田地块选择、播前准备、种子处理、播种、田间管理、适时收获与清选加工。具体流程如图 5-5 所示。

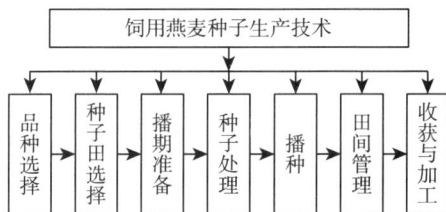

图 5-5　技术流程图

185

四、操作要点

(一) 品种选择

青藏高原地区饲用燕麦种子生产可选择国产燕麦品种，如青海 444、青海甜燕麦、青引 1 号、青引 2 号、林纳、青燕 1 号、白燕 7 号、加燕 2 号等皮燕麦品种，也可选择青引 3 号、青莜 3 号等裸燕麦品种，这些品种已在青藏高原不同生态区域进行了多年推广种植，均表现出了良好的生态适应性和生产性能。也可以选择国外进口饲用燕麦品种，但在种子生产中，必须进行引种试验，筛选出适宜种植的品种后，再进行大面积推广。

(二) 种子田的选择

燕麦种子田选择土壤肥沃、阳光充足 (≥10℃的有效积温 1 800～2 200℃，无霜期 100～110 天) 的区域。土质以选择肥沃、有机质含量高 (在 1% 以上)、pH 为 6.8～7.8，孔隙度适宜、保水保肥性强的壤土为宜。燕麦忌连作，连作会造成产量下降，过多地消耗土壤中同一养分。因此应建立合理轮作倒茬制度，调整轮作结构。

(三) 种子田建植

1. 整地

在前茬作物收获后深耕 1～2 次，深 20～30 厘米，晒垡、耙糖。整地做到"细、平、松、深、净、墒"。

2. 播种

(1) 种子处理　选用净度不低于 95.0%，发芽率不低于 90%，水分不高于 12% 且符合种子检疫的优质种子。或对种子进行处理，即将种子在播种前暴晒 1～2 天，可提高燕麦种子的发芽率。

(2) 播种期选择　播种期要根据当地气候条件决定，一般在 4 月中旬至 5 月上旬播种。当土壤含水量达 10% 以上，地温在 5℃ 以上时，即可播种。

(3) 播种方法　采用条播，行距 15～30 厘米。按每亩保苗数 30 万～35 万株进行播种，播量根据种子千粒重和发芽率计算实际播量，播深不超过 5 厘米。干旱区种植，需做到播后镇压。

（4）播种量　一般情况下，燕麦的播量可根据土壤肥力、水分条件确定。旱地裸燕麦播量一般为 120～150 千克/公顷，皮燕麦一般在 180～225 千克/公顷。

（5）施肥量　种肥在播种时施入，利用分层播种机将种子分层播种。一般种子田施磷酸二铵 135～180 千克/公顷，氯化钾 60～75 千克/公顷。

3. 田间管理

（1）杂草防除

①中耕防除　在燕麦 4～5 叶期进行第一次浅中耕，深度 3～5 厘米。在分蘖至拔节期进行一次深中耕，深度 7～10 厘米。

②化学防除　在燕麦分蘖期使用 2，4 -滴丁酯或阔叶净防除种子田阔叶杂草。

（2）追肥　在基肥和种肥施足的情况下，可不追肥，以免过量施肥。根据燕麦长势，可在燕麦分蘖期、拔节期、抽穗期追施氮肥，施肥量为尿素 45～75 千克/公顷。

（3）田间除杂　在开花期至乳熟期进行田间除杂，通过穗型和长势，拔除与该品种不同的植株，确保种子纯度。

（四）种子收获与清选

1. 种子收获

（1）收获时间　通常在燕麦秸秆发黄，叶片干枯，种子穗下部籽粒进入蜡熟期，穗中上部籽粒进入蜡熟期末期时收获。

（2）收获方法　用人工或割晒机将燕麦收割后，经晾晒后再进行脱粒。也可在完熟期用联合收割机一次完成收获并脱粒。在实际生产中，应根据当地气候状况，因时、因地灵活选用收获方式。

2. 种子清选

种子收获脱粒后，一般利用种子与杂物之间的物理特性差异，比如大小、比重、形状等来进行风筛清选和比重清选。

五、技术使用注意事项

1. 目前国内燕麦种子经营企业较多，市场上燕麦品种优劣混杂、以次充好、以假充真的现象时有发生。在购买优良燕麦品种时请咨询当地农牧业主管部门。

2. 青藏高原地区饲用燕麦种子生产一般建议在海拔 2 200～2 800 米的区域进行，海拔 2 800～3 000 米的区域可选择早熟燕麦品种青引 1 号、青引 2 号和青燕 1 号。海拔 3 000 米以上区域有些品种燕麦种子虽然能成熟，但收获的种子发芽率较低，不能再作为下一步种子田建植用种，只能用于饲草生产。

3. 在燕麦种子生产过程中，尽量选择国产燕麦品种，引进的燕麦品种易携带某些病原菌，尤其是黑穗病，同时其生产性能不易掌握，极易造成减产。

4. 饲用燕麦种子生产过程中，施肥量必须根据田间土壤肥力和上茬作物情况而定，播种量不易过高，一般控制在 30 万～35 万株/亩保苗数，播量过大将引起燕麦倒伏而造成生产上的损失。

5. 旱地播种后务必镇压，确保整齐出苗，同时也可促进根系发育，降低燕麦倒伏发生概率。

6. 在燕麦种子生产中，由于种植、播种、收获、清选等环节中不确定的因素，造成饲用燕麦种子生产中的品种混杂，建议在大规模燕麦种子生产中采取"一县一品"或"一乡一品"的措施，保证燕麦品种的纯度。

六、效益分析

（一）生态效益

随着国家相继启动"草原生态保护补助奖励""粮改饲""草原畜牧业转型升级试点示范"等重大战略政策，燕麦作为青藏高原饲草生产的主要草种，在调整产业结构、增加农牧民收入等方面的作用越来越受到人们的重视。建立优质、高产人工草地是解决青藏高原高寒地区草畜季节性供求矛盾、促进草食畜牧业可持续发展和生态环境保护的关键措施之一。加强燕麦品种的提纯复壮和繁育体系建设工作，完善燕麦良种繁育基地建设，可为燕麦饲草种植提供优良种源，保证饲草优质高效生产。

（二）社会效益

饲用燕麦作为青藏高原生态环境治理和草牧业发展中重要的饲草作物，在维持青藏高原地区畜牧业发展方面发挥着重要的作用，生产优良的饲用燕麦种子，不仅为当地农牧民带来良好的经济效益，而且为牧区饲草生产提供了优良种源。近年来，随着进口燕麦的冲击，国产燕麦市场占有率持续下降。做好饲用燕麦种子生产，特别是国产燕麦种子生产，提高燕麦种子质量，提高国产燕麦市场占有率，可实现"让中国人的饭碗牢牢端在自己手中"的目标。

（三）经济效益

在正常年景，燕麦平均亩产在 200 千克以上，种子价格按 4.0 元/千克计，亩收入可达 800.0 元，秸秆亩产按 300 千克计，秸秆单价按 0.2 元/千克计，亩均收益 60 元，除去每亩投入成本，平均每亩净收益可达 460 元。

七、典型案例

种子生产具有严格的区域性和利用上的时效性，根据青海省东部农业区低、中、高位山旱区不同气候类型区，以合作社和种植大户为基础，在大通、湟中、平安、互助、湟源县建立健全原种繁殖基地和良种扩繁田建设，集中连片繁育推广，逐步建立完善"原种田—繁育田—种子生产田"的三级繁育推广体系。在良种推广中，建立了"育种研究中心＋科技公司＋基地（农户）"的燕麦种子生产经营模式。采用良种配良法的方式，按照"一县一品"的布局，不仅提高了饲用燕麦种子生产的产量，而且提高了品种的纯度。通过多年努力，青海省饲用燕麦良种的供种率由原来的30％提高到95％。

起草人：贾志锋

紫花苜蓿种子生产技术模式

一、技术概况

近年来，我国草牧业生产和生态文明建设对优质草种的需求量呈明显增长态势，尤其优质饲草种子主要依赖进口，究其原因，主要是我国自主创新能力和市场把控能力不足造成的，例如美国生产紫花苜蓿种子平均亩产 60 千克左右，中国平均亩产只有 30～50 千克。另外，我国种子生产技术和管理水平也相对较低，比如授粉蜂数量不足，直接影响产量。因此，研制优良的紫花苜蓿种子高效生产技术，促进紫花苜蓿种子高产优质，显得尤为重要。

二、适用范围

该技术模式适用于甘肃、宁夏和内蒙古西部等的黄河灌溉区，以及气候温暖、降水稀少、空气干燥、日照时数长、地势平坦、有灌溉条件的干旱半干旱地区。

三、技术流程

在适合的生产地区，实现紫花苜蓿种子高产和优质的关键技术措施包括：种子田地点选择、播前准备（整地）、播种、田间管理、收获、种子的清选、种子的加工与贮藏。紫花苜蓿种子生产流程见图 5-6。

四、操作要点

（一）紫花苜蓿种子田的土地要求

1. 种子生产对土壤的要求

紫花苜蓿对土壤的要求并不严格，适应范围较广。但土壤黏重、紧

```
┌──────────────┐    ┌────────────────────────────────┐
│ 种子田地点选择 │───▶│ 气候条件    土地条件    隔离条件 │
└──────────────┘    └────────────────────────────────┘
        │
        ▼
┌──────────────┐    ┌────────────────────────────────┐
│ 播前准备（整地）│──▶│ 犁地      耙地      耱地     镇压 │
└──────────────┘    └────────────────────────────────┘
        │
        ▼
┌──────────────┐    ┌───────────────────────────────────────┐
│   播种技术    │───▶│ 品种选择 土壤处理 种子处理 播种期 播种方式 播种量 │
└──────────────┘    └───────────────────────────────────────┘
        │
        ▼
┌──────────────┐    ┌───────────────────────────────────────┐
│   田间管理    │───▶│ 施肥   灌溉   除杂   病虫害防治   中耕   辅助授粉 │
└──────────────┘    └───────────────────────────────────────┘
        │
        ▼
┌──────────────┐    ┌────────────────────────────┐
│    收获      │───▶│ 收获期    收获方法    后茬管理 │
└──────────────┘    └────────────────────────────┘
        │
        ▼
┌──────────────┐    ┌───────────────────────────────────────┐
│   种子清选    │───▶│ 晾晒   脱壳   风筛清选   比重清选   种子检验 │
└──────────────┘    └───────────────────────────────────────┘
        │
        ▼
┌──────────────────────────────────────────────┐
│         种子包装、贮藏、运输、销售              │
└──────────────────────────────────────────────┘
```

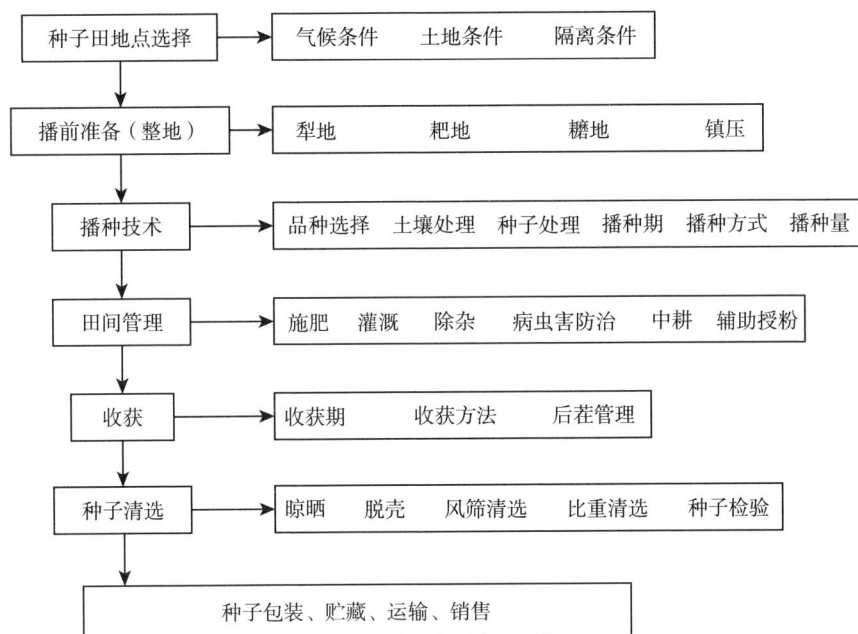

图 5-6　技术流程图

实、过湿或过酸，均不利于紫花苜蓿的生长。土壤 pH 在 7～8 时最佳，低于 6 时根瘤难以生成，pH 低于 5 或高于 9 时根系生长受到强烈抑制。土壤全盐含量不宜超过 0.3%。土层过薄或地下水位过高都将限制根系下扎。

2. 种子生产对地段的要求

应选择在开旷、通风、光照充足、土层深厚、排水良好、肥力适中、杂草较少的地段上，且 1 000 米范围内无其他苜蓿品种种植的地块。可布置于邻近防护林带、灌丛及水库近旁，以利于昆虫传粉。应符合认证规程对前作时间间隔的要求。

（二）紫花苜蓿种子田建植

1. 整地

耕作技术包括深耕、浅耕、灭茬、镇压和中耕等，目的在于疏松土壤，改善其通气、透水性能，消灭杂草和病虫害。整地质量好坏，直接影响出苗率和整齐度。整地时间选在夏季，便于蓄水保墒、消灭杂草。耕地深度在30厘米以上，有利于紫花苜蓿根系的生长、发育和扎根。

2. 播种

（1）播前土壤处理　选用48%氟乐灵或仲丁灵乳油200毫升/亩，在二次稀释后兑水30千克/亩，均匀喷洒于地表，喷药后及时耙地混土及镇压。

（2）种子处理　选用净度不低于95%，发芽率不低于90%，水分不高于12%且符合种子检疫的良种。使用当年或前一年生产的种子，播前把种子放在太阳下暴晒1~2天，可提高紫花苜蓿种子发芽率。在未种植过紫花苜蓿的土地上，播种前最好进行根瘤菌拌种，1克根瘤菌剂可接种1千克紫花苜蓿种子。1千克紫花苜蓿种子需拌入钼酸铵1克和硼肥7.5克，可先将微肥充分溶解，用背负式喷雾器均匀喷洒在紫花苜蓿种子表面。

（3）播种期选择　春、夏、秋季都可以播种。春播原则上是当温度条件已满足紫花苜蓿萌发和生长时，即0~5厘米表土层温度稳定至15℃以上，越早越好。紫花苜蓿秋播不能太晚，要保证紫花苜蓿出苗后有45天以上的生长时间。

（4）条播播种方法　用较少的播种量，用繁殖倍数高、质量好的种子，最大限度地提高繁殖系数。在灌区宽行条播稀植，行距90厘米，种子田用种量4.0~6.0千克/公顷，播种深度为1~2厘米。

3. 田间管理

（1）杂草防除

①农业机械防除　可采用耙地的方法防治一年生春性杂草。营养生长期，在种植行间中耕1~2遍，可有效防除杂草。

②化学防除　应在封垄前用化学方法进行田间杂草防除，如2,4-滴丁酸钠盐、咪唑乙烟酸等除莠剂对紫花苜蓿均安全有效。

③菟丝子防除　菟丝子是寄生性检疫性杂草，为紫花苜蓿种子生产田重点防除对象。采用农业措施、化学防除、人工防除相结合的综合防治法效果较好。

（2）灌溉　种子田浇水可以采用畦灌、沟灌、漫灌、喷灌和地下滴灌等方式进行。种子田灌溉应在保证越冬水充足的前提下（越冬水灌水量为100～120立方米/亩），结合不同生长期对水分的需求及地区土壤、气候条件等因素进行灌溉。浇灌条件下，一般在种子田进入分枝期和结荚期进行灌溉，而且要在分枝期深灌，灌水量为140～180立方米/亩；结荚期浅灌，灌水量为80～120立方米/亩；苜蓿种子田灌水要严格控制灌水量，忌勤灌、多灌，在保证植株生长需求水分的同时防止出现徒长现象。

（3）施肥　种子田和生产田一次施足底肥和以后分期施肥效果基本一样。土地整理好后，分类施家畜厩肥发酵的有机肥，一般肥力土壤以30～45立方米/公顷为宜。同时施用紫花苜蓿专用自控缓释肥0.45吨/公顷。新播种子田在增施钾肥的同时施2千克/亩的尿素，保证植株正常生长。多年生种子田注重增施磷、钾肥，施用磷酸二铵10千克/亩、硫酸钾15千克/亩、过磷酸钙20千克/亩左右，具体施肥量根据土壤肥力状况确定。

（4）疏苗　密度是影响紫花苜蓿种子产量的重要因素。生长一年以上的种子田从第二年开始进行疏苗，使群体密度保持在45 000～75 000株/公顷。

疏苗方法：中耕的深度要达到紫花苜蓿的根颈以下，一般为8～10厘米，确保被铲除的紫花苜蓿植株地下部分无法再萌发新的枝条。中耕应在紫花苜蓿封垄前完成。

（5）病虫害的控制　紫花苜蓿的主要病害有紫花苜蓿锈病、紫花苜蓿霜霉病、紫花苜蓿白粉病、紫花苜蓿褐斑病、紫花苜蓿黑茎病和紫花苜蓿菟丝子，紫花苜蓿虫害有紫花苜蓿蚜、紫花苜蓿籽蜂、紫花苜蓿叶象甲、籽象甲类和金龟子类。当紫花苜蓿田出现这些病虫害时应及时防治，以防为主，主要措施为药剂拌种。

（6）切叶蜂放养辅助授粉　放养密度按箱间距60米、每箱授粉面积约0.36公顷设置。

（7）去杂去劣　在紫花苜蓿生育期间，种子田要进行去杂去劣和清除病株工作，一般选择各种性状表现最明显的时机多次分期进行，以保证干净彻底。去杂和选择是保持品种纯度、防止良种退化、提高品种种性的重要措施。

（三）紫花苜蓿种子的收获与加工

1. 种子收获

（1）收获时间　生产上一般在紫花苜蓿蜡熟后期或完熟初期，即 2/3～3/4 以上种荚由绿色变成褐色时收割。

（2）收获方式　可用人工收获方法，将紫花苜蓿割倒后运回晒场晾晒，晾晒过程中经常翻动，待水分下降到 12%～18% 时碾压脱粒。用联合收割机作业时，在适宜收获期前 5～7 天在紫花苜蓿表面喷洒敌草快等除草剂后收获。

（3）后茬管理　种子田和生产田种子收获后，及时进行后茬管理。首先进行灌溉，7～8 天散落种子出苗和杂草发育之后，进行行间中耕，除去杂草和幼苗。种子收获后，可视情况收获半茬或一茬饲草，刈割留茬高度不低于 10 厘米，饲草刈割应在生长季结束前 30 天左右，过早或过迟刈割不利于植株根部和根茎中储藏营养物质的积累。

2. 种子清选

种子收获脱粒后，一般利用种子与杂物之间的物理特性差异，比如大小、比重、形状等来进行风筛清选和比重清选。

五、技术使用注意事项

紫花苜蓿种子生产项目采用的关键技术应因地制宜，符合当地实际。注意分析相关配套技术是否可行，对项目有效经营所必须的销售、储存、运输、加工等系统的技术问题加以综合考虑。紫花苜蓿种子生产的产前、产中、产后的经营链在技术方案设计中应有明确体现。

种子田利用 1～6 年年均效益达到最高，第六年后开始递减，因此建议第七年进行翻地、更新换茬。

六、效益分析

（一）经济效益

紫花苜蓿种子田第一年投入 540～580 元/亩，第二至第六年平均年投入 450～500 元/亩。土地成本每亩 400～750 元。种子价格 40 元/千克，第一年种子产量 15～20 千克/亩；第二年至第六年平均苜蓿种子产量45～60 千克/亩。苜蓿秸秆收入 220～280 元/亩，具有较好的经济效益。

（二）社会效益

紫花苜蓿良种繁育田的建立，规范了紫花苜蓿良种的推广应用，保证了良种生产潜力的发挥。还通过农业高技术成果转化、产业化经营，提高了劳动生产率，扩大了服务范围，提高了农民收入，有助于乡村振兴。

（三）生态效益

利用紫花苜蓿种子生产可通过其根瘤菌固氮作用来提高土壤肥力，保持水土。随着种植年限的增加，紫花苜蓿的结瘤密度增加，土壤全氮、碱解氮、速效钾、全钾含量升高，土壤肥力增加。

七、典型案例

在甘肃酒泉玉门选择肥力适中、土层深厚、持水力较强、通气性好的壤土，建设甘农 9 号紫花苜蓿种子田 1 000 亩。种植紫花苜蓿提高了土壤质量，扩繁种子保证了苜蓿良种生产潜力的发挥。附近农民在播种、施肥、除杂等田间管理及种子收获过程中务工，提高了收入。

第一年投入 580 元/亩，第二至第六年平均年投入 450 元/亩。土地成本每年 750 元/亩。1 000 亩 6 年总投入为 733 万元。种子价格 40 元/千克，第一年种子产量 15 千克/亩，年收入 600 元/亩；第二年至第六年平均苜蓿种子产量 45 千克/亩，年收入 1 800 元/亩。苜蓿秸秆收入平均每年 270 元/亩，6 年总收入合计 1 122 万元，纯收入为 389 万元（彩图 5-5）。

起草人：尹国丽、鱼小军

第六章

饲草高效利用与退化刈牧草地修复技术模式

适度规模种草养肉牛技术模式

一、技术概述

适度规模的种养结合能够有效利用小块土地，尤其是浅山丘陵，发展牧草种植，在保障优质饲草供给的同时，节约饲料成本；能够有效利用农村富余劳动力，实现"家门口"打工，振兴农村经济。同时，以"小规模、大群体"提高养殖总量，保障畜产品有效供应。适度规模养殖产生的粪污数量少，借助饲草消纳粪污能力强，能够在系统内完全消化，可有效实现过腹还田、种养循环，既解决了粪尿处理问题，又提供了优质的有机肥，实现粪污可控、化肥减量、生态环保。

二、适用范围

该技术模式适用于黄河流域及全国农区、半农半牧区适度规模肉牛养殖场。

三、技术流程

该技术模式主要包含牧草种植、饲草加工、肉牛养殖、粪污还田四个环节，各环节关系见表6-1，整体流程见图6-1。

表 6-1 种草养肉牛模式运作机制

环节序号	环节名称	运作实现流程		
		产品层	与上个环节关系	与下个环节关系
1	饲草种植	饲草	消纳牛粪等肥料	提供饲料原材料
2	饲草加工	饲草饲料	加工所生产牧草	提供养殖饲料
3	肉牛养殖	肉牛、牛粪	消化所生产饲料	提供肥料原材料
4	粪污还田	有机肥	处理牛粪等粪污	肥料循环回田

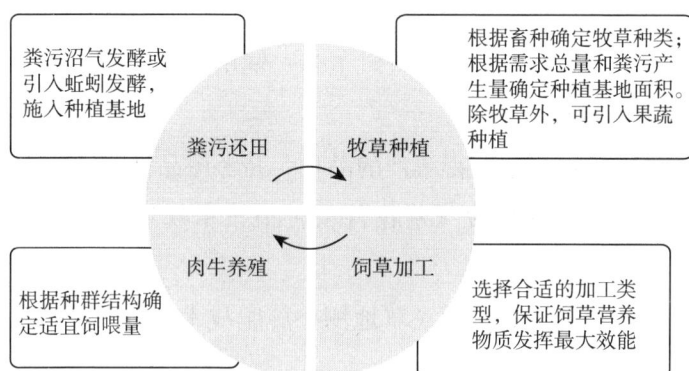

图 6-1 技术流程图

四、操作要点

(一)种养规模配置

成年母牛按年需青贮饲料 5 吨,干草 0.7 吨,需配套 0.11 公顷青贮玉米基地和 0.05 公顷苜蓿基地;育肥牛按年需青贮饲料 5.5 吨,干草 0.7 吨,需配套 0.12 公顷青贮玉米基地和 0.05 公顷苜蓿基地。

每头牛每天的排粪量与排尿量大体相等,体重 300 千克的育肥牛每天产生的粪肥量 15 千克,体重 400 千克的育肥牛每天产生的粪肥量 25 千克,体重 500 千克的育肥牛每天产生的粪肥量为 30 千克,每头牛年可排粪 6~12 吨,经堆积发酵可处理成 2~4 吨有机肥,可满足 0.1~0.2 公顷牧草用肥。

养殖户可根据生产需求和排污需求合理安排种植基地，除种植紫花苜蓿、青贮玉米等优质饲草外，还可种植特色果蔬，发展绿色种植基地，开发生态采摘旅游等，进一步延伸产业链条。

（二）牧草种植

不同的牧草品种在产量和质量上存在很大的差异。要根据生产目的选择合适的牧草，综合考虑牧草属性及其栽培环境。选择的品种应为官方公布的审定品种，审定品种一般经过了严格的区域试验，在丰产性、适应性和抗性等方面具有优势。栽培环境包括土壤属性、光温和水肥条件、管理水平等。较常见的有紫花苜蓿、青贮玉米、饲用甜高粱等。

1. 紫花苜蓿种植

（1）选择能够在当地取得丰产的品种，并考虑品种的抗病虫性。

（2）紫花苜蓿的种植按《紫花苜蓿种植技术规程》（NY/T 2703—2015）进行。

（3）紫花苜蓿的施肥按照《草地测土施肥技术规程紫花苜蓿》（NY/T 2700—2015）进行。

（4）紫花苜蓿病害防治按照《紫花苜蓿主要病害防治技术规程》（NY/T 2702—2015）进行。

紫花苜蓿虫害防治按照《苜蓿草田主要虫害防治技术规程》（NY/T 2994—2016）进行。

收获利用要根据面积和生产目的决定，小地块小面积可边刈割边利用，注意晾晒，不可大量鲜喂；大面积机械化操作要根据种植面积和机械数量决定收割期，割期至少有连续 7 天的晴朗天气，一般从现蕾期开始刈割。收割季节雨热同期时，可以制作苜蓿青贮或与禾本科牧草（青贮玉米）混合青贮，或打草浆使用。

2. 青贮玉米种植

市场上涌现出的专用青贮玉米、粮饲兼用型玉米等品种，不同品种对适种区域和种植密度等要求不同，在选择时要充分考虑。

青贮玉米适宜种植的区域十分广泛，除在 >10℃年积温 <1 900℃

（或夏季平均气温＜18℃），或年降水量＜350 毫米，又无灌溉条件的气候区生产水平较低外，其余气候区皆适宜种植。

青贮玉米为高大饲草，要求在土层深厚、地势平坦、水利条件较好、肥力较高的地块上种植。青贮玉米可直播，也可以穴播。选择直播时，合理密植有利于高产，播种量为 37.5～52.5 千克/公顷。穴播时，每穴 1～2 粒，每公顷用种量为 15～22.5 千克，播种后盖土 3 厘米左右。株行距均为 30～40 厘米，每公顷株数根据品种特性确定，一般为 70 000～90 000 株。适时进行除草、间苗、中耕施肥等田间管理。

3. 饲用甜高粱种植

饲用甜高粱最适生长温度为 20～30℃，耐热不耐寒，对土壤要求不严，抗盐碱能力强。播种前需平整土地，使种床紧实而利于整齐出苗，播种量一般为 22.5 千克/公顷（根据发芽率和纯净度确定），饲用甜高粱对氮肥需求量大，除播种时施基肥 100～120 千克/公顷外，应在每次刈割后追施氮肥 50 千克/公顷左右，以促进再生。根据品种、水热条件及利用方式不同，每年可刈割 3～4 次。

（三）饲草加工

1. 干草

紫花苜蓿调制干草，应在现蕾期至初花期收获，留茬高度5～7厘米，最后一次刈割留茬高度 8～10 厘米；刈割后就地晾晒，在其含水量降至40％～50％时，用搂草机搂成草垄继续干燥，在其含水量降低至20％左右时即可打捆，打捆应选择在一天中温度相对较低、湿度相对较高的时间段进行，减少尘土带入和叶片损失。

2. 青贮

青贮玉米和饲用甜高粱宜制作青贮，青贮玉米在蜡熟期刈割最佳，此时不仅可消化营养物质产量高，而且含水量适宜（65％～70％）。在田间可使用青贮一体机直接刈割粉碎裹包青贮；窖贮则要根据种植面积匹配收获机械，确保在收获期内及时刈割完毕；粉碎、装填、压实机械要根据窖的大小确定，每个青贮窖装填时间控制在 2～5 天，时间越短越好，采用横切面装填，每装填 20 厘米碾压一次，当天未完成的青贮切面要覆膜隔氧。原料装填压实之后，应尽快密封和覆盖。

（四）肉牛养殖

一般情况下，青贮饲料干物质可占到粗饲料干物质的 1/3～2/3，饲喂量 10～20 千克/头。成年牛每 100 千克体重青贮饲喂量为基础母牛 3 千克，育肥牛 3～3.5 千克，后备牛 2.5～3 千克，种公牛 1.5 千克左右，推荐生长育肥牛和早期断奶犊牛典型饲料配方见表 6-2、表 6-3。

表 6-2　生长育肥牛前期典型饲料配方（体重 300～350 千克）

饲料配方	（%DM）	营养成分	数值
全株青贮玉米	48.0	ME（百万卡 * /千克）	2.59
苜蓿干草	12.0	CP（%）	12.00
玉米	20.5	NDF（%）	48.70
小麦麸	2.0	ADF（%）	32.51
棉籽饼	15.5	Ca（%）	0.48
石粉	0.5	P（%）	0.35
碳酸氢钙	0.1		
预混料	1		
食盐	0.4		

表 6-3　早期断奶犊牛典型饲料配方

饲料配方	（%DM）	营养成分	数值
优质苜蓿草粉颗粒	15	ME（百万卡/千克）	3.5
干草粉	10	CP（%）	16.5
全株玉米青贮	15	NDF（%）	43.2
玉米粉	37	ADF（%）	34.1
豆粕	10	Ca（%）	0.5
糖蜜	10	P（%）	0.37
骨粉	2		
微量元素预混料	1		

---

* 卡为非法定计量单位，1 卡＝4.187 焦耳。——编者注

（五）粪肥还田

适度规模肉牛养殖场产生的粪污量比规模牛场少，污水可经过沉淀后用作牧草地灌溉用水；干粪可通过堆肥、蚯蚓堆肥等方式进行处理。堆肥是将干粪与基料和发酵剂按照一定比例混合使其含水量控制在 50% 左右，将混合均匀的干粪堆积成梯形条垛（堆垛体积要便于翻堆机械操作），温度保持在 60℃ 左右继续发酵 48 小时后充分翻堆，以后根据升温状况持续翻堆，使条垛内部温度不能超过 70℃，待颜色变为褐色或黑褐色，条垛体积塌陷 1/3 或 1/2 时，有机肥制作完成，之后均匀摊开晾晒，使含水量保持在 30% 以下。有条件的养殖场可建设沼气池，经过处理的有机肥、沼液、沼渣等可施于牧草种植基地，或配套种植的果蔬基地。利用蚯蚓堆肥处理产物与自然堆制的腐熟牛粪相比，增加了矿质氮和速效钾。

五、技术使用注意事项

有机肥或沼液、沼渣使用前，应进行肥力和残留物质检测，根据饲草需求量进行合理施肥。

六、效益分析

（一）经济效益

研究表明，使用全株青贮玉米、苜蓿等优质饲草饲喂肉牛，能够显著改善肉品质，提高经济效益。此外，据测算，适度规模养殖场通过流转土地配套种植苜蓿需投入生产物资、地租、机械、人工等亩均成本 1 650 元，苜蓿干草按市场价 2 500 元/吨计算，与购买苜蓿相比，每吨可节约成本 850 元；种植全株青贮玉米需投入亩均成本 1 020 元，全株青贮玉米亩产 2.5 吨，按市场价 550 元/吨计算，自种比购买节约成本 142 元/吨。

（二）生态效益

适度规模肉牛养殖产生的粪污数量少，能够在种养循环系统内完全消化，既解决了粪尿处理问题，又提供了优质的有机肥，同时牧草尤其是豆科牧草固氮能力比粮食作物高，种 1 公顷草 1 年可固定空气中的氮素

150 千克（相当于 33 千克尿素）以上，保肥保墒，减少化肥使用，有效保障耕地安全，实现生产、生态和生活的和谐发展。

（三）社会效益

适度规模的种养结合，能够有效利用农村富余劳动力，带动千家万户脱贫致富的同时，提高养殖总量，有效保障畜产品供应；此外，自建饲草基地更有利于控制饲料原料的种类和质量，提高种养需求契合度，提高畜产品质量。

七、典型案例

河南省襄城县鼎丰农业开发有限公司存栏母牛 500 头，流转土地 3 000 余亩，在粮改饲项目支持下，种植全株青贮玉米 2 700 余亩，养殖蚯蚓 50 亩，其他果蔬 250 余亩，公司采用"肉牛-蚯蚓-有机肥-饲草及果蔬基地-秸秆收贮-肉牛"的种养结合生态循环模式，养殖环节每头牛可节约饲料成本 500 元；饲草、果蔬等种植环节年可产生经济效益 200 万元；此外，公司年回收利用农作物秸秆 12 万吨，减少了秸秆焚烧带来的环境污染；牛粪经过发酵后，养殖蚯蚓，为种植饲草、果蔬等提供基肥且能够完全消纳，化肥减量，减少了种植成本，实现了绿色可持续发展（彩图 6 - 1、彩图 6 - 2）。

起草人：张晓霞、郑爱荣

牦牛暖牧冷饲养殖技术模式

一、技术概述

基于黄河流域上游青藏高原地区天然草场牧草生长状况和牦牛营养生理特点，本着"以草定畜、草畜配套、增草增畜"的基本原则，在青海省等牦牛养殖区域总结出了具有可操作、可复制、可推广的暖牧冷饲养殖技术模式，主要包括合理利用天然草场、饲草种植、草产品加工与利用、适度补饲、暖棚建设和疫病防治等技术，在提高牦牛生产效率、加快畜群结构周转和牦牛出栏、促进草原生态保护、保障饲草供应和提升养殖效益等方面优势明显。

二、适用范围

该技术模式主要适用于青藏高原地区的牦牛舍饲半舍饲养殖。

三、技术流程

在高原地区，进行放牧＋补饲牦牛养殖的技术流程主要包括：根据放牧草地产草量确定合理的牦牛养殖数量；根据牦牛生产目标和饲草料缺口确定补饲用人工种草面积；选择合适的人工种植饲草加工方式；根据牦牛及饲草情况确定放牧＋补饲方案；建设可移动的生态环保暖棚（图6-2）。

四、操作要点

（一）根据天然草场产草量确定牦牛放牧数量和放牧天数

1. 确定天然草场可食产草量

结合天然草地类型、基本草原划定、遥感影像图确定有代表性的放牧

```
天然草场可食产草量
      ↓
天然草地牦牛养殖数量  →  根据放牧草地产草量
                          确定牦牛养殖数量
                              ↓
                          根据牦牛饲草料缺口确定
                          补饲用人工种草面积
                              ↓
                          选择合适的放牧草地饲草种类  →  干草调制
                          及人工种植饲草的加工方式      →  青贮饲料调制
                              ↓
                          根据牦牛及饲草情况
                          确定放牧+补饲方案        ←  粗饲料
                              ↓                        精饲料
                          妊娠期牦牛  泌乳期牦牛
                          育成牦牛              ←  全混合日粮
```

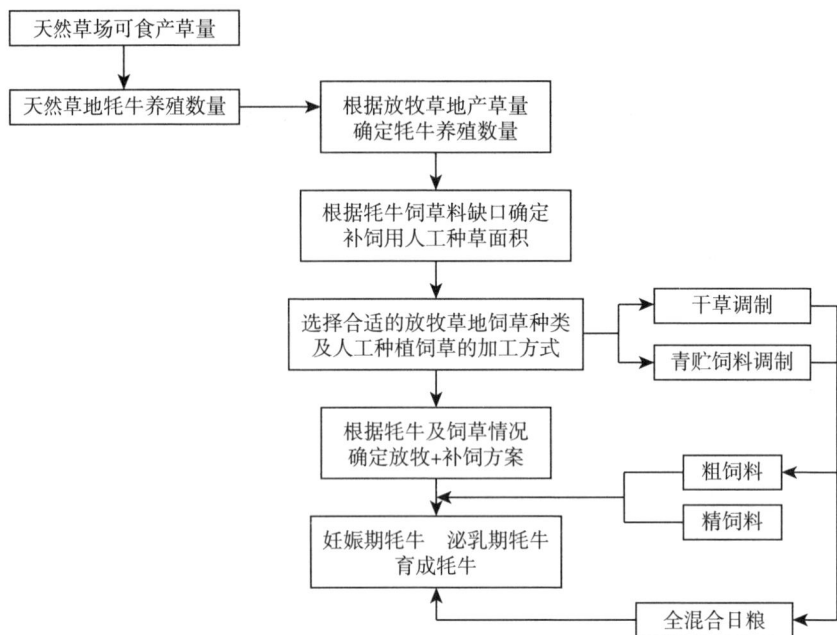

图 6-2　技术流程图

草地样地，在草地样地中部设置 3 个样方，样方间距大于 250 米，样方设置成边长为 3 米的正方形地块，将样方内所有植物按照留茬高度 1～2 厘米的方式剪下，对样方内植物进行分类，将可食性草进行称重，阴凉下风干后得到单位面积可食产草量干重（风干重）。根据草地样地面积计算草地的总可食产草量。根据草地使用季节，采样并计算年度和冷季草地可食产草量。

可食产草量指草地可食牧草（含饲用灌木和饲用乔木的嫩枝叶）地上部的产量。

通过以下公式计算：

生长高峰期前已利用量＝实际放牧牲畜数量（羊单位）×生长高峰期前放牧天数（日）×每羊单位日食量

年度可食产草量（干重）＝（最高地上生物量×牧草可食比例÷100＋生长高峰期前已利用量）×干鲜比×标准干草折算系数

注：按照《草食家畜羊单位换算》NY/T 3647—2020，每个标准羊单位日食量 1.6 千克标准干草。青藏高原多以莎草高寒草甸和高寒草原为主，标准干草折算系数按 1；禾草高寒草甸和高寒草原的标准干草折算系数为 1～1.05。

2. 天然草地牦牛放牧数量计算方法

合理载畜量指一定草地面积，某一利用季节（某一时间段），在适度放牧（或割草）利用并维持草地可持续生产的条件下，满足家畜正常生长、繁殖、生产畜产品的需要，所能承养的家畜头数（羊单位）和时间。

年度合理载畜量＝年度可食标准干草产量×全年放牧利用率÷100÷放牧天数÷每羊单位日食量

冷季合理载畜量＝最高地上产草量×可食比例×干鲜比×标准干草折算系数×冷季保存率×冷季放牧利用率÷冷季放牧天数÷每羊单位日食量

注：按照《草食家畜羊单位换算》NY/T 3647—2020，牦牛存栏量换算羊单位按照出栏率和平均出栏体重进行折算，牦牛出栏量换算羊单位基于当年消耗饲草料量测算，按照牦牛出栏月份和平均出栏体重进行折算。按照《天然草地合理载畜量的计算》NY/T 635—2015，青藏高原高寒草甸类的全年放牧利用率为 50％～55％，冷季放牧利用率为 60％～70％。

（二）根据牦牛饲草料缺口确定补饲用人工种草面积

1. 计算牦牛饲草料缺口

依据《草食家畜羊单位换算》NY/T 3647—2020，按照区域内牦牛存出栏数量折算出总饲养量（标准羊单位），按照日食量，计算总饲草料需求量，扣除天然草原放牧采食量，就是饲草料缺口。

饲草料缺口量＝总饲养量（羊单位）×标准羊单位日食量－天然草原采食量

饲草料缺口主要通过人工种植饲草、打草、外调草、秸秆和精料来弥补，以满足牧民进行冬春舍饲半舍饲时给牦牛补充饲草料。

2. 根据当地气候及资源情况确定人工种植饲草种类

因地制宜，充分挖掘农闲田、盐碱地、撂荒地和退化天然草原等土地资源，根据牦牛日粮中短缺饲草料确定人工种植饲草种类，然后根据具体的种植土地性质、灌溉情况、机械配套情况、存贮设施等选择种植紫花苜蓿、燕麦、青贮玉米、小黑麦、披碱草、老芒麦等优质饲草。

3. 确定人工种植饲草面积

根据实际饲草缺口及选择种植的饲草种类及产量情况确定土地种植面积，并选择适合的种植地块。

（三）选择合适的人工种植饲草加工方式

1. 干草调制

根据人工种植饲草的生育期确定收获时期。一般豆科牧草在现蕾期至初花期收获，禾本科饲草在抽穗期至开花期收获。收获注意选择在连续晴好天气进行。刈割后在原地摊晒，翻晒以促进水分蒸发，待水分降至23％左右可以打成小捆收入干草库继续干燥。也可在水分含量降至45％左右时，堆放到草架上继续干燥。

2. 青贮饲草调制

如果饲草水分难以降至安全贮藏水平，或者收获时遇到连续降雨天气，应采用青贮技术保存饲草。主要是将直接收获的或经过晾晒萎蔫的饲草进行切短和密封，达到长期贮藏利用的目的。目前使用这种调制技术较多的有全株玉米、燕麦、农作物副产物等。青贮饲料的制作环节主要有刈割、调节水分、切短、装填、压实、密封、检查。高原地区主要使用拉伸膜裹包或青贮窖作为青贮饲草的存贮容器。

（四）根据牦牛及饲草情况确定放牧＋补饲方案

1. 妊娠期母牦牛放牧＋适度补饲方案

补饲时间为11月至翌年三四月份产犊前，归牧后进行定量补饲。根据妊娠期母牦牛的体重，补饲精料1～2千克/天，补饲燕麦干草1.5～2.5千克/天。

2. 泌乳期母牦牛放牧＋适度补饲方案

补饲时间为5月至10月产犊后，归牧后进行定量补饲。根据妊娠期母牦牛的体重，补饲精料1千克/天。

3. 育成牦牛放牧＋补饲育肥方案

犊牛断奶后，采用放牧＋补饲方法进行持续育肥或强度育肥。

补饲精饲料由玉米、豆粕、菜籽粕、棉籽粕和矿物质及添加剂预混料等组成，可制成颗粒型饲料。

补饲粗饲料可由干草、秸秆、青贮饲料组成。

夏季持续育肥采用舔块补充矿物质等，由牦牛自由舔食，舔食量一般为 50～70 克/天。强度育肥补充精料需逐渐增加精料，第一天饲喂量为牦牛活重的 0.5%，饲喂 5 天之后精料增加至活体重的 1%～1.2%，饲喂 14 天后，进入育肥阶段的饲养，精料饲喂量为体重的 1.5%～2%。冬春季半舍饲育肥的过渡期先饲喂优质干草，第 1 天每头牛饲喂量为 2～4 千克，5 至 7 天起开始饲喂混合精料。补充的饲喂量为牛活体重的 0.5%，第 5 天之后为牛活体重的 0.5%～1%，第 14 天后，补饲量为活体重的 1.5%～2.5%。半舍饲育肥也可采用全混合日粮进行育肥，将玉米、豆粕、干草、青贮等饲料原料按照牦牛营养需要配置成满足相应体重牦牛营养需要量的全混合日粮（TMR），然后进行早晚饲喂（早 8：00 左右和晚 18：00 左右），中午视料槽剩料情况进行适度添加，保证料槽有一定量剩料，全天自由采食，保证充足的清洁饮水。

精料主要根据牦牛营养需要及饲料营养确定。

精料配方举例：每千克精料由玉米 480 克、麦麸 100 克、青稞 88 克、豆粕 80 克、菜籽饼 108 克、酒糟 90 克、磷酸氢钙 10 克、食盐 15 克、预混料 20 克、碳酸氢钠 8 克、硫酸镁 1 克组成。

舔砖配方举例：采用压制工艺制作舔砖，压强为 16 兆帕，每千克舔砖由硫酸锌 0.5 克、硫酸铜 0.5 克、硫酸锰 0.7 克、硫酸亚铁 0.8 克、亚硒酸钠 22 克、半胱氨酸盐酸盐 2.5 克、碘化钾 0.05 克、氯化钴 0.05 克、硫酸镁 15 克、碳酸氢钠 50 克、磷酸氢钙 85 克、玉米粉 100 克、麸皮 34 克、菜籽粕 20 克、大豆磷脂粉 120 克、尿素 50 克、食盐 200 克、膨润土 110 克、硅酸盐水泥 8.9 克、糖蜜 100 克、维生素预混料 80 克组成。

（五）建设可移动生态环保暖棚

青藏高原冬春气候寒冷，雪灾时有发生，每年3月至5月也是牦牛集中产犊时期，但草原畜牧业基础设施比较薄弱，草畜矛盾突出，加上生态环境脆弱，土层较薄，不宜大面积破土施工。因此，为防止牦牛冬春掉膘，降低因灾死亡率，提升养殖效益，建设可移动（可拆卸可组装）生态环保暖棚确保牲畜安全越冬，显得尤为重要。有关建设要求如下。

1. 地点选择

选择山地阳坡且地势较为平坦、交通便利的牧民冬春牧场上建设暖棚，施工时勿大面积开挖草原，破坏植被，尽量不使用钢筋混凝土。使用热镀锌钢管作为桩基植入地下，深度2～4米。

2. 材料要求

棚圈主体结构要使用热镀锌材料，要防腐、防锈、耐酸碱且使用年限长，要有抗大风、大雪、地震等性能。

3. 环保要求

要有收集尿液和粪便的处理设施，集中对牦牛粪污进行处理，减少对环境的污染。

4. 养殖要求

暖棚要有采光、通风、保暖等功能，白天暖棚室内外温差35℃左右，夜间室内外温差25℃左右。暖棚内要配置恒温饮水系统，根据季节变化调节牦牛饮水温度，减少疾病的发生。另外，还要配套草料库和防疫等设施。

（六）疾病预防

1. 科学饲养管理

目的是控制环境、改善饲养管理条件，增强牦牛体质，提高抗病能力。主要内容包括饲草料营养供给、饮水质量（温度、清洁程度）、饲养密度、保温防冻、粪便和污物处理、环境卫生和消毒、圈舍管理、生产管理制度、技术操作、检疫及患病畜隔离、不明死因牲畜的无害化处理等。

2. 积极贯彻预防为主方针

定期进行防疫注射和预防驱虫，如配合当地畜牧兽医部门定期进行防疫；定期消毒棚圈、设备及用具等，特别是棚圈空出后的消毒，能消灭散布在棚圈内的微生物（或称病原体），切断传染途径，使环境保持清洁。

3. 认真做好引进牛的检疫和隔离观察

从外地引进牛时，必须做好疫情的调查，确定安全后方可购入。购入的牛只必须经过检疫和健康检查，要隔离观察 10 天，确认无病后才能进入牛舍合群饲养。

4. 进行计划检疫

根据当地业务部门的检疫计划，定期对牛群进行检疫，及时发现和消灭传染源。如果检查出病牛，及时隔离治疗或按业务部门的意见处理。

5. 严格执行消毒制度

在牛场门口、牛场内入口设置消毒池，池内放置生石灰、火碱水等消毒药物，并定期更换消毒药物，保证有效性。定期对养殖场地面、牛舍内部进行消毒。合理选择消毒剂并交替使用。

6. 发生疫病后的处理

确认发生疫病后，及时向业务部门报告疫病发生情况（病名、发生时间、数量、症状）。迅速消毒和隔离病牛。隔离病牛场所要较偏僻，不能靠近公路、水源等。要有专人看管，严禁人、畜入内。粪便、死牛要深埋、焚烧或采取其他无害化处理措施。主管部门对疫源地区要进行封锁并及时采取相应措施，严格遵守封锁有关规定，如不得出售牛只或畜产品，不得将牛群赶到非疫区避疫等。

五、技术使用注意事项

1. 养殖过程中要定期防疫并驱虫。

2. 补饲饲草料在贮藏及使用过程中需要定期检查，及时丢弃发霉变质的饲草料。

3. 暖季牦牛可能出现采食补饲饲草料少甚至不采食的情况，需要诱导牦牛采食。

4. 放牧后为牦牛提供饮水，暖季提供充足的洁净凉爽饮水，冷季提供洁净温水。

5. 补饲可采用全混合日粮，也可精粗饲料分开饲喂，先喂草料、再喂精料，自由饮水。

六、效益分析

（一）经济效益

通过暖牧冷饲的方式，可以为牦牛整个生长周期提供稳定的饲草供应，缩短牦牛生长周期，降低养殖成本，避免由于冬春缺草造成的牦牛掉膘，甚至饿死的情况。通过补饲，可有效防止牦牛掉重，缩短产犊间隔，保持体况，出栏牦牛可实现增重。繁殖母牦牛的两年一产或三年一产提高到一年一产，一年一产率可提高 10% 以上，出栏公牦牛在饲养期日增重可达到 300~500 克，强度饲喂出栏时间可缩短至 8 个月以内（3 岁以上成年公牛）。经测算，平均每头出栏公牦牛可增加收益 500 元以上，繁殖母牦牛平均每年增收 600 元以上，按照 1 000 头牦牛养殖规模（成年公牦牛占 1/4、繁殖母牦牛占 1/2）计算，每年净增收入约 40 余万元。

（二）生态效益

通过计算载畜量制定天然草场放牧策略，可以实现科学减畜、增效增收，加快畜群结构调整，大幅度减轻草地压力，为天然草地可持续利用和生态恢复提供了必要条件。通过建立人工饲草地，可以有效弥补天然草地饲草料的不足，满足牦牛养殖的营养需求。通过采用适宜的饲草加工方法，生产优质的补饲饲草产品，不仅可以有效保存饲草的营养价值，还减少了牦牛养殖过程中对天然草地的依赖性，有助于提升草地生产力，实现对草地的保护式利用。

（三）社会效益

通过暖牧冷饲的方式，不仅有利于高原地区牧民增收，还可以培养掌握现代畜牧养殖技术的牧民，提升现代化养殖水平和先进的养殖观念，对促进高原地区草地畜牧业发展、保护草地生态环境、稳定边疆具有重要意义。

七、典型案例

青海省泽库县团结村生态畜牧业专业合作社采用牦牛暖牧冷饲养殖模式，通过在天然草地进行放牧，并种植燕麦作为主要的补饲牧草，采用青海大江新农牧科技有限公司设计的可移动生态环保暖棚 3 000 多平方米，实现草畜平衡面积 3 733 公顷，同时，实现减畜 2 203 个羊单位，天然草场产草量得到了提升，提升幅度达 10.5%。通过养殖牦牛出售畜产品，牧民人均年收入提高 1 万多元，比没有采用该养殖模式的牧民增收 1 000 多元（彩图 6 - 3）。

起草人：吴哲、玉柱、耿嘉良、占文源、刘亦婷

滩羊标准化高效养殖技术模式

一、技术概述

基于黄河流域上游中段的平原少雨地区可利用饲草的生产情况和滩羊特点，着重在宁夏地区凝练了具有成本低、肉质好的滩羊舍饲技术模式，主要包含滩羊圈舍设置、分舍圈养、保证运动量、多种饲草资源有效利用、高产饲草的种植、饲草加工设施设置、饲草调制加工和全混合日粮配制等技术，在促进滩羊繁育、提高饲草供应效率、保障滩羊免疫功能和产品品质等方面具有显著优势。

二、适用范围

该技术模式主要适用于平原地区的滩羊舍饲养殖。

三、技术流程

在平原少雨地区，进行滩羊舍饲养殖的技术流程主要包括：根据滩羊特性及养殖数量设计圈舍；根据滩羊日粮需求确定饲草种植、加工、贮藏、日粮配制的实施方案；滩羊养殖；疾病防控（图 6 - 3）。

四、操作要点

（一）根据滩羊特性及养殖数量设计圈舍

1. 选择圈舍位置

建设羊场时，要遵守国家法律法规，根据土地利用规划和建设规划选址。

羊舍选址应遵照地势高燥、向阳背风、水电完善、未发生疫病的位

```
┌─────────────────────┐              ┌──────────────────────────┐
│ 根据滩羊特性及养殖数量  │              │  根据滩羊日粮需求确定       │
│     设计圈舍          │              │ 饲草种植、加工贮藏、设施设备  │
└─────────────────────┘              └──────────────────────────┘
        │                                        │
   ┌────┴────┐                                   ▼
   ▼         ▼                        ┌──────────────────────────┐
┌────────┐ ┌──────────────┐          │ 饲草种植或收购、设施设备、   │
│选择圈舍 │ │根据养殖数量设计│          │  饲草加工、饲草贮藏         │
│  位置  │ │    圈舍       │          └──────────────────────────┘
└────────┘ └──────────────┘
```

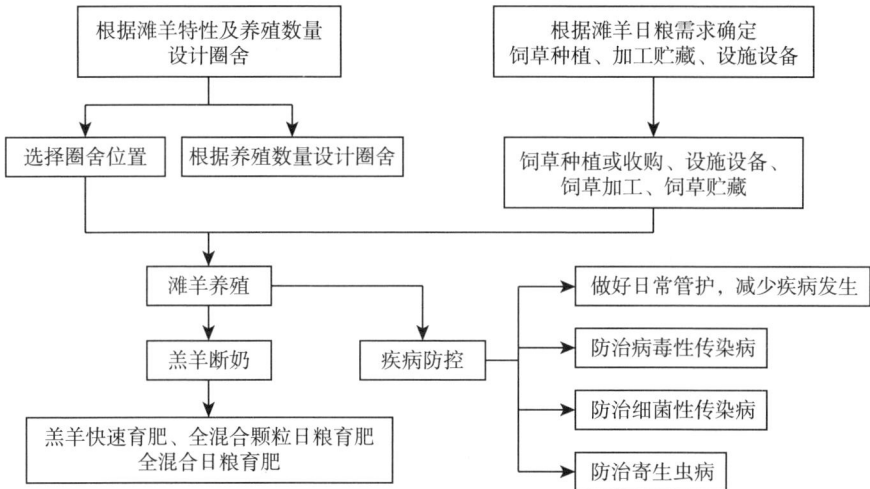

图 6-3　技术流程图

置。羊舍旁保留羊舍面积 2～3 倍面积的空地，或设置专门的滩羊运动场。

2. 根据养殖数量设计圈舍

滩羊圈舍朝向面南背北，繁殖母羊只均占地面积 2～2.5 平方米（不包括运动场的面积），后备羊 1～1.5 平方米，羔羊 0.3～0.5 平方米，育成（肥）羊 0.5～0.8 平方米。怀孕母羊、哺乳羊、种公羊的羊只占地面积要比正常羊只稍大。

羊舍内设置羊槽、水槽、饲喂通道等。羊槽位于羊圈边且与饲喂通道相连，为避免羊粪等杂物混入羊槽，羊槽比羊舍地面高 30 厘米以上。在有条件的羊舍，可采用电加热饮水槽，将水温控制在 20～30℃，也可以使用自动化饮水碗。

最好建面南坐北的半封闭羊舍，舍内棚区设置给料通道和料槽，运动场或空地内设置饮水槽。一般半封闭式羊舍后墙高度为 1.8 米、棚顶倾斜度为 15°，冬季用塑料薄膜封闭。全封闭式羊舍墙高 2.3～2.5 米、门宽 2～2.5 米，窗户面积为地面的 1/15 并向阳。羊舍地面设置为能够及时保证粪尿及时下落的漏粪板羊床，且保证羊脚不落空，羊床与地面距离一般为 20～30 厘米，保持羊舍透风。

羊舍朝阳面设置遮阳棚。羊舍南北墙底开设空气对流窗，在夏季时方便为羊舍通风。有条件的羊舍要安装防蚊纱窗和纱门。冬季寒冷地区用塑料薄膜扣棚，保证羊舍的温度，以保证冬季滩羊的生长速度。

（二）根据滩羊日粮需求种植或收购饲草、加工、贮藏、设施设备

1. 种植或收购饲草

平原少雨地区适合种植干旱耐受力强且比较耐贫瘠的饲草，如紫花苜蓿、饲用高粱、青贮玉米、燕麦、柠条、黑麦草和苏丹草等。养殖户可以根据需要种植或购买饲草。

2. 设施设备

滩羊的日粮配方中有精料及粗饲料，根据粗饲料的种类、加工调制技术及贮藏要求、取料装备等设计和购买滩羊饲料饲草存贮场地及设备等，如刈割机械、干草库、青贮窖、机械装备库、取料机、TMR 搅拌机、青贮饲料裹包机、夹包机等。

3. 饲草加工

为了获得最大的单位面积土地营养物质，紫花苜蓿、燕麦和黑麦草等既可以调制成干草，也可以调制成青贮饲料。青贮玉米、饲用高粱、柠条、苏丹草等适宜调制成青贮饲料。

饲喂给滩羊的紫花苜蓿等级不高，一般为三级至四级苜蓿干草。燕麦、黑麦草一般在抽穗期至蜡熟期收获，晾晒至水分含量达 20% 左右，存贮在干草库中继续降低水分，达到安全贮藏水分后打成小草捆存放于干草库中。

调制青贮饲料的原料一般需要将原料直接收获切短后制作成青贮饲料，水分较高的原料需要进行晾晒，将水分调节至 60%～70%，然后切短至 2～3 厘米，如果遇到茎秆中肉质，水分降低困难的饲草，需要将其与米糠、麸皮、秸秆、玉米粉、饲用枣粉等干物质含量较高的原料进行混合，将水分调节至 60%～70%，然后制作青贮。制作青贮饲料时，最好使用添加剂，如果是含糖量较高的禾本科饲草推荐使用异型发酵乳酸菌或能够提高有氧稳定性的添加剂。含糖量较低的豆科饲草适合使用同型发酵

乳酸菌或纤维素酶等添加剂。

4. 饲草贮藏

平原干旱少雨地区，降雨多在夏季和秋季，因此，在贮藏饲草时需要考虑不同饲草产品的贮藏要求，干草应存贮在带遮棚的干草库或饲草库中，青贮饲料应存放于地势较高的地区，且窖式青贮应在降雨过后及时做好排水工作，以免发生发霉变质情况。

（三）滩羊养殖

1. 羔羊断奶

羔羊出生后与母羊同圈养殖，使用母乳或代乳料喂养。7天后将饲养在母羊舍或运动场内的羔羊隔离补饲栏，用母乳、羔羊颗粒饲料及优质饲草喂养。40～60天后，当羔羊能够采食体重2%的颗粒饲料后，可以断奶。断奶后，停止饲喂羔羊颗粒饲料，逐步增加粉状精料、牧草及秸秆饲喂量。然后，羔羊可以进入育肥阶段，在育肥前，需要对羊驱虫、健胃。

2. 羔羊快速育肥

羔羊断奶后，可以进行舍饲育肥。首先进行分群，主要按照羔羊的性别、年龄、体重、体况等将情况接近的羔羊送入育肥圈舍，分栏饲喂，设置约20天的预饲期，使羔羊适应环境并增加精料饲喂量，减少青干草饲喂量。预饲期后期，日粮中约有精料0.5千克、秸秆0.2千克、干草0.3千克。21天后，开始羔羊育肥。21～40天，羔羊日粮中有精料0.6千克、秸秆0.3千克和干草0.3千克。41～60天，羔羊日粮中有精料0.7千克、秸秆0.35千克和干草0.35千克。精料主要由玉米、麸皮、胡麻饼、豆粕、预混料等组成，还有少量的盐和磷酸氢钙。

3. 全混合日粮颗粒饲料育肥

断奶后的羔羊还可以采用全混合日粮颗粒饲料育肥，可以将玉米、豆粕、麸皮、胡麻饼、稻糠、红枣粉、苦豆籽、苜蓿、柠条、葵花饼、枸杞渣等按照滩羊的体重、不同阶段及饲喂方式等，配置成不同含量水平的配方，然后将粗饲料粉碎至2～3毫米，其他饲料粉碎至1～2毫米，加入食盐、石粉、碳酸氢钠，混合均匀，加入高压蒸汽制粒机中，制成颗粒饲料，水分含量不高于 14.5%，然后根据不同的育肥阶段进行饲喂。全混合日粮颗粒饲料精粗比在育肥前期建议不高于 7：3，育肥后期不高于 8：2；颗粒饲料直径前期以 4～6 毫米为宜，后期以 6～8 毫米为宜。

4. 全混合日粮育肥

断奶后的羔羊可以使用全混合日粮进行育肥，这也是目前规模化养殖场使用最多的一种育肥方式。根据滩羊的营养需要，将玉米、小麦麸皮、豆粕、苜蓿干草、苜蓿青贮、玉米青贮、玉米秸秆、碳酸氢钠、预混料等设计日粮配方，称取后加入 TMR 搅拌机，混合均匀后饲喂给滩羊。在搅拌时，如果搅拌机没有切碎功能，需要预先将干草等粗饲料切短至 3～4 厘米，然后再加入搅拌机。青贮饲料长度要控制在 4 厘米以下，如果搅拌机有切碎功能可省略这一步骤。精饲料如玉米粒在搅拌前需要提前粉碎。在混合时，按照先粗后精，先干后湿的拌料原则，加入干草后应搅拌 4 分钟，加入青贮饲料后应搅拌 3 分钟，加入糟渣类饲料后应搅拌 2 分钟，加入精料补充料后应搅拌 2 分钟，加入最后一种饲料后搅拌 5～8 分钟，整个搅拌过程控制在 25～40 分钟。也可将全混合日粮搅拌好之后用拉伸膜裹包机进行裹包，做成发酵 TMR 饲喂给滩羊。

（四）疾病防控

1. 做好日常管护，减少疾病发生

羊的抗病能力较强，生病少，在养殖过程中尤其是季节交替时期要注重对羊的表现行为进行观察，做到早发现早治疗，能够防止羊生病或病情严重。为了减少滩羊生病的可能性，需要在养殖过程做到减少应激，供应优质日粮，保证羊的抗病力，及时注射疫苗，做好春秋两季驱虫。

2. 防治病毒性传染病

滩羊常患的病毒性传染病有羊传染性脓疱病和羊痘，它们都是由病毒引起的急性、接触性传染病。

羊传染性脓疱病又称羊传染性脓疱性皮炎，俗称羊口疮。为了防止引入患病羊只，不能从疫区购入饲料和羊只。在该病流行地区可以给羊注射弱毒疫苗进行预防。如发现羊只患病，要对羊圈及活动区域进行彻底消毒，在生产上可以用 2% 氢氧化钠溶液、10% 石灰乳、20% 热草木灰进行消毒。

羊痘俗称羊天花或羊出花，可以定期给羊注射羊痘鸡胚化弱毒疫苗进行预防。发现羊只患病时要立即隔离病羊，把病羊棚圈和活动区域彻底消毒，羊粪要加热消毒后才能作为肥料。

3. 防治细菌性传染病

滩羊常患的细菌性传染病有布鲁氏菌病、羊肠毒血症、羔羊痢疾，它们都是由细菌引起的传染病。

避免感染布鲁氏菌病要杜绝异地活畜运输，做好种羊场的净化，日常做好检疫、淘汰屠宰、焚烧工作。可注射疫苗进行预防，养殖场人员做好防护，防止染病。

避免羊只发生羊肠毒血症，日粮要注重粗精搭配、合理运动。在本病常发地区可使用三联（羊肠毒血症、羊快疫、羊猝狙）疫苗，或羊厌氧菌五联疫苗进行免疫。

避免羔羊痢疾，要做好妊娠母羊的夏秋营养和冬季保暖，秋季给母羊注射羔羊痢疾疫苗或厌气菌七联干粉苗，产前 2～3 周再接种 1 次，产后用碘酊给羔羊脐带消毒，及早吃初乳，避免受寒受潮。羔羊出生 12 小时内注射青霉素，且 5～7 天内每天注射一次。羔羊发病时用呋喃唑酮或诺氟沙星进行治疗。

4. 防治寄生虫病

滩羊常患绵羊螨病、羊胃肠道线虫病、绦虫病和肝片吸虫病。

防治绵羊螨病要做好羊舍的清洁工作，保证干燥、通风、透光。可以用药浴、伊维菌素和敌百虫进行预防和治疗。

防治羊胃肠道线虫病要定期驱虫，加强饲养管理，保证饮水干净。可以用硫化二苯胺进行预防，用精制敌百虫进行治疗。

防治绦虫病要定期驱虫，及时清理粪便，防治饲草料中感染地螨，可使用阿苯达唑、氯硝柳胺（驱绦灵）、硫氯酚和 1% 硫酸铜溶液进行治疗。

防治肝片吸虫病要加强羊只的饲养管理，病羊的粪便要做好堆肥发酵处理，可以用硝氯酚、阿苯达唑（抗蠕敏）进行治疗。

五、典型案例

宁夏红寺堡区天源良种羊繁育养殖有限公司向红寺堡区 150 多户居民免费提供滩羊养殖技术服务，使得每户每年新增收入 6 000 多元。该公司在大河乡龙源村建成滩羊产业科技扶贫园区，通过"农户＋合作社＋企业＋人才"模式，生产雪花滩羊羊肉，带动 400 余户困难户、双老户及养殖户饲养基础母羊 2.15 万只，每年销售滩羊 2.5 万多只，销售收入 2 000 多万元，平均每户新增纯收入 5 000 多元。

起草人：吴哲、玉柱、张宇、耿嘉良、占文源、刘亦婷

高寒牧区藏羊高效养殖技术模式

一、技术简介

藏羊是青藏高原特有物种资源，藏羊又称"藏系羊"或"藏系绵羊"，是在黄河流域上游的青藏高原特有家养动物遗传资源之一，数量多，分布广，可分为高原型和山谷型，是中国三大粗毛绵羊品种之一。藏羊在维持青藏高原生态平衡中发挥着不可替代的作用，科学推进藏羊产业发展对维护草原生态平衡具有十分现实的意义，藏羊产业也是青藏高原重要的战略产业、民生产业、经济产业。

随着牧民人口自然增长，以草畜平衡为核心的草地资源刚性约束越来越严峻，传统藏羊养殖模式制约着藏羊产业的高质量发展。在青海、西藏和甘肃等省区积极推广藏羊高效养殖技术模式，实施"牧繁舍育、牧繁企育"，可推进草原畜牧业转型升级，实现青藏高原区藏羊产业健康发展。

二、适用范围

该技术模式主要适用于青藏高原牧区的藏羊标准化养殖。

三、技术流程

见图 6-4、图 6-5、图 6-6、图 6-7。

四、操作要点

（一）羊群结构与规模

藏羊羊群分为公羊群、母羊群、羔羊群和成年育肥羊群。

公羊群 50～100 只；母羊群 300～350 只；肥羔羊群 200～300 只；成年育肥羊群 200～300 只，主要为淘汰的种公羊和母羊。

妊娠期饲养
妊娠期为150天

妊娠后期
放牧加补饲45天

妊娠前期
放牧饲养105天

泌乳期饲养
泌乳期为60天

分娩
妊娠母羊、泌乳母羊
分群饲养

母羊饲养

配种
公、母羊比例
1:（10～20）

羊群组建
公、母羊分群饲养

留后备母羊
20%选留后备母羊

6月龄出栏
羔羊

全舍饲
日喂精料补充料3次，
青干草2次，兹有饮水，
饮水要清洁、卫生

半舍饲
断奶后第1个月，日喂精料补充料3次，放牧3个
小时；第2～4个月，日喂精料补充料2次，放牧
5个小时，饮水3次

早期断奶
哺乳时间为60天，羔羊体重达到12千克

羔羊分群饲养

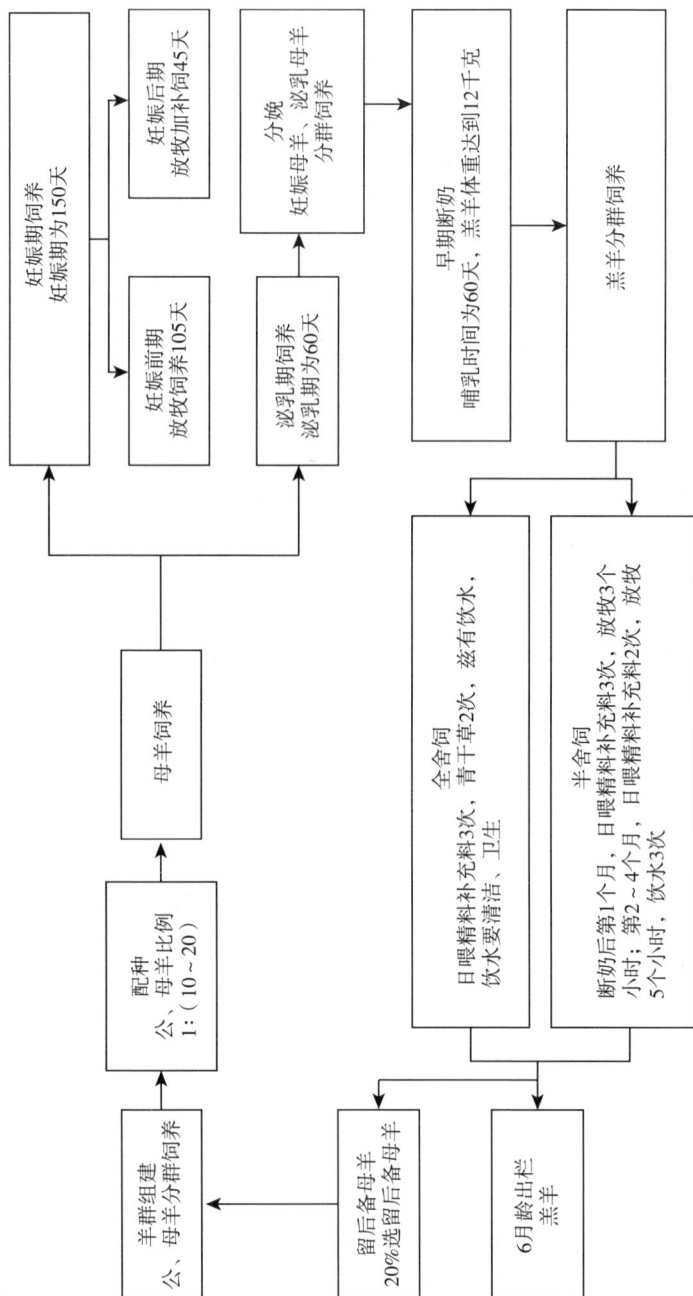

图6-4 技术流程图1（羊群组建）

```
羊群组建 → 配种 → 母羊饲养
                    ├─ 母羊妊娠期（150天）
                    └─ 母羊哺乳期（2个月）
```

公、母羊单独组群，分群饲养，母羊年龄为1.5～5.5岁

7—9月份母羊集中配种，公母比例1：（10～20）；配种开始34天后撤走大部分公羊，保留20%的公羊进行补配，再过1个月后撤走全部公羊

妊娠期第0～105天，放牧饲

妊娠期第106～150天（分娩前45天），放牧结合补饲；下午归牧后补饲母羊精料补充料0.1千克/只，每天放牧6个小时（10：00—16：00），日饮水2次

饲养方式为放牧结合补饲，下午归牧后补饲母羊精料补充料0.25千克/只；每天放牧5个小时（10：30—15：30），饮水2次

妊娠期每只母羊共补饲精料4.5千克；泌乳期每只母羊共补饲精料15千克

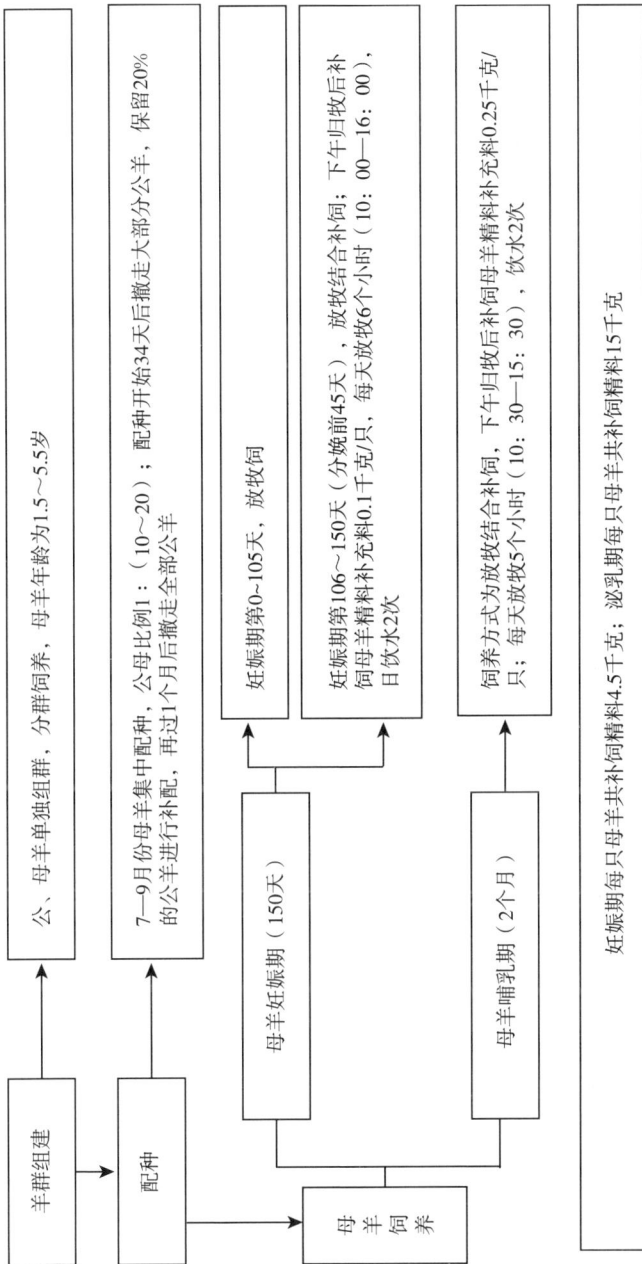

图6-5 规范流程图2（母羊养殖技术）

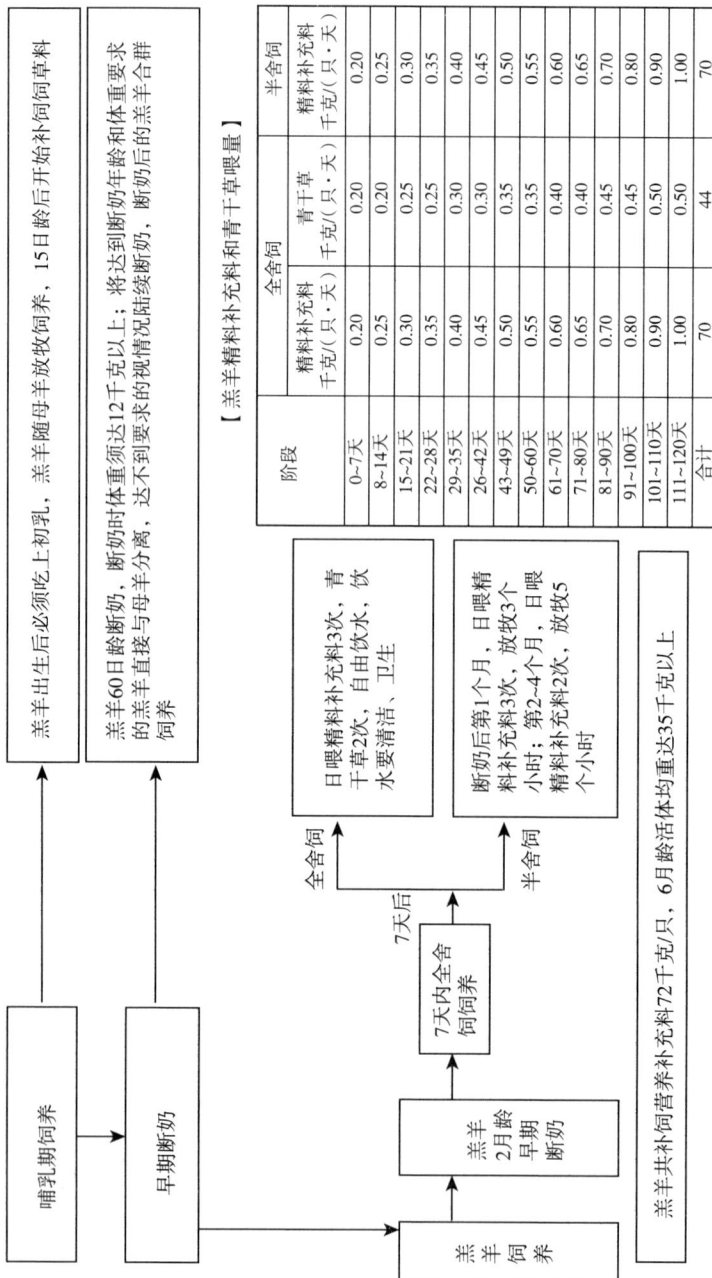

【羔羊精料补充料和青干草喂量】

阶段	全舍饲		半舍饲
	精料补充料 千克/(只·天)	青干草 千克/(只·天)	精料补充料 千克/(只·天)
0~7天	0.20	0.20	0.20
8~14天	0.25	0.20	0.25
15~21天	0.30	0.25	0.30
22~28天	0.35	0.25	0.35
29~35天	0.40	0.30	0.40
26~42天	0.45	0.30	0.45
43~49天	0.50	0.35	0.50
50~60天	0.55	0.35	0.55
61~70天	0.60	0.40	0.60
71~80天	0.65	0.40	0.65
81~90天	0.70	0.45	0.70
91~100天	0.80	0.45	0.80
101~110天	0.90	0.50	0.90
111~120天	1.00	0.50	1.00
合计	70	44	70

哺乳期饲养 → 羔羊出生后必须吃上初乳，羔羊随母母羊放牧饲养，15日龄后开始补饲饲草料

早期断奶 → 羔羊60日龄断奶，断奶时体重须达12千克以上；将达到断奶年龄和年龄体重要求的羔羊分离，达不到要求的视情况陆续断奶，断奶后的羔羊合群

羔羊饲养 → 羔羊2月龄早期断奶 → 7天内全舍饲养

7天后

全舍饲：日喂精料补充料3次，青干草2次，自由饮水，卫生要清洁

半舍饲：断奶后第1个月，日喂精料补充料3次，放牧3个小时；第2~4个月，日喂精料补充料2次，放牧5个小时

羔羊共补饲营养补充料72千克/只，6月龄活体均重达35千克以上

图6-6 规范流程图3（羔羊养殖技术）

1. 母羊群的组建　公羊、母羊单独组群，分群饲养，统一佩戴耳标，羊群规模为300～500只。

2. 母羊的配种　第一次应用高效养殖技术的母羊群必须采取同期发情，第二次应用高效养殖技术的母羊群不采取同期发情，在配种期统一投放公羊进行配种。公母羊比例1∶（10～20）。

同期发情方法：母羊皮下或肌内注射前列腺素1毫升/只，第10～12天进行第二次肌内注射前列腺素1毫升/只。

3. 母羊和羔羊的饲养　在母羊妊娠后期、泌乳期、羔羊早期断奶及其羔羊养殖等关键技术环节进行现场指导服务，做好工作日记。

4. 测定指标

（1）母羊体重和失重。各示范点抽取20％的羊只，测定母羊配种前和断奶后活体重，计算母羊繁育期失重。

（2）母羊繁殖性能。测定示范点母羊的产羔数、羔羊2月龄断奶成活数，计算母羊产羔率和繁活率。

（3）羔羊的生长发育。各示范点抽取20％的羔羊，统一佩戴耳标，测定初生体重、2月龄断奶体重和6月龄体重。

5. 疫病防疫　按表中藏羊常规免疫程序执行。

藏羊常规免疫程序

	免疫时间	疫苗种类	接种对象	接种方式	免疫期	预防疾病
春防	2—3月	羊四联	公羊、母羊、育成羊	肌内注射	6个月	羊快疫、羊猝狙、羊肠毒血症、羔羊痢疾
	母羊产前20～30天	羊四联	怀孕母羊	肌内注射	6个月	羔羊痢疾
	2—3月	羊痘	公羊、母羊、育成羊、羔羊	皮内注射0.5毫升	1年	羊痘
	3—4月	羊四联	羔羊	肌内注射	6个月	羊快疫、羊肠毒血症、羊猝狙、羔羊痢疾
	省州统一时间	口蹄疫	公羊、母羊、育成羊、羔羊	肌内注射	6个月	口蹄疫
秋防	8—9月	羊四联	公羊、母羊、育成羊	肌内注射	6个月	羊快疫、羊肠毒血症、羊猝狙、羔羊痢疾
	9月份	口疮弱毒细胞冻干苗	公羊、母羊、育成羊	口腔黏膜注射0.2毫升	1年	羊口疮
	8—9月	羊痘	公羊、母羊、育成羊	皮内注射0.5毫升	1年	羊痘
	省州统一时间	口蹄疫	公羊、母羊、育成羊	肌内注射	6个月	口蹄疫

图6-7　技术流程图4

（二）藏羊公羊的饲养技术

种公羊单独组群，全年保持中等膘情；青草季节在天然草场放牧饲养，枯草季节放牧结合补饲；主要补饲精料补充料和青干燕麦草，精料补充料主要由玉米、小麦、豆粕和菜籽饼等组成。

```
                  ┌ 配种期 ─┬ 1. 配种前 45 天和配种期，放牧结合补饲，补饲精料补充
                  │         │    料和干草
                  │         ├ 2. 每天每只补饲精料补充料 1～1.5 千克，青干草 1 千克
  种公羊饲养技术 ─┤         └ 3. 精料补充料每天饲喂 2～3 次，饮水 3～4 次
                  │         ┌ 1. 夏季以放牧为主，当体况较差时，每天每只补饲精料
                  │         │    补充料 0.5 千克
                  └ 非配种期┤ 2. 冬春季节，每天每只补饲精料补充料 0.5 千克，干草
                            └    0.5 千克；精料补充料每天饲喂 2～3 次，饮水 2～3 次
```

（三）藏羊母羊饲养技术

1. 藏羊母羊的组群和配种

藏羊母羊单独组群。母羊年龄为 1.5～5.5 岁，羊群规模为 200～300 只。母羊同期发情，集中配种。7 月中旬至 8 月中旬，对母羊进行同期发情处理，肌内或皮下注射前列腺素，0.5 毫升/只，11 天后重复注射一次；第二次注射当天，按公母比为 1∶10 的比例将藏公羊投放到母羊群中，第 35 天撤走大部分藏公羊，保留 20% 的藏公羊进行补配，第 70 天撤走全部藏公羊。

2. 藏羊母羊妊娠期饲养技术

藏羊母羊妊娠期为 150 天，妊娠期 105 天以放牧饲养，妊娠后期 45 天开始采用放牧结合补饲的饲养方式，补饲料为母羊妊娠期精料补充料。母羊妊娠期精料补充料消化能为 12.20 兆焦/千克，粗蛋白为 14.98%，钙和磷分别为 0.73% 和 0.50%；精料补充料主要由玉米、小麦、菜籽粕、豆粕、食盐和预混料等组成。母羊于分娩前 45 天开始补饲，上午 10：00 放牧，16：00 归牧后补饲精料补充料 0.1 千克/只，每天放牧 5 个小时，饮水 2 次。母羊产前 7 天开始，精料补充料喂量减半；产前 3 天至产后 3

天，不饲喂精料补充料，以免造成消化不良或发生乳腺炎；产羔3天以后，逐渐增加精料补充料喂量，促进母羊的泌乳机能。母羊产前1周，每天放牧距离不超过500米，放牧时间2～3小时，观察母羊分娩情况，做好接羔工作；产羔后的母羊单独组群；产羔后的3～7天，母羊舍饲饲养，以后在预留的产羔母羊草场上放牧。

3. 藏羊母羊泌乳期饲养技术

藏羊母羊泌乳期为60天，采用放牧结合补饲的饲养方式，补饲料为母羊泌乳期精料补充料。藏羊母羊泌乳期精料补充料消化能为13.40兆焦/千克，粗蛋白为15.78%，钙和磷分别为0.73%和0.50%；精料补充料主要由玉米、小麦、菜籽粕、豆粕、食盐和预混料等组成。母羊以放牧＋补饲的饲养方式。上午10：00放牧，15：00归牧后补饲精料补充料0.25千克/只，每天放牧4个小时，放牧距离不超过500米，饮水2次。母羊分娩当日精料补充料喂量减半；羔羊断奶前3天至断奶后3天，不饲喂精料补充料，以免发生乳腺炎。

4. 藏羊母羊的管理技术

母羊要有保温棚圈，并配备运动场，暖棚要保暖、通风、干燥，门宽1.5～1.8米，高1.8～2.0米，每只母羊占地0.8～1.0平方米；运动场门宽2.5～3.0米，每只母羊占地2.0平方米。

母羊要配备补饲料槽、草架和水槽。料槽槽底为半圆形，长3.0～4.0米，宽40厘米，高40厘米，深20厘米；料槽平行摆放，间距为3.0米，一个料槽供15～20只母羊补饲。在管理上，做好母羊的保胎工作，严禁饲喂发霉、变质和冰冻的饲料，不饮冰碴水和污水；放牧和进出圈舍要慢赶、不拥挤，饲喂和饮水时要防止拥挤和滑倒。藏母羊产前1个月左右注射羊四联疫苗，预防羔羊痢疾；定期检查羊群，对病羊及时隔离和治疗。

(四)藏羊羔羊饲养管理技术

1. 哺乳羔羊饲养管理技术

(1) 羔羊出生后1.5小时内必须吃上初乳，对弱羔羊进行人工辅助哺乳，母羊有病、死亡、无奶或奶水不足时，应找保姆羊代乳。

（2）羔羊出生后 3～7 天，与母羊一起舍饲饲养，以后随母羊在产羔母羊草场上放牧饲养，早晚补饲；羔羊的放牧距离由近到远逐渐增加，母子同牧时，羊群行走要缓慢。

（3）羔羊要早补饲，在出生后 10 日龄开始补饲青干草，先饲喂燕麦青干草的嫩叶，2 周以后逐渐饲喂全株燕麦青干草；20 日龄开始补饲羔羊前期精料补充料，每只每天补饲 50 克，以后每 7 天增加 50 克，补饲至 60 日龄断奶，哺乳期只均补饲羔羊前期精料补充料 7～8 千克。

（4）羔羊隔栏补饲，补饲栏面积按每只羔羊 0.15 平方米计算，进出口宽度 20 厘米，高度 40 厘米；补饲栏内配备料槽和水槽，料槽槽底为弧形，长 0.8～1.0 米，宽 30 厘米，高 30 厘米，深 15 厘米，一个料槽供10～15 只羔羊补饲。

（5）羔羊前期精料补充料的消化能为 12.82 兆焦/千克，粗蛋白为17.95%，钙和磷分别为 0.68% 和 0.47%；前期精料补充料主要由玉米、菜籽粕、豆粕、棉粕、食盐和预混料等组成。

（6）羔羊哺乳期间，圈舍要保暖、干燥、通风；圈舍 3～5 天消毒一次，料槽和水槽每天清洗。

（7）按规定做好羔羊的免疫工作；定期检查羔羊群，病羊及时隔离和治疗。

2. 藏羊羔羊早期断奶技术

（1）羔羊分批断奶，根据日龄、体重、体质强弱和采食等情况，将羔羊分批断奶；羔羊早期断奶日龄为 50～60 日龄且体重须达到 12 千克以上。

（2）羔羊采取一次性断奶法，将符合断奶条件的羔羊直接和母羊分离。

3. 藏羊羔羊育肥期饲养管理技术

羔羊断奶后第一周全舍饲饲养，每天每只饲喂羔羊前期精料补充料0.2 千克，青干草自由采食，自由饮水；一周以后，采用全舍饲或半舍饲饲养方式，育肥期为 4 个月，补饲料为羔羊后期精料补充料和青干草。

（1）羔羊早期断奶后按性别、强弱组群，半舍饲养殖中羔羊群规模为 200 只左右。

（2）羔羊早期断奶后仍留在原来的羊舍中饲养，以减少断奶应激反应。

（3）羔羊后期精料补充料的消化能为 12.94 兆焦/千克，粗蛋白为 16.64%，钙和磷分别为 0.61% 和 0.58%；精料补充料主要由玉米、菜籽粕、豆粕、棉粕、食盐和预混料等组成。

（4）羔羊全舍育肥时，日喂精料补充料 3 次，时间分别在 8：30、12：00 和 16：00；日粮精粗比例为 7：3，精料补充料 7 份，粗饲料 3 份（青干草：青贮（鲜）＝1：3），自由采食，自由饮水，保证清洁、卫生。

（5）羔羊半舍饲育肥时，有条件补饲青干草的，在育肥期前 1 个月，日喂精料补充料 3 次，分别在 8：30、12：00 和 16：00；日喂燕麦青干草 1 次，在 10：30；放牧 2 个小时，在 1：30—3：30。在后 3 个月，日喂精料补充料 2 次，分别在 8：30 和 16：00；日喂燕麦青干草 1 次，在 10：30；放牧 3 个小时，在 12：30—3：30。无条件补饲青干草时，在育肥期前 1 个月，日喂精料补充料 3 次，分别在 8：30、11：30 和 16：00；放牧 3 个小时，在 1：00—4：00；在后 3 个月，日喂精料补充料 2 次，分别在 8：30 和 16：00；放牧 5 个小时，在 11：00—4：00。日饮清水 2~3 次（表 6-4）。

表 6-4　各阶段精料补充料和青干草喂量

| 阶段 | 全舍饲 | | 半舍饲 | | | |
| | | | 补饲青干草 | | 未补饲青干草 | |
	精料补充料 千克/ （只·天）	青干草 千克/ （只·天）	精料补充料 千克/ （只·天）	青干草 千克/ （只·天）	精料补充料 千克/ （只·天）	青干草 千克/ （只·天）
0~7 天	0.20	0.20	0.20	0.10	0.20	0
8~14 天	0.25	0.20	0.25	0.10	0.25	0
15~21 天	0.30	0.25	0.30	0.15	0.30	0

(续)

阶段	全舍饲		半舍饲			
			补饲青干草		未补饲青干草	
	精料补充料 千克/ （只·天）	青干草 千克/ （只·天）	精料补充料 千克/ （只·天）	青干草 千克/ （只·天）	精料补充料 千克/ （只·天）	青干草 千克/ （只·天）
22～28 天	0.35	0.25	0.35	0.15	0.35	0
29～35 天	0.40	0.30	0.40	0.20	0.40	0
36～42 天	0.45	0.30	0.45	0.20	0.45	0
43～49 天	0.50	0.35	0.50	0.25	0.50	0
50～60 天	0.55	0.35	0.55	0.25	0.55	0
61～70 天	0.60	0.40	0.60	0.30	0.60	0
71～80 天	0.65	0.40	0.65	0.30	0.65	0
81～90 天	0.70	0.45	0.70	0.35	0.70	0
91～100 天	0.80	0.45	0.80	0.35	0.80	0
101～110 天	0.90	0.50	0.90	0.40	0.90	0
111～120 天	1.0	0.5	1.0	0.40	1.0	0
合计	69.15	43.45	69.15	31.55	69.15	0

（6）羔羊要有保温羊舍，并配备运动场。羊舍为单列式长方形暖棚，保暖、通风、干燥、背风向阳、水电路通信便利，饲草料来源方便，资源充足的地方。规模化养殖企业选址应符合相关法律法规。羊舍要有保暖功能，施工时勿大面积开挖草原，破坏植被，尽量不使用钢筋混凝土。使用热镀锌钢管作为桩基植入地下，深度 2～4 米。圈舍门宽 1.2～1.3 米，高 1.8～2.0 米，每只羔羊占地 0.6～0.8 平方米；运动场门宽 1.8～2.0 米，每只羔羊占地 1.5 平方米。

（7）羔羊要配备补饲料槽、草架和水槽。料槽槽底为半圆形，长 3.0～4.0 米，宽 40 厘米，高 40 厘米，深 20 厘米；料槽平行摆放，间距为 3.0 米，一个料槽供 15～20 只羔羊补饲。

（8）羊舍和运动场每天进行清扫，隔天进行消毒；料槽和水槽每天清洗。要有采光、保暖等功能，白天暖棚室内外温差 35℃，夜间室内外温差 25℃。羊舍内要配置恒温饮水系统，根据季节变化调节牦牛饮水温度，减少疾病的发生。青藏高原早晚温差大，高寒缺氧，因而暖棚要有通风换气设施，在适宜条件下及时通风换气，为暖棚提供充足的氧气和调节温差。

（9）羔羊按规定分别注射"羊四联""羊痘"和"口蹄疫"疫苗；育肥2周后使用伊维菌素进行内寄生虫防治，使用溴氰菊酯淋浴进行外寄生虫防治；定期检查羊群，对病羊及时隔离和治疗。

（五）科学放牧管理技术

1. 放牧季节要求

由于青藏高原区多数采用四季转场放放，夏秋场多在离定居点较远的高山，以放牧为主，而冬春场离定居点较近的平坦地，以舍饲半舍饲为主，这就要求四季放牧方式有所不同。

（1）冬春季放牧管理　11月初藏羊进入冬季牧场起至翌年5月底或6月中旬，达到青饱之间的放牧。放牧时要选择地势比较平缓、避风向阳、饮水方便的山间坡地，利用时间8个月。对体弱和患病羊给予适量的干草饲料。避免饮冰水，吃霜草，早春要调节放牧时间，特别注意防止"抢青"，以免流产和腹泻，确保藏羊群顺利渡过冬春难关。

（2）夏秋季牧场管理　6月初或6月中旬开始至10月底，藏羊出冬季牧场起至牧草完全枯黄再次进入冬季牧场放牧。利用时间4～5个月。放牧要早出晚归，尽量延长放牧时间，藏羊需多饮水，夏季中午炎热时将羊赶到较为凉爽的地方使其进行休息和反刍，同时要增加食盐的补给量。

2. 科学测算天然草原可食牧草产量

结合天然草地类型、基本草原划定、遥感影像图确定有代表性的放牧草地样地，在草地样地中部设置3个样方，样方间距大于250米，样方设置成边长为3米的正方形地块，将样方内所有植物按照留茬高度1～2厘米的方式剪下，对样方内植物进行分类，将可食性草进行称重，烘干或阴干后得到单位面积可食产草量干重。根据草地样地面积计算草地的总可食产草量。根据草地使用季节，采样并计算年度和冷季草地可食产草量。

通过以下公式计算：

可食产草量指草地可食牧草（含饲用灌木和饲用乔木之嫩枝叶）地上部的产量。

生长高峰期前已利用量＝实际放牧牲畜数量（羊单位）×生长高峰期前放牧天数（日）×每羊单位日食量

年度可食产草量（干重）＝（最高地上生物量×牧草可食比例÷100＋生长高峰期前已利用量）×干鲜比×标准干草折算系数

注：按照《草食家畜羊单位换算》NY/T 3647—2020，每个标准羊单位日食量1.6千克标准干草。青藏高原多以莎草高寒草甸和高寒草原为主，标准干草折算系数按1；禾草高寒草甸和高寒草原的标准干草折算系数为1~1.05。

3. 天然草地藏羊放牧数量计算方法

合理载畜量指一定的草地面积，在某一利用季节，在适度放牧（或割草）利用并维持草地可持续生产的条件下，满足承养家畜正常生长、繁殖、生产畜产品的需要，所能承养的家畜头数（羊单位）和时间。

年度合理载畜量＝年度可食标准干草产量×全年放牧利用率÷100÷放牧天数÷每羊单位日食量

冷季合理载畜量＝最高地上产草量×可食比例×干鲜比×标准干草折算系数×冷季保存率×冷季放牧利用率÷冷季放牧天数÷每羊单位日食量

注：按照《草食家畜羊单位换算》NY/T 3647—2020，藏羊存栏量换算羊单位按照出栏率和平均出栏体重进行折算，藏羊出栏量换算羊单位基于当年消耗饲草料量测算，按照藏羊出栏月份和平均出栏体重进行折算。按照《天然草地合理载畜量的计算》NY/T 635—2015，青藏高原高寒草甸类的全年放牧利用率为50%～55%，冷季放牧利用率为60%～70%。

五、效益分析

计算依据与方法：以100只母羊群为1个单位进行概算，比较分析高效养殖方式与传统放牧方式的经济效益。

净增收益主要来源：羔羊成活率提高、羔羊增重提高、母羊损亡率降低、后备种公羊选调、后备母羊生产羔羊成活率提高等五个方面。

(一) 传统放牧条件下的经营绩效 (以 100 只母羊群为核算单位)

1. 补饲成本

放牧饲养, 补饲成本为 0。

2. 后备种公羊选调数为 0。

3. 纯收入

(1) 羔羊销售收入 羔羊数 (母羊繁活率×羔羊育肥期成活率×100)×羔羊单价 (羔羊活体均重×屠宰率 50%×当年肉价＋皮张、下水价)

(2) 滞后一年后备母羊生产羔羊收入 后备母羊数 (按母羊 20% 比例选留后备母羊)×后备母羊繁活率×传统饲养羔羊市场价格

总收入＝羔羊销售收入＋滞后一年后备母羊生产羔羊收入

(二) 高效养殖方式条件下的经营绩效 (以 100 只母羊群为核算单位)

1. 成本

(1) 母羊补饲成本 (妊娠后期补饲 0.1 千克/只·天×饲料单价×45 天＋泌乳期补饲 0.25 千克/只·天×饲料单价×60 天)×100 只

(2) 羔羊补饲成本 {育肥期补饲 72 千克/只×饲料单价×育肥羔羊数 (母羊繁活率×羔羊育肥期成活率×100)}。

总成本＝母羊补饲成本＋羔羊补饲成本

2. 收入

(1) 羔羊销售收入 羔羊数 (母羊繁活率×羔羊育肥期成活率×100)×羔羊单价 (羔羊活体均重×屠宰率 50%×当年肉价＋羊皮、下水价)

(2) 母羊损亡率降低产生的收益 母羊数 (传统饲养母羊损亡数－高效养殖母羊损亡数)×1 000 元/只

(3) 后备种公羊选调产生的收益 每百只母羊选调的后备种公羊数 (选调后备种公羊数÷母羊总数×100)×后备公羊新增价值 (后备种公羊平均调拨价－市场价)

(4) 滞后一年后备母羊生产羔羊的收益 后备母羊数 (按母羊 20% 比例选留后备母羊)×后备母羊繁活率×羔羊市场价－饲料成本 (后备母

羊数×妊娠期补饲 4.5 千克/只×饲料价格＋后备母羊数×泌乳期补饲 15 千克/只×饲料价格＋育肥羔羊数（后备母羊数×母羊繁活率）×72 千克/只×饲料价格）

总收入＝羔羊销售收入＋母羊损亡率降低所产生的收益＋后备种公羊选调产生的收益＋滞后一年后备母羊生产羔羊的收益

3. 纯利润

纯利润＝总收入－总成本

新增产值＝传统放牧养殖羔羊成活率为标准的羔羊增加值＋羔羊成活率提高所产生的新增价值＋母羊损亡率降低所形成的价值＋后备种公羊选调产生的新增价值＋滞后一年后备母羊生产羔羊数增加的价值

（三）高效养殖方式与传统放牧方式的经营绩效比较

总利润增加额＝总利润（高效）－总利润（传统）

总新增产值＝百只母羊新增产值×母羊总数/100

总新增利润＝百只母羊新增利润×母羊总数/100

主要技术指标：高效养殖母羊的繁活率（泌乳期为 2 个月）达 98％，比传统养殖（80％）提高了 18 个百分点；母羊的损亡率为 0.94％，比传统养殖（2.64％）降低了 1.7 个百分点；羔羊育肥期成活率达 97％，比传统养殖（80％）提高了 17 个百分点；羔羊 6 月龄活体均重达 36 千克，比传统养殖（17 千克）提高了 19 千克。

六、典型案例

案例 1：青海省海北州刚察县泉吉乡宁夏村生态畜牧业专业合作社整村采用藏羊高效养殖技术模式，通过在天然草地放牧＋藏羊不同生理阶段精准补饲技术，藏羊母羊产奶量提高了 32％，繁活率提高了 11％，羔羊成活率提高了 18％，6 月龄羔羊活体重提高了 112％。以每 100 只母羊为单位，高效养殖比传统养殖多增加 3 万元，当年天然草场载畜量减少了 50％。此项成果成熟度高、复制性强、群众欢迎、政府关注，在青海进行了大面积推广。

案例2：青海省甘德县藏羊标准化养殖基地畜牧业基础设施建设项目。生态畜牧业专业合作社建设藏羊养殖基地一座，占地面积5 000平方米，暖棚建筑面积3 000平方米，采用藏羊暖牧冷饲养殖模式，夏季牧草丰肥季节，通过在天然草地进行放牧，并种植燕麦作为主要的补饲牧草，采用青海大江新农牧科技有限公司的可移动生态环保暖棚3 000平方米，实现草畜平衡面积3 733公顷，同时，实现减畜2 203个羊单位，天然草场产草量得到了提升，提升幅度达10.5%。通过养殖藏羊出售畜产品，牧民人均收入提高到1万多元，比传统饲养且没有加入合作社的牧民人均增加收入1 000多元。

起草人：侯生珍　王志有　桂林生　杨葆春　赵鸿鑫

沿黄河流域重度退化典型
草原的补播改良技术模式

一、技术概述

补播是修复严重退化草地常用技术之一。通过在退化草地中添加适应当地自然条件的优良牧草，增加优良饲草的种类和比例，同时控制杂草数量及入侵速度，提高草地生产力并改善牧草品质。与单纯的草地物理改良技术如松土、浅耕翻技术相比，补播修复过程中机械划破紧实土壤，促进了根茎禾草的无性繁殖。由于乡土草种萌发困难，苗期生长缓慢，科学确定补播时间和不同草种的混播比例，这是该技术成功的关键所在。

二、适用范围

该技术模式适用于在沿黄河流域年降水量 350 毫米左右的典型草原区，因放牧退化严重或反复开垦、草群中一二年生植物占比增加、优良可食牧草比例低于 20%～30%、毒害草比例上升的群落。

三、技术流程

技术流程如图 6-8 所示。

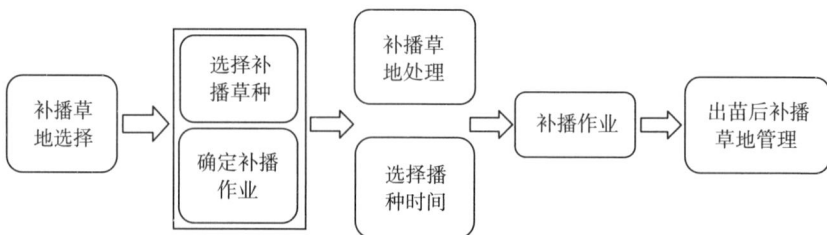

图 6-8　技术流程图

四、操作要点

(一) 补播恢复草地的选择

补播地段应选择地形起伏不大，坡度不超过 20°，相对平坦的地方，考虑到土壤水分状况和土层厚度，也可选择地势稍低的盆地、谷地、缓坡和河漫滩。在多沙地区，可以选择滩与丘之间交界地带。

(二) 草种选择和种子处理

在沙质草原区选择超旱生的防风固沙植物，盐渍地应选择耐盐碱牧草品种。在热量高的地区可以选择紫花苜蓿、红豆草、沙打旺等豆科牧草，原生植物可以选择披碱草、冰草、羊茅等禾草。优良牧草和原生草种比例为 2 : 1，播量按照种子的实际用价确定，豆科牧草的播种量为 0.667~2.0 千克/亩，禾草播种量为 1.33~2.67 千克/亩。补播前种子要经过去芒、破种皮、浸种等处理，种子包衣、丸衣化，以增加种子重量和所需的养分。

播种深度根据草种大小、土壤质地决定。在质地疏松的土壤上可播深些，黏重的土壤上可浅些；大种子可深些，小种子可浅些。苜蓿、草木樨和冰草等为 2~3 厘米，无芒雀麦、披碱草和羊草为 4~5 厘米，沙打旺为 1~2 厘米。播种后立即镇压，但水分含量高、全盐含量高的土壤不宜镇压，以免引起返盐和板结。

(三) 补播前苗床处理

为了降低原生植被对补播草种出苗和苗期生长的影响，补播前需要进行地面处理，机械部分耕翻和松土，破坏一部分植被，也可进行刈割、重牧或采用化学除锈剂消灭一部分植物，如将原生草地刈割至留茬 5~8 厘米后再进行补播作业。

(四) 补播作业机械

松土机具一般用圆盘耙或松土铲，作业时松土宽度在 10 厘米以上，松土深度 15~25 厘米。地表下松土范围越大越好，地表开沟越小越好，利于牧草扎根，增加土壤保墒能力。可选用免耕播种机，如内蒙古牧业机械研究院生产的 9BM‐3.0 型牧草免耕补播改良机，播种过程中施入

2.5千克/亩的磷酸二铵和硫酸钾复合肥。

（五）补播时间

黄河流域的典型草原区春季补播干旱缺雨、风大，一般在雨季来临时以初夏补播较合适，选择降水丰富的7～8月进行，若草地土壤墒情较好，可在6月中下旬进行。

（六）补播出苗后的管理

为保持土壤水分，补播地上可覆盖秸秆。有条件的地区辅以施肥和灌水，利于补播幼苗当年定植、提高产量。第二年以后可秋季割草或冬季放牧。同时补播草地还应注意防鼠、防病虫害，确保幼苗不受危害。

五、技术使用注意事项

1. 免耕播种机应根据牧草种子特性进行调试。

2. 补播当年草地需要围封管理，禁牧，沙地草地补播后，禁牧时间最少在5年以上才能改变流沙地貌，成为生产草料基地。

六、效益分析

实践证明，通过应用该技术可以显著提高黄河中上游地区退化草地和撂荒地的生产力水平，有效解决了草地退化、家畜优质饲草料供给能力低、区域生态环境恶化等诸多问题。利用紫花苜蓿、红豆草、草木樨、新麦草、冰草和披碱草混播恢复的草地，加速了天然草原的修复，经过补播的沙化草地，在第二、第三年植被覆盖度较原植被提高60％以上，草地产量从100千克/亩提高到300千克/亩，增加100％～150％，相当于天然草地产草量的3倍以上，牧草质量明显改善，基本抑制草地沙化。有效遏止了退耕地退化、沙化，土壤肥力增强，退耕地生态环境得到充分改善，生态效益明显提高。

七、典型案例

陕西大地种业（集团）有限公司旗下的好禾来草业有限公司与中国农

业大学技术团队合作，在榆林市榆阳区通过土地流转，筛选苜蓿、无芒雀麦、羊草、针茅、早熟禾、冷蒿、牛尾草等豆科和禾本科牧草，实施免耕补播。采用倒"T"形开沟补播，修复重度退化的典型草原，建立起万亩优质牧草生产基地，亩产增收 0.2 吨左右，干草粗蛋白质含量提高 3%。按每吨青干草销售价 1 500 元计，扣除种子、机械设备、化肥等方面的投入，每亩净收益增加 220 元。天然草地土壤的有机质、全氮、碱解氮和有效磷含量均极显著升高，整体肥力提升 10% 左右。该企业年产各种好禾来品牌优质牧草 6 万吨，年销售收入 6 000 多万元。高产优质饲草的供给量明显增加，带动了当地草食畜牧业快速发展和农牧民增收（彩图 6 - 4）。

起草人：戎郁萍

甘南高原高寒草甸打草场
培育利用技术模式

一、技术概况

甘南高原高寒草甸是黄河流域重要的生态屏障，在其生态系统建设中发挥着重要作用。针对高寒草甸目前面临的严重退化和不合理利用现象，提炼出一套行之有效的打草场培育利用技术模式，通过合理利用及管理，解决草畜矛盾，实现生态保护和提高牧民收入双赢。该技术模式在对退化高寒草甸草地进行禁牧封育的基础上，利用人工或生物的方法进行鼠害防治，平整鼠丘。通过划破草皮，补播2种或2种以上适宜于当地的优良乡土草种。有条件的地方进行施肥和灌溉，建立打草场，并进行适当刈牧利用管理。

二、适用范围

该技术模式适用于黄河上游甘南高寒区和高寒农牧交错区以及川西北和甘肃省武威市天祝县等区域。

三、技术流程

高寒草甸退化草地打草场培育利用技术包括围栏封育、地面平整、划破草皮、补播、施肥、灌溉和割草等过程（图6-9）。

四、操作要点

（一）选地

选取青藏高原海拔2 800～3 200米的区域，邻近水源区且适宜灌溉、较平坦的高寒草甸草原，进行围栏封育、生长季禁牧。

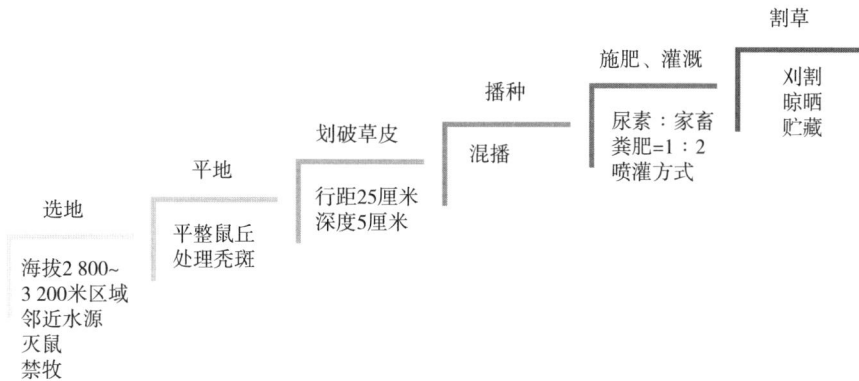

图 6-9 技术流程图

（二）害鼠防治

进行地下害鼠、地面害鼠全面防除。

（三）平整草地

对选定区域草原进行地面平整、鼢鼠土丘平整和裸斑处理。

（四）选择草种及确定混播比例

选择青海草地早熟禾或青海冷地早熟禾、甘南垂穗披碱草和中华羊茅 4 种草种，混播按照青海草地早熟禾 25％＋甘南垂穗披碱草 50％＋青海 中华羊茅 25％，或者青海冷地早熟禾 25％＋甘南垂穗披碱草 50％＋青海 中华羊茅 25％。青海草地早熟禾、青海冷地早熟禾、垂穗披碱草和中华 羊茅的补播量分别按照其单播量 7.5 千克/公顷、7.5 千克/公顷、22.5 千 克/公顷和 15.0 千克/公顷进行。

（五）划破草皮及补播

5 月初，用草皮划破机械按行距 25 厘米、深度 5 厘米划破草皮，并 将按比例混合好的种子播种于沟内，播种重点区域为鼢鼠土丘和秃斑整修 区域。

（六）施肥

将尿素与家畜粪肥按质量比 1：2 混合，制成混合肥料，每年施肥量 450 千克/公顷，分两次施用，5 月上旬返青期第一次施肥，7 月 15 日至

20 日刈割后立即进行第二次施肥，每次施肥量 225 千克/公顷。

（七）灌溉

可采用喷灌或自流漫灌的方式于干旱期 5 月 15 日至 6 月 20 日灌溉，灌溉量以保证补播种子出苗为宜。

（八）刈割收获

7 月 15 日至 7 月 20 日进行刈割收草、晾晒、贮藏，草原再生草用于冬春季放牧。

五、技术使用注意事项

草地培育期间应全面禁止放牧。

六、效益分析

（一）经济效益

通过使用该技术，每公顷草地产干草由 2 745 千克增加到 7 275 千克，补播区域地上干草产量每公顷增加 4 530 千克，按照干草价格 2 元/千克计算，每公顷补播草地干草可收入 9 060 元，减去第一年每公顷草地投入成本约 3 450 元，每公顷草地净经济效益为 5 610 元。

（二）社会效益

草地综合治理改善了当地的生产条件，增强了牧民群众的生态环境保护意识；提高了牧民生活幸福感，进一步巩固了民族团结，同时使牧区经济和草地畜牧业得以可持续发展。

（三）生态效益

通过使用该技术，草地盖度达到 90% 以上，植被高度显著增加，促进了天然植被的恢复，提高了草地产草量，提高了草原生态系统服务价值。

七、典型案例

2015 年和 2016 年在甘肃省夏河县桑科乡羊吉畜牧业专业合作社进行

了高寒草甸打草场培育技术示范，效益显著。首先进行了平地操作，然后划破草皮后进行补播（甘南垂穗披碱草）、牧草返青后施肥（尿素），待生长至 7 月 20 日刈割，晾晒青干草或裹包青贮。在该草地区域补播后，草地盖度高达 90％以上，草层平均高度较未补播区域可增加 75％以上，且杂类草生物量降低；补播区域地上干草产量每公顷可增加 4 530 千克，按照干草价格 2 元/千克计算，每公顷补播草地干草可收入 9 060 元，减去第一年每公顷草地投入成本约 3 450 元，每公顷草地净效益为 5 610 元。

起草人：鱼小军、祁娟、尹国丽、杨航

混播人工草地建植与划区轮牧技术模式

一、技术概述

该技术模式为建设优质豆禾混播人工草地，夏、秋季节采用划区轮牧方式进行优良畜种（牛、羊）放牧利用，合理配置小面积打草场作为冬、春季节舍饲期优质粗饲料来源，解决了优质饲草料严重短缺问题，大幅提高了农牧民收入，有效治理了沙化退化草原。

二、适用范围

该技术模式适用于海拔≤2 500 米，年平均气温≥5℃。年降水量≥250 毫米的黄河流域大部分地区。

三、技术流程

技术流程如图 6-10 所示。

四、操作要点

（一）混播人工草地建植

1. 选地

选择坡度＜25°，土壤 pH 6.0～8.2，排水良好的地块。

2. 整地

翻耕深度 20～25 厘米，耙糖，镇压。

3. 品种选择与搭配

选用耐牧性苜蓿、沙打旺、无芒雀麦、冰草、羊草、披碱草、黑麦草等适宜当地气候条件的牧草。一般品种组合中包含上繁草和下繁草，

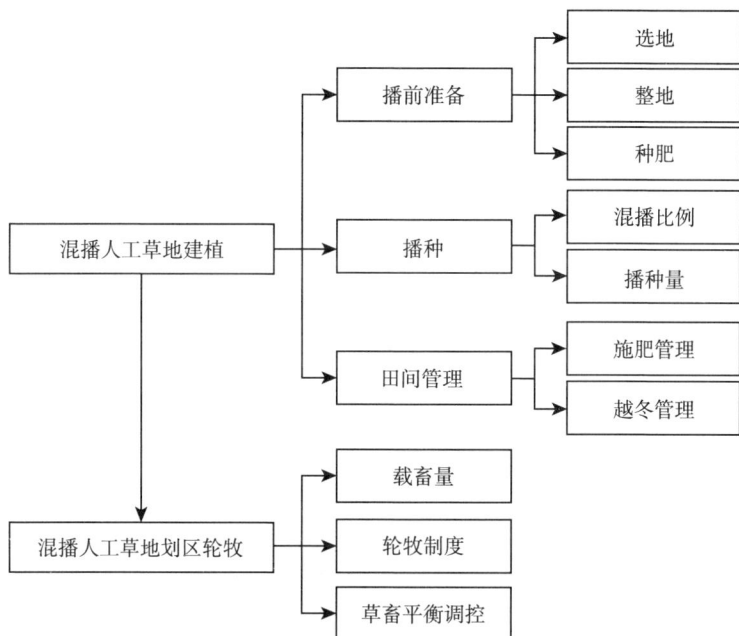

图 6-10 技术流程图

可参考"苜蓿＋无芒雀麦或黑麦草＋羊草""苜蓿＋沙打旺等豆科＋无芒雀麦或黑麦草＋羊草""苜蓿＋无芒雀麦或黑麦草＋冰草或披碱草"等组合。

4. 混播比例

按照草地利用 5 年以上标准确定组成比例，豆禾混播比例 1∶4 或 1∶5。

5. 播种量

总播种量 2.0～2.5 千克/亩，根据各草种种子用价，单播草地种子播种量，折合各草种播种用量。

6. 播种时间

4 月初或 7 月末前播种，日最高气温≥30℃时不适宜播种。

7. 播种方式

机械条播，行距 15～18 厘米；播种深度 4～5 厘米，覆土 2 厘米。

（二）放牧利用

1. 放牧方式

以 200 亩混播人工草地为一个单元，划分为 4 个放牧小区，小区间架设网围栏，每区间留设牧道 2 米。

2. 载畜量

$$载畜量（标准羊单位数）=\frac{放牧草场总面积（公顷）\times[牧草产量（千克/公顷）-800]}{1.6\times放牧天数}$$

3. 放牧起止时间

肉牛以第一轮牧小区禾草叶鞘膨大，进入拔节期，高度 15 厘米为标准；肉羊以牧草高度 7 厘米为标准。轮牧结束期以生长季结束前 30 天，且最后一个轮牧小区采食留茬 5 厘米为限。

4. 初始轮牧周期

初始轮牧周期每小区放牧 4～5 天调换至下一小区，直至各区牧草高度达到均匀水平，优势种株高约 10 厘米时，按照牧草留茬高度作为小区间轮牧标准。

5. 轮牧小区放牧时间

（1）肉牛放牧　草群落留茬高度 7 厘米时轮换下一小区，当再生草群落高度达到 15 厘米时可再次利用。

（2）肉羊放牧　草群落留茬高度 5 厘米时轮换下一小区，当再生草群落高度达到 7 厘米时可再次利用。

6. 草畜平衡调控

牧草平均现存量达到 3 000 千克/公顷（以干物质算）时，可刈割调制干草或制作青贮；当所有放牧分区平均现存量低于 600 千克/公顷时需要补饲。

五、技术使用注意事项

（一）草地安全越冬

混播人工草地越冬管理的关键在于如何确保豆科牧草，特别是苜蓿的安全越冬。

1. 末次放牧利用在初霜来临前 30 天结束，留茬高度 5 厘米以上。

2. 入冬前追施氯化钾（$K_2O \geqslant 60\%$）或硫酸钾（$K_2O \geqslant 50\%$）120～180 千克/公顷，提高草地越冬率。

3. 必要时进行冬水补灌，以入冬时 20 厘米土壤湿润为参考标准。

（二）严格控制起始放牧时间，忌超载过牧

（三）预防家畜膨胀病

1. 前期放牧应遵循循序渐进的原则，先在豆科牧草比例少的草地上放牧，家畜慢慢适应后再逐渐过渡到比例适中的地块。

2. 控制放牧时间，不在伴有露水的清晨放牧，待露水消失后放牧 2 小时，下午放牧 2 小时，刚浇过水或施过肥的草地禁止马上放牧。

3. 放牧前可先给家畜饲喂干草或青贮饲料至半饱后再放牧，适应周期以 7 天为宜。

六、效益分析

（一）经济效益

该技术模式的优势在于通过放牧，实现了优质牧草的就地转化，确保全年牧草供应充足，显著提高家畜生产性能和生产效率。与传统的天然草原放牧模式相比，混播人工草地干草产量达到 450 千克/亩，相当于正常年份天然草原产草量的 10～20 倍，载畜量达到 1.2 个羊单位/亩，提高 10 倍以上；优质干草粗蛋白含量 16.4%，中性洗涤纤维含量 39.2%，酸性洗涤纤维含量 23.8%，家畜繁殖率达 95% 以上，出栏率提高 14.6 个百分点（表 6-5）。

表 6-5　不同类型草地群落特征与生产力比较

类型	产量（千克/亩）	载畜量（羊单位/亩）	出栏率（%）
混播人工草地划区轮牧模式	451.25	1.2	49.60
天然草地放牧	50.02	13	35.03

该模式牧草生产成本 163.10 元/亩，较传统模式增加 154.67 元/

亩；家畜养殖成本 209.86 元/亩，较传统模式增加 63.34 元/亩；年销售额比传统模式增加 667.02 元/亩，折合草地年纯收益 589.29 元/亩，较天然草原放牧模式提高约 449.03 元/亩；经营主体年增加值较传统模式提高 18.20 万元（表 6-6）。

表 6-6　两种经营模式的成本与收益比较

	项目指标	节水混播放牧型草地划区轮牧	传统天然草地放牧饲草生产成本
饲草生产成本（元/亩）	地面处理与设施成本	86.39	1.48
	土地流转租赁费用	2.89	0.00
	种植成本	21.26	4.09
	生产管理成本	52.55	2.87
	合计	163.10	8.43
家畜养殖成本（元/亩）	设施成本	34.18	5.13
	牛羊生产性生物资产折旧	82.14	46.26
	饲料购置	85.20	88.43
	管理成本	8.33	6.70
	合计	209.86	146.52
年销售额（元/亩）	出栏头数（头）	45.00	35.00
	出售价格（万元/头）	1.26	0.97
	合计	962.24	295.22
经营主体年增加值（万元）		34.65	16.13
草地纯收益（元/亩）		589.29	140.26

（二）生态效益

该技术模式使沙化、退化草地得到有效治理，植被总盖度由不足30%提高到85%以上，有效改善贫瘠土壤，提高有机质含量，实现草地产量与品质提升。建植200亩可解放2 000～4 000亩天然草原，用于自然修复或休养生息，实现了"建设一小片草地，保护一大片草原"的目的，生态效益非常显著（表 6-7）。

表6-7 放牧前混播草地与天然草场群落特征及产量比较

| | 株高（厘米） | 总盖度（%） | 分盖度（%） | | | | 多度（丛、株）/平方米 | | | | 产量（千克/亩） |
			苜蓿	禾本科	胡枝子	沙蒿	苜蓿	禾本科	胡枝子	沙蒿	
混播草地	45.0	88.3	40.0	36.7	11.7	—	12.0	548.0	14.7	—	151.5
天然草地	5.0	15.0				15.0				2.0	25.5

混播草地建植前后，0～10厘米土层有机质含量变化见图6-11。建植2～4年的混播草地，达到10.69～11.77克/千克，显著高于建植前的7.73克/千克。表明混播草地对提高土壤0～10厘米土层有机质含量、改善土壤养分有一定的积极作用。

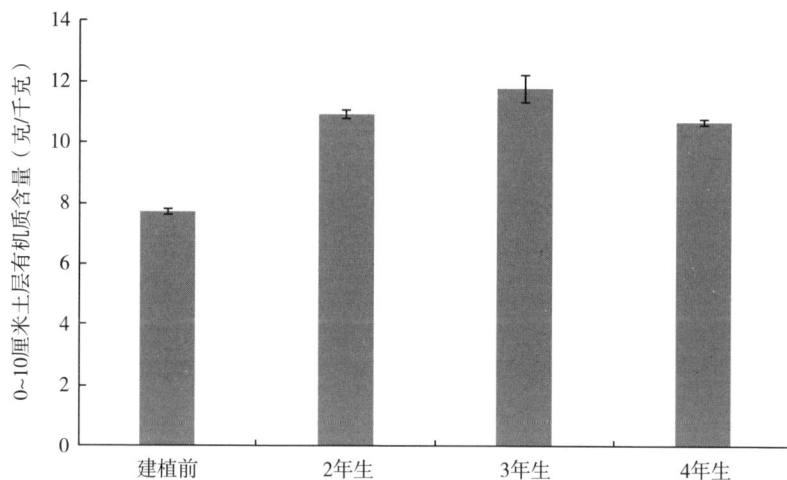

图6-11 混播草地的建植对0～10厘米土层有机质含量的影响

（三）社会效益

该技术模式的实施切实增加了饲草储备，增强了抗灾减灾能力，促进农牧民生产方式和生产观念的转变，增强畜牧业的发展后劲，拓宽了增收渠道，劳动力生产率大幅提高，达到每人11.76万元/年，较传统模式增加6.41万元/年，提高了牧区生产生活的科技水平，示范户全部脱贫致富，是实现乡村振兴和农村牧区现代化的可借鉴样本。

七、典型案例

呼日勒巴特尔是阿鲁科尔沁旗绍根镇乌那嘎嘎查的牧民，是当地新型经营主体家庭牧场的典型代表，拥有草场 2 300 亩，草场重度沙化、退化达 90%，年均养殖西门塔尔牛 60 头，劳动力 2 人。2016 年建植混播草地600 亩后，新增肉牛养殖 20 头，家畜出栏率提高 14.6%，牛羊肉产品绿色、优质，每亩草地纯收益 589 元，较原收益 140 元提高了 320%，1 700亩天然草场短期内不再放牧利用，得到自然修复。体现了现代化草地畜牧业发展特点，是牧区生产水平的进步，实现了生态生计兼顾、生产生活并重、治沙致富共赢的显著效益（彩图 6-5）。

起草人：梁庆伟、娜日苏、潘翔磊、乌英嘎、张杰、邓宇

混播人工草地刈牧利用技术模式

一、技术概述

该技术模式作为解决我国沿黄河流域草畜矛盾的关键技术突破口，不仅能够增加优质饲草供给、维持草畜平衡，还能促进混播人工草地高效利用、提高草产品转化效率。该技术模式集成了混播人工草地建植、刈割利用、放牧利用及牧刈轮换利用等技术，可使混播草地亩产达 400～600 千克，牧草粗蛋白含量达 13％～18％，草地载畜量提高 2～3 倍，进而解决草地可持续利用率低及草畜配置不合理等技术难题。

二、适用范围

该技术模式适用于沿黄河流域、北方农牧交错区或偏湿草原区。

三、技术流程

该技术模式包括混播人工草地建植、刈割、放牧及牧刈轮换等关键技术，形成沿黄河流域混播人工草地牧草生长季放牧利用、非生长季舍饲的家畜饲草供给技术体系，技术流程见图 6-12。

四、操作要点

(一) 混播草地建植

在整地、灭杂草的基础上，选取 4 个具有不同谱系距离、功能特性的本土和外埠物种（各物种或选育的市场化的品种具有越冬、耐旱、耐贫瘠等局域适应能力），4 个功能群物种的特征为：羊草耐旱、深根、禾本科牧草；无芒雀麦不耐旱、浅根、禾本科牧草；菌蓄豆耐旱、深根、豆科牧

249

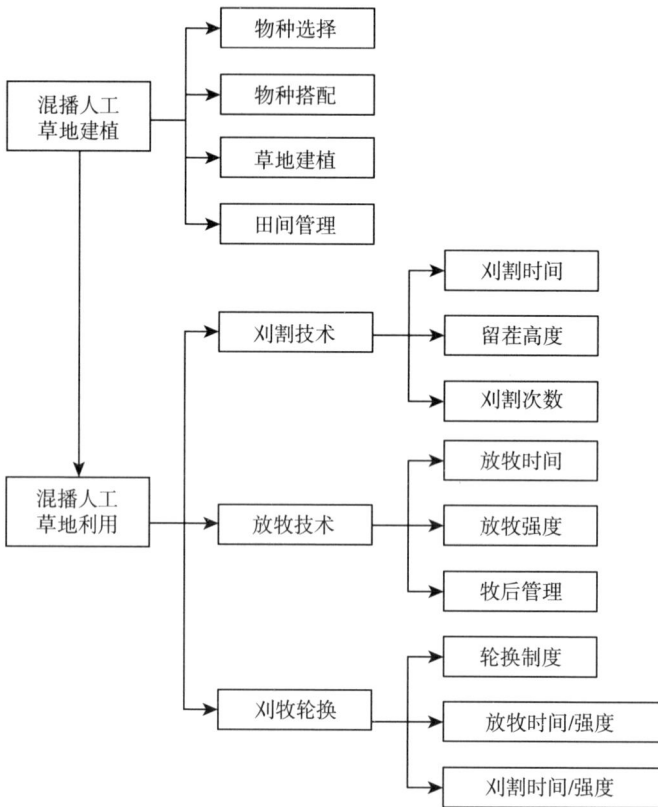

图 6-12　技术流程图

草；杂花苜蓿不耐旱、浅根、豆科牧草。建立 4 物种、禾豆比 4∶1、均匀度指数为 0.75 的混播草地。

（二）放牧利用技术

依托"苜蓿＋羊草＋蒿蓄豆＋无芒雀麦"的混播草地，在沿黄河流域适时进行灌溉，以保证牧草的充分生长，并按照 3 个羊单位/亩于每年 5-8 月放牧，放牧期间保证羊只的正常饮水。8 月放牧结束后，羊只出栏，保留基础母羊。

（三）刈割利用技术

针对已建立的"苜蓿＋羊草＋蒿蓄豆＋无芒雀麦"混播草地，于 5-8 月进行刈割，每月刈割一次（具体刈割时间依各地气候而定），留茬高度为 6 厘米，刈割后及时进行灌溉，每年收获四茬。生长季刈割的牧草备做冬季基础母羊饲用。

（四）刈牧兼用技术

综合打草场培育技术及混播草地养分利用特点，该技术在"苜蓿＋羊草＋菌蓄豆＋无芒雀麦"混播草地中进行，按照两年放牧一年刈割的轮换制度，放牧于当年 5-9 月进行，详见放牧利用技术；割草于当年苜蓿初花期进行，留茬高度 6 厘米，详见刈割利用技术。

五、技术使用注意事项

（一）混播草地建植

应选择具有抗寒、抗旱、耐土壤贫瘠等特性的豆科/禾本科、上繁草/下繁草的物种；物种搭配应至少包含两个豆科物种和两个禾本科物种；注意播种时间的选择：春播在 5 月上旬至中旬，秋播在 8 月中旬至下旬；苗期适时灌水、施肥、灭虫等；草地建植当年不利用，建植后第二年开始利用。

（二）混播草地利用管理

刈割用的混播草地利用三年后，于第四年灌溉、施肥各两次；放牧用的混播草地在非生长季严禁放牧。

六、效益分析

（一）经济效益

实践表明，应用该技术模式，混播草地亩产干草达 400 千克以上，与典型草原天然草地平均亩产干草 40 千克相比，亩产增加 360 千克，按照干草价格 2 元/千克计算，每亩可增收 720 元以上。放牧用的混播草地，载畜量较天然草地提高 3 倍以上。

（二）生态效益

年降水量在 200～450 毫米、干燥度为 1.5～3.5 的我国北方半干旱区是我国未来农牧业结构性调整、稳步发展高效节水人工草地的核心区域，该地区处于水分、养分双重限制的状态。该技术通过建立豆科与禾本科牧草混播草地，草地盖度达90%以上，饲草产量、饲用品质、土壤肥力显著提升。此外，生态恢复与草业发展实践表明，在草原牧区适度发展人工草地，为增加饲草供给、减轻放牧压力、阻滞天然草地整体退化，提供了新的解决方案。

（三）社会效益

混播草地建植、优质高产饲草可持续供给等措施可使牧草产量高品质好，用于青草期放牧可解决该区域早春严重缺草问题，打草可用于冬春季舍饲期代替传统低质量秸秆饲喂方式，通过畜种合理搭配，提高养殖收益和畜产品质量，从根本上调整饲草料结构与畜种结构，将畜牧业发展方式从靠天养畜、过度利用草场的传统畜牧业生产方式转变为种养结合的现代化生产方式。

七、典型案例

2017—2018年，依托内蒙古自治区农牧厅草牧业试点项目，探索出了阿鲁科尔沁旗混播人工草牧场划区轮牧模式，该项目通过建立"苜蓿＋无芒雀麦＋披碱草＋羊草"混播人工草地，初步开展了人工混播草地建植与利用技术系统研发，攻克了混播人工草地建植与管理、本地优良家畜划区轮牧、家畜繁殖特性、生产特性及放牧与舍饲有机结合等一系列技术难点。实施效果表明，通过建立小规模优质豆禾混播人工草地进行本地优良畜种划区轮牧，使大面积天然草地得以休养生息，草地亩产由50千克提高到450千克，草地载畜量提高了8~9倍，示范户亩增收465.48元。该模式初步实现了"小面积建设大面积保护"的目标，平均每户建设200亩草地就可以使2 000亩退化草场得以休养生息，用小面积建设高标准人工草地解决了牧民生产生活问题，使大面积严重退化沙地得到保护，找到了解决牧区人民生产生活与生态保护这一矛盾的有效途径（彩图6-6）。

起草人：刘志英

第九节

高水分苜蓿农产品加工副产物
混合裹包青贮技术模式

一、技术概述

我国大多数苜蓿产区雨热同季，不仅苜蓿优质干草调制困难、损失大，而且半干青贮亦存在原料晾晒捡拾过程中外源性灰分增加、落叶损失大和淋雨变质等问题，致使青贮品质不稳定、成本增加。因此，推广高水分苜蓿青贮技术模式，是解决上述问题的理想方法。该技术模式通过一种或几种农产品加工副产物与高水分苜蓿混合，调控高水分苜蓿单一青贮原料存在的不利因素，形成刈割、切碎、运输、青贮一体化工艺。该工艺流程简化，可实现苜蓿生产节本增效与农产品加工副产物资源化利用，解决天气、土壤等外在因素降低青贮品质，以及粗饲料供给不足、农产品加工副产物污染环境等问题。

二、适用范围

该技术模式适用于全国苜蓿种植区，尤其是沿黄河流域、东北地区、黄淮海以及南方降雨密集区。

三、技术流程

技术流程如图 6-13 所示。

```
贮前准备 → 苜蓿收获 → 原料运输
                              ↓
裹包青贮 ← 混合料仓 ← 原料混合
```

图 6-13　技术流程图

四、操作要点

(一)贮前准备

1. 青贮制作前一个星期对青贮设备进行维护和消毒处理。消毒液一般使用5%的碘伏溶液或2%的漂白粉消毒液。

2. 混合原料选择富含可溶性碳水化合物的农产品加工副产物,呈粉状或颗粒状,含水量低于15%,且具有较强水分吸附能力。如饲料枣粉、稻糠、麦麸、果渣、玉米粉、甜菜渣等。

3. 苜蓿刈割时期应控制在现蕾期至初花期。

4. 混合比例确定

(1)利用烘箱法或微波炉法测定苜蓿和农产品加工副产物的含水量(X_1、X_2)。

(2)混合后青贮原料的含水量控制在60%~65%。混合比例计算公式为:

$$a = \frac{X_1 - X_0}{X_0 - X_2}$$

式中 a——1个单位高水分苜蓿原料的农产品副产物添加量;

X_0——混合青贮原料设定的含水量(%);

X_1——苜蓿的含水量(%);

X_2——农产品副产物的含水量(%).

5. 根据苜蓿青贮预估生产量,提前购置超过预估量20%的商品苜蓿青贮添加剂和农产品副产物备用。

6. 青贮拉伸膜购置

拉伸膜要具有良好的伸缩和黏附性能(55%~70%的拉伸性)、良好的气密性和遮光性、良好的抗紫外辐射性能、良好的抗穿刺能力,能在户外放置至少1年不变性。购置数量要超过预估量的5%左右。

(二)苜蓿收获

1. 选择刈割、切碎联合收获机械进行苜蓿青贮原料收获(彩图6-7),

切碎长度 1.5～2.5 厘米。

2. 苜蓿留茬高度控制在 5～8 厘米。留茬过低，容易伤及苜蓿的再生点，影响再生能力；留茬过高，会降低产量，造成苜蓿原料浪费，残茬在田间腐烂不但污染环境，而且影响下茬青贮原料，致使苜蓿青贮失败。

（三）原料运输

苜蓿原料从装满车到青贮场地的时间应不超过 4 小时。

（四）原料混合

通过带有计量功能的喂料设备，按照混合比例，将适量的苜蓿原料和农产品加工副产物分别运送至 TMR 设备中，同时依据商品添加剂使用说明添加乳酸菌剂，在 TMR 设备中将原料混合均匀，然后运送至混合原料仓（图 6 - 14）。

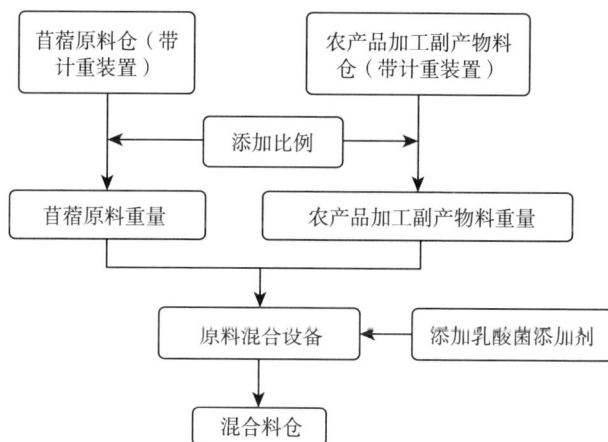

图 6 - 14 原料混合流程图

（五）裹包青贮

通过传送装置将混合原料仓中青贮料送入裹包青贮设备，进行裹包青贮。

1. 裹包层数

裹包 4～6 层，最好 6 层；水分含量越低、刈割期越晚，裹包层数越多。

2. 压实密度

600～700千克/立方米。

(六) 储存与管理

1. 存放时要求地面平整，排水良好，没有杂物和其他尖利的物体。

2. 堆放操作时尽量避免撕裂裹包膜。

3. 避免过高叠放裹包青贮饲料（一般不超过3层），采用"品"字行堆放。

4. 裹包青贮料堆放好后，应不时检查青贮包有无破损并及时用胶带修补密封。

(七) 开包取用

一般在密封40天后即可开包进行取用。

五、技术使用注意事项

1. 青贮制作前一周，对所有青贮设备进行检查维护，并进行消毒处理。

2. 充分混合青贮原料，保证青贮饲料质量的均一性和稳定性。

3. 严格控制农产品加工副产物的卫生质量要求，杜绝危害家畜健康事件发生。

4. 严禁铁丝等尖锐杂物混入青贮原料，危害家畜健康。

5. 添加的农产品加工副产物可以是1种，也可以是几种农产品加工副产物的混合物。

6. 混合原料的含水量应控制在60%～65%。

7. 机械作业要严格按照机械安全操作规程操作，防止发生安全事故。

六、效益分析

(一) 经济效益

每吨高水分苜蓿原料约消耗0.1～0.2吨（干基）的农产品加工副产

物，全国苜蓿青贮量约 650 万吨，如果使用该技术，可消耗农产品加工副产物 65 万～130 万吨（干基）。青贮饲料按 1 000 元/吨计算（折合干物质约 3 000 元/吨），农产品加工副产物每年可新增产值 19.5 亿～39 亿元。该技术与半干青贮技术相比，不存在晾晒萎蔫环节，从而减少机械作业，实现刈割、切碎一体化作业，据测算，每茬节约机械成本 15 元/亩左右，每年节约机械成本 60 元/亩。

（二）生态效益

该技术可以减少田间机械作业，显著降低机械对苜蓿地的辗轧，明显改善苜蓿地的土壤物理结构及苜蓿群体密度，可延长苜蓿地的利用年限 1～2 年。该技术模式的实施实现了农产品加工副产物的饲料化利用，缓解了我国优质粗饲料供给不足问题，解决了农产品加工副产物利用率低、污染环境等问题。

（三）社会效益

该技术解决了苜蓿雨季干草和半干青贮加工难的问题，使苜蓿的养分损失降至 12% 以下，提升了苜蓿产品品质，提升了牧场养殖水平，同时，降低了苜蓿耕地及播种成本，增加了农民收入。

七、典型案例

案例 1：黄骅市丰茂盛园农业科技有限公司位于黄骅市羊二庄现代畜牧产业园区，该公司成立于 2016 年 2 月，注册资金 600 万元，是一家集苜蓿种植，牲畜饲料研发、生产加工、销售于一体的农业科技公司。2017—2021 年，该公司与国家牧草产业技术体系沧州综合试验站合作研发了苜蓿-饲料枣粉混合青贮饲料技术。将高水分苜蓿（干物质为 25%）与饲料枣粉混合（饲料枣粉占比约 4%）裹包，生产出优质苜蓿-饲料枣粉混合青贮饲料。混合饲料售价约 900 元/吨，折合干物质 2 700 元/吨，该公司每年加工混合饲料约 5 000 吨，可消纳饲料枣粉（干）200 吨，饲料枣粉年新增效益 54 万元。

案例 2：河北景明农业开发有限公司位于沧州市中捷产业园区七队，

成立于 2016 年 08 月 23 日，注册资金为 1 000 万元，主要从事农作物种植、加工、销售，农业设备租赁，农业技术开发、技术咨询等业务。2018—2021 年，该公司通过 TMR 设备，将 15％稻糠和乳酸菌制剂与苜蓿均匀混合，调制出干物质约 35％的青贮原料，然后进行裹包，调制出质量均一的高水分苜蓿-稻糠混合青贮饲料，实现苜蓿青贮提质和稻糠饲料化。混合青贮饲料售价约 700 元/吨，折合干物质约 2 100 元/吨，该公司每年加工混合饲料约 20 000 吨，可消纳稻糠（干）3 000 吨，稻糠年新增效益约 630 万元。

起草人：刘振宇、刘忠宽、张立锋、谢楠、智健飞、李雪涛、于合兴、高扬

紫花苜蓿玉米混贮技术模式

一、技术概况

混贮又叫混合青贮，是将两种或多种青贮原料根据鲜重或干物质含量按比例混合后一起青贮的方法，通过混贮使原料间养分互补而使饲料的营养更加均衡。苜蓿中可溶性碳水化合物含量低、蛋白质含量高、缓冲能力高，通过青贮发酵不易形成低 pH 状态，而全株玉米可溶性碳水化合物含量高，蛋白质含量低，两者混合青贮，既能提高青贮饲料的营养价值，又可解决紫花苜蓿不宜发酵的问题，充分发挥苜蓿粗蛋白含量高和适口性好的特点来提高全株青贮玉米的营养价值和采食率，降低农户饲喂牛羊的牧草成本，有助于促进我国草食畜牧业与环境保护的协调发展。

二、适用范围

该技术模式适用于四川、甘肃、宁夏、内蒙古、山西等黄河流域地区及苜蓿、玉米种植地区。

三、技术流程

收割的紫花苜蓿和玉米进行晾晒后，含水量由 80％降到 60％～70％，相对干物质含量 35％以上。具体技术流程见图 6－15。

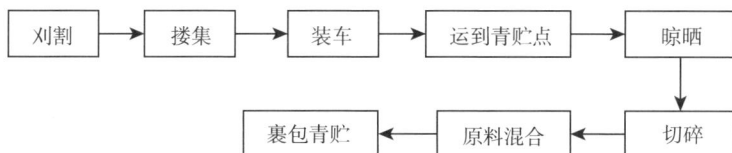

```
刈割 → 搂集 → 装车 → 运到青贮点 → 晾晒
                                      ↓
裹包青贮 ← 原料混合 ← 切碎 ←─────────┘
```

图 6－15　技术流程图

四、操作要点

（一）收割与晾晒

1. 收割

全株玉米宜在乳熟后期至蜡熟期收割，此时营养价值最高。紫花苜蓿初花期收割为好。

2. 留茬高度

玉米留茬高度 10～15 厘米；紫花苜蓿留茬高度控制在 5～8 厘米。

3. 晾晒

收割后紫花苜蓿含水量较高，适当晾晒至水分含量降至 60%～70%。

（二）切碎

全株玉米切短至 2～4 厘米，紫花苜蓿切短至 3～5 厘米。

（三）含水量与可溶性糖含量控制

1. 含水量

混合青贮原料含水量应控制在 60%～70%，可通过用手握紧青贮原料，五指间有汁液渗出而不流淌为标准，即为合适的含水量。

2. 可溶性糖含量

混合青贮原料可溶性糖含量达 3% 以上。

（四）混合比例

全株玉米与紫花苜蓿混合比例为 2∶1～3∶1。

（五）压实与裹包

1. 拉伸膜选择

选用由线性低密度聚乙烯树脂制成，具有良好的伸缩性、黏附性、延展性和气密性的拉伸膜，且防鼠效果好。

2. 压实密度

一般≥500 千克/立方米，鲜重 750 千克/立方米最佳。

3. 拉伸膜裹包青贮

通过压捆机将混合青贮原料压制成圆柱形草捆，再用麻绳在草捆外缠绕数圈将草捆绑定。最后通过包膜机将草捆裹包 4～6 层。

（六）堆放和保存

1. 包膜完成后，从裹包机上卸下已制作完成的包膜青贮料，整齐堆放，远离火源、鼠类、牲畜触及不到的地方，堆放不应超过 3 层。

2. 搬运时不应扎透、磨破拉伸膜，以免漏气。

3. 堆放或运输过程中发现拉伸膜破损，应及时用胶带粘贴破损处。

五、技术使用注意事项

1. 收割前要设定合适的留茬高度，避免泥土混入机器内污染原料。

2. 青贮制作过程中应防止泥土、地膜、金属异物等进入原料，以免造成污染，影响饲料品质。

3. 原料一定要压实，排出多余空气，创造厌氧环境。

4. 青贮过程要快，一般在 1～2 天内完成，青贮原料水分合适后防止阳光直晒。

5. 裹包前检查设备情况，并且进行彻底清洗消毒。

六、效益分析

（一）经济效益

混合青贮后，青贮饲料具有酸香味，所含粗蛋白、粗脂肪、粗纤维及矿物质等养分比较丰富，保存期长，可供草食畜常年食用。据测定，7.5 千克青贮玉米秸秆相当于 1 千克玉米所含的养分。如按产鲜玉米秸秆 30 吨/公顷计算，青贮后相当于 4 吨的玉米，即青贮 1 公顷玉米秸秆可节约粮食 4 吨，1 千克玉米按市场价格 1.2 元计算，折合人民币 4 800 元。同时苜蓿作为优质牧草被广泛应用于反刍动物养殖，由于使用苜蓿饲喂动物养殖成本比较高，同时造成其他粗饲料的浪费，因此，将苜蓿与玉米按不同比例混合青贮，可有效利用资源，降低饲养成本并减少资源浪费，同时可以最大程度提高动物生产性能。

（二）生态效益

随着玉米秸秆产量的逐年增加，大量未被合理利用的秸秆既破坏了生态环境，又造成了资源的浪费。混合青贮后，青贮生产符合环境保护要求，不会对环境造成危害；且玉米秸秆青贮技术的发展，既避免了由于秸秆焚烧和随意堆放造成的环境污染，也阻止了对公路、铁路、航空等交通安全带来的负面影响，保护了生态环境。

（三）社会效益

苜蓿玉米混合青贮促进了青贮饲料企业的发展，一是增加了社会劳动就业机会。玉米种植户既可增加秸秆收入、务工收入，运输户还可以增加运输收入；二是促进了畜牧养殖业的发展。青贮过腹还田，为农民提供了大量的土杂肥，改善了土壤结构，减少化肥使用量，提高了地力，促进了农业增产增收，实现了农业生产多元化、产业化，提高了农业综合生产力。同时，苜蓿玉米混合青贮推动了青贮收获机、铡草机和玉米联合收获青贮机等一大批青饲机械的推广应用。发展混合青贮综合技术，既有利于种植业，又可发挥农业机械的作用，更有利于促进草食畜牧业高质量发展，是多方受益、值得推广应用的新技术。

七、典型案例

2019 年，四川工业科技学院管理学院在奶牛养殖基地研究了不同水平的苜蓿与玉米混合青贮添加对奶牛生产性能、奶品质及经济效益的影响（表 6-8）。研究表明，70％苜蓿＋30％玉米混合青贮后，混合饲料的营养价值和消化利用率都得到了明显提升，乳品质量明显改善。根据平均日采食粗料量、平均日产奶量进行经济效益分析，试验 2、3 组利润较 1 组比分别提高 12.3％、25.8％，由此可见，应用紫花苜蓿玉米混贮技术，可有效提升养殖场效益，同时还可降低豆粕的使用量，可谓一举多得（彩图 6-8）。

表6-8　奶牛经济效益测定结果

组别	平均日采食粗料量（千克/天）	粗料成本（元/千克）	平均日粗料消耗成本（元/天）	平均日产奶量［千克/（天·头）］	鲜乳单价（元/千克）	平均日产乳值（元/天）	利润［元/（天·头）］
1组	34.48	0.42	14.27	19.02	4.0	74.08	59.81
2组	35.63	0.45	14.49	22.45	4.0	86.08	67.19
3组	36.12	0.47	14.53	25.17	4.0	92.80	75.27

起草人：马淑敏、焦婷

阿坝州若尔盖草原牧区
三结合顺势养殖技术模式

一、技术概况

四川省阿坝州若尔盖县地处黄河源头区域，饲养牛羊较多，人均草场面积较小，牧民增收与草原生态保护矛盾突出。提炼推广草原轮牧、补饲、圈养三结合顺势养殖技术模式，可有效解决牧民增收与草原生态保护之间的矛盾，有力促进了草原生态保护、草原畜牧业转型升级和农牧民增收致富。草原轮牧、补饲、圈养三结合顺势养殖模式，指顺高寒草原生态保护之势、顺高寒牧区自然规律之势、顺应牦牛（藏绵羊）生长特性之势，通过合理划区轮牧，控制牦牛（藏绵羊）放牧时间，减少天然草场压力；通过暖棚进行舍饲半舍饲圈养，并在不同季节、不同时段调整补饲的饲草类型和微量元素，减少掉膘损失，实现育肥增重；定期称重进行牦牛（藏绵羊）适时出栏评估，降低养殖成本、缩短出栏周期、提高养殖效益，打破草原牲畜"夏饱秋肥冬瘦春死"的恶性循环。

二、适用范围

该技术模式适宜于青藏高原沿黄河地区草原资源丰富、超载过牧较为严重的区域。

三、技术流程

主要包括评估草地生产力现状与牲畜数量、草原划区轮牧实施方案设计、围栏划区轮牧、草原科学管护和合理利用、补饲、圈养饲喂、适时出栏等步骤。流程见图 6-16。

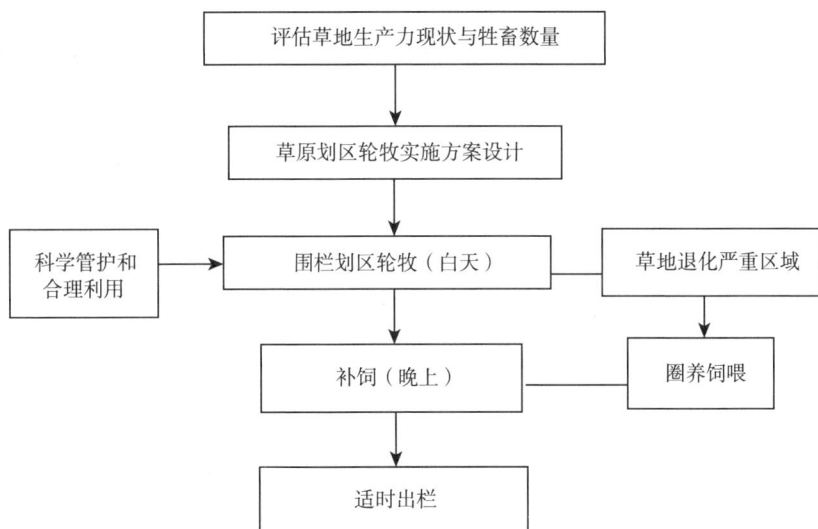

图 6-16　技术流程图

四、操作要点

（一）典型示范引路，技术集成应用推广

草原轮牧、补饲、圈养三结合顺势养殖模式是一种新型养殖发展模式，农牧民开始接受程度不高，要通过电视、广播、手机、网络等方式大力宣传，并在典型区域进行示范推广。若尔盖 2019 年在全县推广 40 户示范牧场，县政府安排资金 400 万元，在基础设施方面每户补助 10 万元，其中牦牛示范户 20 户，每户养殖 200 头，共出栏牦牛 4 000 头，藏绵羊示范户 20 户，每户养殖 500 只，共出栏藏绵羊 1 万只。通过示范牧场建设，经济效益显著，牧户积极性高，2020 年继续安排资金推广示范户 110 户，示范户需满足"三通、四有"等基本条件，统一建设内容和标准，采用示范户自建、先建后补，经检查验收合格后兑现补助资金。通过示范推广，农牧民开始接受此模式并主动开展建设。

（二）建立利益联结机制，保障各方利益

建立利益联结机制，签订农牧户、合作社、公司、政府部门四方协

议，实行订单养殖。四川善为供应链管理有限公司以高于市场价10％的价格收购牦牛和藏绵羊，按照每头牦牛1 000元、每只绵羊500元的标准，预先支付定金。县合作总社负责确定示范户，组织示范户按标准饲养，养殖达标后安排销售。农牧部门和曙光牧业负责养殖技术指导，统一安排饲料调运，饲料质量监管。示范户负责按照要求饲养牲畜，按时履行协议。

（三）密切多方协作，实现产业融合发展

若尔盖县委、县人民政府高度重视，依据县的畜牧业资源，努力争创国家级农业产业园区。在唐克镇规划289亩土地建若尔盖县现代畜牧业产业园区，2020年投资950万元修建牦牛标准化养殖场、青贮饲料生产基地和围墙建设。县城东区规划600亩土地建农牧产业园区，投资2 500万元修建牛羊加工生产线，投资2 000万元建设县活畜交易市场。投资1 000万元增设和修建收奶站和奶粉厂，提升和改造现有的2个牛羊屠宰初加工企业。四川善为供应链管理有限公司订单采购牦牛和绵羊，创建品牌营销，对牦牛、绵羊及其产品进行精细加工并销售。通过多方协作，农牧户负责种草养畜，合作社负责组织供应牛羊资源，企业负责加工、创建品牌、销售，初步形成草牧业产业链。同时依托县草原旅游资源、藏文化资源、油菜花观光等大力发展旅游业，开发特色旅游产品，带动草牧业、农业产业发展，实现一二三产业融合发展。

五、技术使用注意事项

一是要在草原承包比较规范的地方开展示范推广应用。二是大力宣传、示范推广。通过电视、广播、手机、网络等方式，使用藏汉双语形式加强宣传，并在典型区域进行示范推广。三是加大投入，切实改善草牧业基础设施，减少因雪灾、低温、冰冻等带来的损失。四是加大科技投入。加强丰产栽培、补饲等种草养畜技术培训，提高草牧业科技在草牧业生产中的贡献率。

六、效益分析

（一）经济效益

实践表明，应用该模式牦牛在 3.5～4.5 岁出栏体重可达 300 千克以上，与传统放牧同等大小的牛只相比，每头牦牛可多卖 1 500 元以上，年出栏牦牛 200 头，可提高出栏效益 30 万元以上，同时通过调理以后的藏系绵羊相对传统天然放牧的藏系绵羊每只羊可多赚 500 元，年出栏 150 只，牧场可增收 7.5 万元，经济效益显著。

（二）生态效益

通过三结合顺势养殖模式的推广，减少了过度放牧对草场的践踏破坏，减少过度放牧对饲草的浪费，恢复草原生产力和草原综合植被盖度，减少草原鼠虫害，恢复生物多样性，实现草原生态系统的良性循环。

（三）社会效益

三结合顺势养殖模式具有很强的可操作性、可复制性，深受牧民群众欢迎，通过推广最终转变牧区观念，改变生产方式，实现牧业转型升级，真正从传统养殖走上现代草原畜牧业发展之路。

七、典型案例

四川农垦牧原天堂农牧科技有限公司是省属国企，公司经过多年的实践以及对高原传统农牧模式的探索，在牧区三结合顺势养殖模式基础上，积极探索出新型现代化农牧合作模式，就是由企业示范引领，联农带牧共同发展（彩图 6-9）。

九曲联牧家庭牧场为该公司联农带牧机制运行的示范牧场之一，该牧场由 5 户牧户联合建设，有草场 9 500 亩，常年存栏牦牛 710 头，牧场总结推广三结合顺势养殖模式，建立利益联结机制，实现了草原增绿、牧民增收、企业增效的共赢局面（彩图 6-10）。

该牧场在三结合养殖基础上，进一步采取了能繁母牛、架子牛分群饲养方式，提高能繁母牛繁殖效能，降低初生牛犊死亡率，缩短出栏率和养殖效益。牧场出栏的牦牛集中在 4 岁左右，该时期出栏效率最高、肉质最佳、效益最好（彩图 6-11）。

同时，联户牧场与公司签订购销协议，由企业预付牧场收购定金、提供饲料支持，牧场按照公司标准育肥牦牛，由公司以高于市场价 10% 的价格收购统一销售到上海、广州和深圳等大型生鲜连锁企业，有效解决了牧场牦牛养殖流动资金不足的难题，同时组建畜牧养殖专业服务队，推广优质饲草丰产种植、健康养殖、疫病防治、科学出栏技术，提高了牧场养殖收益。联户按现代化标准化饲养技术，拓展了公司饲草饲料销售渠道，为公司发展提供了稳定的牦牛货源，为打造优质牦牛肉品牌奠定了坚实基础（彩图 6-12、彩图 6-13）。

牧场 2019 年投入运行，当年就出栏牦牛 789 头，平均每头收益 1 450 元，实现收入 114.4 万元；2020 年出栏牦牛达 1 500 余头，带动 10 户家庭增收，实现收入 210 余万元。

起草人：唐川江、李洪泉、杨春桃、梁卓

彩图 1-1　盐碱地第一茬苜蓿

彩图 1-2　盐碱地第二茬苜蓿

彩图 1-3　苜蓿刈割收获

彩图 1-4　苜蓿田间捡拾打捆

彩图 1-5　朔州市金土地农牧有限公司
建植第二年苜蓿长势

彩图 1-6　朔州市金土地农牧有限公司
建植第三年苜蓿刈割

彩图 1-7　黄河下游滩区苜蓿节水灌溉种植基地

彩图 1-8　苜蓿刈割收获

彩图 1-9　苜蓿青贮原料捡拾切碎

彩图 1-10　苜蓿种子生产田

彩图 1-11　高产优质苜蓿生产田

彩图 2-1　黄土高原沟谷内淤地坝及种植的
　　　　　粮食和饲草作物

彩图 2-2　黄土高原坡地改梯田及种植的粮食
　　　　　和饲草作物

彩图 2-3　全膜双垄秋覆膜沟播玉米出苗期

彩图 2-4　全膜双垄覆膜沟播玉米吐丝期

彩图 2-5　庆阳市西峰区三姓林果合作社
　　　　　果园种植鼠毛草技术模式示范

彩图 2-6　庆阳市西峰区三姓林果合作社
果园种植鸭茅技术模式示范

彩图 2-7　过密柠条林间伐修枝更新复壮
示范区

彩图 2-8　山毛桃 – 侧柏 – 苜蓿灌草系
统结构优化调整示范区

彩图 3-1　苜蓿间套种燕麦种植

彩图 3-2　秋播的小黑麦

彩图 3-3　复种的玉米

彩图 3-4　一年生饲草大豆、箭筈豌豆与粮食作物轮作

彩图 3-5　第一茬小麦长势

彩图 3-6　第二茬燕麦长势

彩图 3-7　第一茬燕麦长势

彩图 3-8　第二茬向日葵长势

彩图 3-9　箭筈豌豆收获

彩图 3-10　麦后箭筈豌豆规模化复种基地

彩图 3-11　苜蓿田

彩图 3-12　青贮玉米收获

彩图 3-13　紫花苜蓿与小麦轮作试验地
航拍图

彩图 3-14　青贮玉米收获

彩图 3-15　燕麦草刈割后晾晒

彩图 3-16　燕麦收获

彩图 3-17　水稻田长势

彩图 3-18　小黑麦抽穗期

彩图 3-19　小黑麦打捆

彩图 3-20　棉花播种

彩图 3-21　饲用小黑麦长势

彩图 3-22　棉花收获

彩图 3-23　饲用玉米与紫花苜蓿带状间作
示范田（苜蓿第一茬现蕾期和
玉米苗期）

彩图 3-24　饲用玉米与紫花苜蓿带状间作
示范田（苜蓿第三茬分枝期和
玉米灌浆期）

彩图 4-1　苜蓿地杂草

彩图 4-2　苜蓿收割情况

彩图 4-3　临时机场整理

彩图 4-4　安装检查施药设备

彩图 4-5　确定飞行参数试验

彩图 4-6　配制药液

彩图 4-7　飞行作业（甘孜县）

彩图 4-8　飞行作业（石渠县）

彩图 4-9　无人机低空遥感

彩图 4-10　鼠害重度发生区

彩图 4-11　四川省若尔盖县草原鼠荒地

彩图 4-12　鼠害防治现场

彩图 4-13　石渠县草原鼠荒地

彩图 4-14　补播改良效果

玉米螟

双斑萤叶甲

玉米蚜

玉米黏虫

玉米蛀茎夜蛾

玉米黄呆蓟马

禾花蓟马

稻管蓟马

彩图 4-15　青贮玉米主要害虫

彩图 4-16　青贮玉米

彩图 4-17　麦长管蚜

彩图 4-18　麦二叉蚜

彩图 4-19　禾谷缢管蚜

彩图 4-20 黏虫

彩图 4-21 劳氏黏虫

彩图 4-22 华北蝼蛄

彩图 4-23 东方蝼蛄

彩图 4-24 笨蝗

彩图 4-25 短星翅蝗

彩图 4-26　饲用燕麦害虫测报与生态综合
防控技术模式示范基地

彩图 4-27　三叶草彩斑蚜

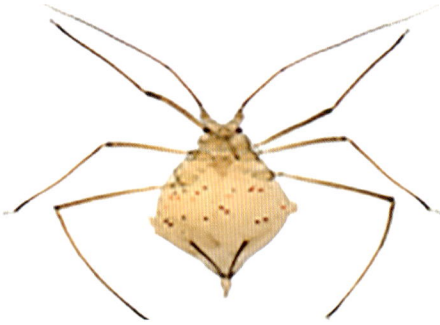

彩图 4-28　豌豆蚜

彩图 4-29　豆蚜

彩图 4-30　牛角花齿蓟马

彩图 4-31　苜蓿蓟马

彩图 4-32　花蓟马

彩图 4-33　东北大黑鳃金龟

彩图 4-34　华北大黑鳃金龟

彩图 4-35　铜绿丽金龟

彩图 4-36　苜蓿种植基地虫害防控
机械喷药

彩图 4-37　苜蓿种植基地虫害防控
人工喷药

彩图 4-38　内蒙古赤峰紫花苜蓿
病害调查

彩图 4-39　紫花苜蓿种植

彩图 5-1　陇西县雨润农牧有限责任公司
红豆草种子生产田

彩图 5-2　内蒙古锡林郭勒盟黄花苜蓿
种子生产田

彩图 5-3　内蒙古锡林郭勒盟黄花苜蓿
种子田盛花期

彩图 5-4　会宁县中川镇箭筈豌豆种子
生产田

彩图 5-5　甘肃酒泉玉门甘农 9 号紫花
苜蓿种子生产田

彩图 6-1　牛粪发酵养殖蚯蚓

彩图 6-2　肉牛养殖粪肥发酵生产有机肥返施莲藕基地

彩图 6-3　青海大江新农牧科技有限公司暖棚建设效果图

彩图 6-4　重度退化典型草原免耕
补播修复草地

彩图 6-5　混播人工草地肉牛放牧利用　　彩图 6-6　混播草人工地放牧肉牛

彩图 6-7　刈割、切碎联合苜蓿青贮原料
　　　　　收获机械作业

彩图 6-8　奶牛养殖基地

彩图 6-9　万亩优质牧草产业园

彩图 6-10　九曲联牧家庭牧场

彩图 6-11　牧场分群饲喂

彩图 6-12　牦牛补饲

彩图 6-13　家庭牧场巷道圈